Herausgeber

Erich von Däniken, 1935 in Zofingen in der Schweiz geboren, ist seit dem Erscheinen seines berühmten ersten Buches »Erinnerungen an die Zukunkft« einer der erfolgreichsten Sachbuchautoren. Seine Bücher sind bisher in einer Auflage von über 45 Millionen Exemplaren in 31 Sprachen erschienen. Sein letztes Buch »Die Steinzeit war ganz anders« liegt bei C. Bertelsmann vor.

Von Erich von Däniken
sind bei Goldmann bereits erschienen:

H..be ich mich geirrt? (8973)
Der Tag, an dem die Götter kamen (8478)
Wir sind alle Kinder der Götter (11684)
Die Augen der Sphinx (12339)
Neue kosmische Spuren (12355)
Auf den Spuren der Allmächtigen (12599)
Der Götterschock (12565)
Die Spuren der Außerirdischen (12392)
Die Steinzeit war ganz anders (12438)

KOSMISCHE SPUREN

*Neue Entdeckungen der Präastronautik
aus fünf Kontinenten
herausgegeben von*

ERICH VON DÄNIKEN

GOLDMANN VERLAG

Originalausgabe

BILDQUELLENVERZEICHNIS

Erich von Däniken: 12/13 · 15 · 27 · 28 · 31 · 34 · 55 · 57 · 58 · 64 · 67 · 68 · 69 · 70/71 · 76 · 78 · 79 · 99 · 100 · 133 · 135 · 136 · 152/153 · 155 · 156 · 159 · 160 · 163 · 165 · 178 · 179 · 190/191 · 196/197 · 226 · 227 · 228 · 229 **Ralf Sonnenberg:** 47 **Willi Dünnenberger:** 60 **Jacques Bergier:** 61 **Walter J. Langbein:** 74 **Ralf Lange:** 87 · 195 · 199 · 208 **Reinhard Habeck:** 88 · 89 · 90 · 92 · 93 **Ullstein Messerschmidt:** 103 **Peter Steiner:** 171 · 172 **Juan Morizc:** 174 **Wolfgang Feix:** 198 · 200 **Bernhard Kletzenbauer:** 213 · 214 · 215 **Georg Sassoon und Rodney Dale:** 247 **Peter Krassa:** 114 · 115

Der Goldmann Verlag
ist ein Unternehmen der Verlagsgruppe Bertelsnmann

© 1988 Wilhelm Goldmann Verlag GmbH, München
Umschlaggestaltung: Design Team, München
Druck: Presse-Druck Augsburg
Satz: Filmsatz Schröter GmbH, München
Verlagsnummer: 11451
Bearbeitung: Dr. Johannes und Peter Fiebag
SK · Herstellung: Peter Papenbrok/SC
Made in Germany · Originalausgabe 1/89
ISBN 3-442-11451-9

Nimmt eine Zivilisation mit einer anderen Kontakt auf, so wächst
ihre Lebenserwartung beträchtlich; denn durch Wissen, das jene
andere aufgrund von Krisen erworben hat, und die Vermittlung
ihrer Bewältigung werden die neuen Mitglieder der galaktischen
Völkergemeinschaft in die Lage versetzt, ihre eigenen Probleme
effektiver zu lösen.

Sebastian von Hoerner (Astronom)
1961

Wenn hochentwickelte Zivilisationen miteinander in Kontakt treten, so ist dieser Kontakt sicherlich eines ihrer Hauptinteressen.
Sie haben inzwischen die Entwicklung der Sterne und andere
Naturgeheimnisse erforscht. Das einzig Neue wäre eine Kenntnisnahme der Erfahrungen anderer.
Worin besteht sie?
Wie verlief die Kunstgeschichte?
Was waren die anthropologischen Probleme
solch entfernter Welten?
Dergestalt sind die Themen, über die sich jene weit entfernten
Philosophen die Köpfe zerbrechen und lange Zeit zerbrochen
haben...

Philipp Morrison (Astrophysiker)
1961

Werden wir die Wissenschaft einer anderen Zivilisation verstehen
können?
Unsere eigene Wissenschaft stellte stets Fragen auf Kosten anderer, obwohl wir uns dieser Erkenntnisstruktur nicht bewußt sind.
Auf anderen Welten könnten die grundlegenden Fragestellungen
völlig anders aussehen...

J. Robert Oppenheimer (Atomphysiker)
1962

Inhalt

Graben Sie!
von Erich von Däniken 11

Was will die Ancient Astronaut Society? 17

Spuren

Monumente und das Erbe der Götter
von Erich von Däniken und Andrew Tomas 23

Hinweise auf künstliche Manipulationen im Sirius-System?
von Dr. Johannes Fiebag.......................... 37

Das Rätsel der Magazine
von Ralf Sonnenberg 46

Die seltsamen Steinkugeln
von Willi Dünnenberger.......................... 54

Malta – ein prähistorisches Rätsel
von Lore Hasselmann 63

Das Rätsel der Steinverglasungen
von Walter Jörg Langbein 73

Rätselhafter Fund in der UdSSR
von Armin Schrick.............................. 81

Glühbirnen im alten Ägypten
von Reinhard Habeck 86

Fragen um biblische Panzerwagen
von Dr. Peter Bohac 95

Die Säule von Delhi bleibt ein Rätsel
von Ingo Runde 102

Zur Metallsäule in Delhi – ein neuer Wink
von Dr. Rostislaw S. Furduj 106

Geheimnisvolle Pyramiden in China
von Peter Krassa 109

Ich fand meine »Fata Morgana«
von Peter Krassa 113

Geheimnis um Oak Island
von Wolfgang Siebenhaar 118

Träumereien um Agartha
von Hugo Jost 124

Rätsel um den Kristallschädel von Lubaantun
von Enrico Mercurio 130

Der Huaxteken-Galvanisierer
von Markus Nicklas und Dr. Johannes und Peter Fiebag 140

Puma Punku – das wirkliche Rätsel der Anden
von Erich von Däniken 150

Die Märchen des Hiram Bingham
von Reinhold Müller 158

Entlarvung der »Entlarver«
von Erich von Däniken 167

... und Spekulationen

Eine Botschaft von Alpha Centauri?
von Dr. Wolfgang Feix 187

Die Externsteine – ein geometrisches Zentrum
von Michael Hesemann 205

Geometrische Virenbotschaft von den Sternen?
von Bernhard Kletzenbauer 213

Das Geschoß aus dem Weltraum
von Peter Krassa 218

Fischmensch oder Außerirdischer?
von Hugo Kreuzer 224

Unterwasser- und Weltraumstädte in altindischen Texten
von Prof. Dileep Kumar Kanjilal 231

Marienerscheinungen – Direktkontakte mit
extraterrestrischen Intelligenzen?
von Dr. Johannes Fiebag 236

Der Gral – ein außerirdisches Gerät?
von Peter und Dr. Johannes Fiebag 245

Das »Eisberg-Paradoxon«
von Ulrich Dopatka 251

Chiron und Nereide – künstliche Objekte im Sonnensystem?
von Dr. Johannes und Peter Fiebag 262

Das Rätsel der Ediacara-Fauna
von Dr. Johannes Fiebag 267

Sind wir reif für den Beweis?
von Peter und Dr. Johannes Fiebag 281

Up, up and away
von Ulrich Dopatka 286

Graben Sie!

Erich von Däniken

Es nieselte an jenem Märztag, als mich Mr. X anrief. Er sagte, er habe ab Genf einen jungen Autostopper mitgenommen, der auf Teufel komm raus zu mir wolle. So habe er denn meine Telefonnummer gesucht und sei froh, mich endlich an der Strippe zu haben. Der Tramper sei ein junger Mann mit langen, schwarzen Haaren, dunklen Augen, braunem Teint. Er sehe aus wie ein Indianer. Er rede spanisch und einige Brocken Englisch. Er selbst, sagte Mr. X, sei Geschäftsmann, und er habe jetzt genug Zeit vertrödelt. Er setze den fremden Jüngling im Restaurant Sternen in Zürich-Enge ab. Ich sollte mich um ihn kümmern. Mr. X hängte ein.
Was blieb mir anderes übrig, als mich in den Wagen zu setzen und nach Zürich-Enge zu fahren? Das angegebene Lokal war leer, doch auf einem Tischchen stand eine Kaffeetasse, am Boden lag ein schäbiger Lederrucksack. Ich erkundigte mich bei der Serviertochter nach dem Besitzer des Rucksacks. Der sei auf die Straße gegangen, lispelte sie, er habe noch nicht bezahlt. Ich beglich die Rechnung für den Kaffee und wartete.
Nach einer Viertelstunde stand ein Maya-Jüngling vor mir. Ich kenne Mayas, denn ich habe in den Wäldern Zentralamerikas oft genug mit ihnen gearbeitet. Der hier war echt. Er starrte mich lange an, ich forderte ihn auf, sich zu setzen. Er blickte mir unentwegt in die Augen, schwieg beharrlich. Eine unheimliche Begegnung. Dann, ganz langsam, streckte er mir seine Arme entgegen, berührte mit dem Zeige- und Mittelfinger jeder Hand meine Schläfen. Ob-

Der Tempel der Inschriften in Palenque. (Yucetan, Mexico)

schon mir etwas mulmig zumute war, ließ ich ihn gewähren. Sachte, fast wie eine Liebkosung, tastete er meine Schläfen ab, verweilte an einer bestimmten Stelle. Gott sei Dank waren keine anderen Gäste im Lokal. Sie hätten bei der seltsamen Zeremonie das Falsche denken können. Erst nach Minuten entspannte sich das Gesicht des Maya-Jünglings. Er zog seine Hände zurück und lächelte mir ermunternd zu.

»Wer sind Sie?« erkundigte ich mich auf spanisch. »Ich heiße Atambo und komme aus Yucatan. Mein Stamm lebt im Gebiet um die alte Mayastadt Palenque. Man hat mich mit einer Botschaft zu Ihnen geschickt.«

Komisch, dachte ich. Weshalb sollte der Mann den weiten Weg von Yucatan nach Zürich zurücklegen? Hätte man mir die Botschaft nicht schreiben können? Der Maya-Jüngling schien meine Gedanken zu kennen. Abweisend schüttelte er den Kopf. Dann tastete er wieder nach meinen Schläfen, seine Pupillen weiteten sich, mit einer sanft vibrierenden Stimme verkündete er:

»Graben Sie! Acht Meter unter der Grabkammer von Palenque. Dort finden Sie etwas, das nicht von dieser Erde stammt!«

Das war's denn auch schon. Mein seltsames Gegenüber schwieg. Entweder war er ein Spinner, oder er besaß ein Wissen, dessen Herkunft er nicht verraten wollte, verraten konnte. Irgendwie tat er mir leid. Ich wollte ihn nicht so ohne weiteres entlassen. Ob ich ihm helfen könne, erkundigte ich mich und dachte an Geld. Schließlich war er per Autostopp nach Zürich gekommen, schien also nicht begütert zu sein. Der Himmel mochte wissen, mit welchem Verkehrsmittel er den Atlantik überquert hatte.

Wieder schüttelte er sein pechschwarz-behaartes Haupt, öffnete den obersten Hosenknopf, griff mit der Hand zwischen die Beine und brachte einen kleinen Lederbeutel zutage. Den Inhalt schüttete er vor mir auf den Tisch. Goldnuggets in diversen Größen! Während ich etwas verwirrt auf die goldene Pracht vor mir starrte, begann der Maya-Jüngling ein Nugget nach dem andern wieder in den Lederbeutel zu stopfen. Dann lächelte er, zuckte die Achseln, gab mir die Hand – und weg war er.

Dieses grandiose Relief ist auf die Bodenplatte der unterirdischen Krypta gemeißelt.

Jeder, dem ich diese wahre Begebenheit erzähle, kontert: Hast du in Palenque graben lassen?
Palenque gehört zu den alten Maya-Städten. Im Jahre 1952 entdeckten mexikanische Archäologen unter dem »Tempel der Inschriften« eine geheime Krypta mit einer phänomenalen Bodenplatte. Im Relief herausgearbeitet zeigt sie ein nach vorn geneigtes, menschliches Wesen, das einen verwirrenden Kopfschmuck trägt. Das Wesen berührt mit der Nase ein Gerät, an dem es mit beiden Händen (an irgendwelchen Knöpfen oder Hebeln) manipuliert. Die Figur sitzt in einer Art zweiteiliger, abgeschlossener Kapsel, aus deren hinterem Ende Feuerflammen entweichen. Ich habe die Geschichte der Entdeckung von Palenque wie auch die archäologischen Lehrmeinungen zur Grabplatte in meinem Buch DER TAG, AN DEM DIE GÖTTER KAMEN beschrieben.
Nun sollte ich, so die Botschaft des Maya-Jünglings, acht Meter unter eben dieser Grabkammer graben lassen. Wie denn – bitte?
Palenque ist zum Touristenmekka geworden. Rund um die Uhr wimmelt es von Wächtern. Eine heimliche Grabung – pardon, acht

Meter tiefer als die Grabkammer! – ist völlig unmöglich. Da wird eine Arbeitstruppe benötigt, ein Tiefbauingenieur, da müssen Maßnahmen gegen den Einsturz getroffen, für Luft- und Lichtzufuhr gesorgt werden. Nein, den heimlichen Einzelkämpfer kann man vergessen!

Und offiziell? Die Zeiten eines Heinrich Schliemann, der Troja auf eigene Faust ausbuddelte, sind vorbei. Selbst angesehene archäologische Institute haben Mühe, Grabungsbewilligungen zu erhalten. Die Entwicklungsländer, in denen die jahrtausendealten Hinterlassenschaften nun mal liegen, sind mißtrauisch geworden, die Beamten durchweg korrupt. Vor Erteilung einer Grabungserlaubnis werden enorme finanzielle Sicherstellungen verlangt. Die Leitung der Grabung muß Einheimischen übertragen werden – schließlich soll der Ruhm der Entdeckung im eigenen Lande bleiben! Nein, ich machte mir keine Illusionen, als simpler Bürger eine Grabungsgenehmigung zu erhalten. Als Pfadfinder im archäologischen Dschungel weiß ich nur zu genau, daß ein Gestrüpp von Formularen durchrobbt werden muß und Behörden »abgegolten« werden wollen, um schließlich doch vor irgendeiner Kommission abzublitzen. Die Bürokratie in Entwicklungsländern, in denen nie jemand zuständig ist, nie jemand das entscheidende Machtwort zu sagen hat und jeder Beamte mit scheelen Blicken den Gesuchsteller beäugt, ist nervtötend und entmutigend. Eine Einzelperson hat nicht die geringste Chance.

Das ist etwas für eine internationale Organisation, die einen guten Ruf und in vielen Ländern Mitglieder hat. Dann kann es klappen, archäologische Projekte durchzuziehen, an die sich die offizielle (und immer noch sehr konservative) Archäologie nicht wagt.

Seit Jahren sind wir redlich bemüht, eine derartige Organisation aufzubauen. Was die ANCIENT ASTRONAUT SOCIETY ist und welche Ziele sie im Visier hat, erfahren Sie in diesem Buch. Funde und Spekulationen einiger Mitglieder werden vorgestellt, darunter finden Sie die Ansichten von renommierten Wissenschaftlern. Wir beabsichtigen, diese Buchreihe mit stets neuen Betrachtungsweisen, die anderswo nicht zu lesen sind, weiterzuführen.

Was will die Ancient Astronaut Society?

Die ANCIENT ASTRONAUT SOCIETY wurde am 14. September 1973 von dem amerikanischen Rechtsanwalt Dr. Gene M. Phillips als eine gemeinnützige Gesellschaft gegründet, die sich ausschließlich wissenschaftlichen, literarischen und bildenden Zwecken widmet. Zweck der Gesellschaft ist das Sammeln, Austauschen und Publizieren von Indizien, die geeignet sind, folgende Hypothesen zu unterstützen:

1. Die Erde erhielt in prähistorischen und historischen Zeiten Besuch aus dem Weltall.
2. Die gegenwärtige technische Zivilisation auf diesem Planeten ist nicht die erste.
3. Eine Kombination beider Möglichkeiten.

Das Konzept einer weltweiten Organisation, die derart bedeutende Themen untersuchen sollte, entstand nach der Veröffentlichung der ersten Bücher Erich von Dänikens. Die Antworten, die von Däniken auf bestimmte Fragen vorschlug, erschienen logisch. Daraus ergab sich, daß eine neue Organisationsform notwendig war, die den Ursprung der Menschheit von einem vollständig anderen Gesichtspunkt aus betrachtete als die traditionellen Wissenschaften. Der Geist dieser neuen Gesellschaft sollte frei und aufgeschlossen sein und sich nicht durch irgendeine herrschende Lehre oder ein Dogma beeindrucken lassen. Sie sollte interessierten Menschen

rund um die Welt die Gelegenheit bieten, sich aktiv an der Suche nach der Wahrheit der menschlichen Vergangenheit zu beteiligen.
Wir halten unser Spezialgebiet von politischen Streitereien frei. Wir führten die Weltkonferenzen als zwei- bis dreitägige Seminare ein, um Autoren, Forschern und interessierten Laien ein Forum zu verschaffen, auf dem sie ihre Befunde und Meinungen vorstellen konnten. Um unseren Mitgliedern größere Chancen zur Teilnahme zu ermöglichen, wurden diese Weltkonferenzen in verschiedenen Ländern abgehalten. Darüber hinaus finden im deutschsprachigen Raum jährliche Treffen statt, um so dem großen Interesse der Mitglieder im europäischen Bereich entgegenzukommen.
Im Zwei-Monats-Rhythmus geben wir ein Mitteilungsblatt (ANCIENT SKIES) heraus (in deutscher und englischer Sprache). Diese Publikation bringt neue Informationen aus unserem Fachgebiet, deckt neue Querverbindungen auf und dient auch als Sprachrohr der Mitglieder. ANCIENT SKIES wird allen Mitgliedern unserer Gesellschaft zugestellt.
Ein grundlegendes Bestreben der AAS sind auch die Mitgliederreisen. Diese Reisen stehen nicht nur ausgewählten Experten offen, sondern sollen jedem Interessierten die Möglichkeit bieten, auch an abgelegene archäologische Fundplätze zu gelangen. Der persönliche Augenschein verschafft uns einerseits ein besseres Verständnis für die in der Literatur präsentierten Befunde, andererseits ermöglicht er den Reiseteilnehmern, auch eigene Recherchen anzustellen und neue Schlüsse zu ziehen. Anders als bei den üblichen Touristenreisen bringen die von der AAS organisierten Expeditionen die Mitglieder in wenig bekannte Gebiete wie El Fuerte in Zentralbolivien oder Petra im südlichen Jordanien. Bis heute führten wir solche Expeditionen in folgende Länder durch: Ägypten, Australien, Bolivien, Brasilien, Chile, England, Fidschi, Frankreich, Guatemala, Honduras, Israel, Jordanien, Malta, Mexiko, Neuseeland, Osterinsel, Peru, Tahiti und Türkei.
Erfreulich ist für uns auch die Feststellung, daß fast jeder Autor der Fachrichtung *Prä-Astronautik* Mitglied unserer Gesellschaft ist. Viele von ihnen schreiben Beiträge für ANCIENT SKIES.

An Schulen, in Kirchen, an Universitäten und vor zivilen Organisationen hielten Mitglieder unserer Gesellschaft in den vergangenen 15 Jahren Hunderte von Vorträgen und Dia-Präsentationen. Und dies sind die Fragen, auf die wir neue Antworten zu geben versuchen:

- Die Entstehung und Entwicklung des Lebens auf der Erde

- Die Entstehung der menschlichen Intelligenz

- Der Urbeginn der Religionen

- Der Urkern der globalen Mythologien

- Die Götter- und Gottesbeschreibungen in antiken Texten und im Alten Testament (z. B. »Gottes«-Erscheinungen mit »Feuer, Beben, Lärm und Rauch«)

- Die Schilderungen von göttlichen Strafgerichten und »Götterkriegen«

- Die legendären Urkönige und Urväter

- Das Entschwinden religiöser und mythologischer Gestalten »in den Himmel«

- Die Motivation und Entstehung bisher nicht einwandfrei geklärter Bauten aus vorgeschichtlicher und frühgeschichtlicher Zeit

- Die in alten Texten erwähnten Zeitverschiebungseffekte

- Der Glaube an die Wiederkunft der »Götter«

- Die Entstehung alter religiöser Symbole und Kulte (Sonnenkult, Sternenkult, technische Geräte wie die Bundeslade, die »Manna-Maschine«, Salomons Flugwagen etc.)

- Die Entstehung und Bedeutung zahlloser religiös motivierter Felszeichnungen rund um den Erdball

- Die Entstehung von Kult- und Götterfiguren im Altertum

– Die Entstehung riesiger Scharrbilder, die so angelegt wurden, daß sie von »fliegenden Göttern« gesehen werden konnten, u. v. m.

Die Mitgliedschaft in unserer Gesellschaft steht jedermann offen; wir verlangen keine spezielle Qualifikation. Mit einer Ausnahme: AAS-Mitglieder sollten einen offenen und forschenden Verstand besitzen. Wir sind stolz darauf, heute Mitglieder in 76 Ländern der Welt zu haben. Es gibt auf der Erde und draußen im Sonnensystem noch viel zu erforschen. Wir sehen der Zukunft der AAS und der mit ihr verbundenen Idee mit großer Zuversicht entgegen.

Auskünfte über die ANCIENT ASTRONAUT SOCIETY erhalten Sie kostenlos bei: AAS, CH-4532 Feldbrunnen.

Spuren

Monumente und das Erbe der Götter

VON ERICH VON DÄNIKEN UND ANDREW TOMAS

Prof. Frank Drake, der berühmte amerikanische Radioastronom (Greenbank-Gleichung), sagte vor 26 Jahren, Besucher aus dem Weltall könnten Beweise ihrer Existenz unter archäologischen Ruinen deponiert haben. Dieselbe Ansicht vertrat der russische Physiker Modest Agrest: »Wir können annehmen, daß außerirdische Astronauten besonders bemüht waren, die Beweise ihres Hierseins zum Nutzen zukünftiger Generationen zu erhalten.« [1]

Zu Beginn der zwanziger Jahre bereisten der Orientalist Prof. Nicholas Roerich und sein Sohn Georg Zentralasien. In ihrem 1929 erschienenen Werk [2] berichteten sie über uralte Bücher, die ihnen in tibetanischen Klöstern gezeigt wurden. Nach Aussagen der tibetanischen Mönche enthielten die Bücher Kapitel über metallene Schlangen, die Zielpunkte im Weltall anflogen und Reisende transportierten. Roerich erwähnte sogar eine Grotte unter dem Potala-Palast von Lhasa, in der Gegenstände der Himmelsgötter gelagert seien.

In seinem Werk TREASURE OF THE SNOWS beschreibt Roerich die Überquerung des Karakorum-Passes. Auf einen Bergkamm hinweisend, bemerkte sein eingeborener Führer: »Tief dort unten liegen ausgedehnte Gewölbe, die das gesamte Wissen vom Anfang der Welt enthalten.« Im selben Buch hält Roerich fest: »Einige haben die Steintüre mit eigenen Augen gesehen. Sie wird nie geöffnet, weil die Zeit dafür nicht reif ist.«

In seiner Autobiographie BEASTS, MEN AND GODS bestätigte Dr.

Ossendowski, der den größten Teil seines Lebens in der Mongolei verbrachte, die mongolischen Lamas hätten ihm anvertraut, die unterirdischen Gewölbe seien mit einem milden Licht überflutet.

Der römische Geschichtsschreiber Flavius Josephus, ein Zeitgenosse Jesu, unterstützt diese Meinung. Er schreibt, die Vorfahren hätten ihr Wissen den alten Monumenten anvertraut. Eines davon sei die kolossale Terrasse von Baalbek im heutigen Libanon. Schon vor 200 Jahren (1787) schrieb der französische Gelehrte Graf von Volnay, die Terrasse von Baalbek sei erstellt worden, um Gewölbe mit unschätzbaren Werten zu sichern, die darunter liegen. Der Graf will sein Wissen aus altarabischen Quellen bezogen haben.

Nirgendwo ist die Kunde von unterirdischen Schätzen reichhaltiger als im Lande am Nil. Im Museum von Leiden, Holland, befindet sich der Leiden-Papyrus, der im Grab eines ägyptischen Priesters entdeckt wurde. Dort wird ein Einweihungsritus zu Ehren des Gottes Osiris beschrieben, bei dem die Priester durch sieben Türen und unterirdische Gänge die beleuchteten Krypten erreichten.

Der Bericht von unterirdischen Gewölben am Nil entstammt nicht der Phantasie. Bekannt und teilweise für die Touristen zugänglich ist das Serapeum bei Sakkara. Von langen Gängen zweigen geräumige Kammern ab, in denen überdimensionierte, wuchtige Sarkophage stehen. Die exakt zugeschnittenen Steinungetüme wiegen bis zu 80 Tonnen, die Deckel dazu nochmals 20 Tonnen. Niemand hat eine Vorstellung davon, wie diese geschliffenen Granitblöcke in den Untergrund transportiert wurden. Der Boden, der die Sarkophage umschließt, ist millimetergenau ausgeschnitten, geradeso, als wären die Steinmonster an einem Kran in die ausgesparte Öffnung herabgelassen worden.

Als ich vor einigen Jahren die riesigen Sarkophage vermaß, pilgerten Touristengruppen durch die Gewölbe des Serapeums. Mit ungläubigen Augen und offenen Mündern staunten sie die granitenen Monster an und hörten ihrem Reiseleiter zu, der verkündete: »In jedem dieser Sarkophage lag die Mumie eines heiligen Stieres.«

Ich weiß nicht, woher ich das Sensorium habe, um instinktiv zu spüren, wenn etwas nicht stimmt. Hier stimmte etwas nicht. Die unterirdische Anlage mit ihren Nischen und eingemauerten Sarkophagen hatte gar nichts von einem Heiligtum an sich. Mich erinnerte die düstere Gruft eher an ein Gefängnis, in dem etwas aufbewahrt wurde, vor dem sich die Menschen fürchteten. Was hier unten in undurchdringlichen Granitgehäusen lag, sollte die Menschen nie mehr bedrohen können, sollte nie mehr das Tageslicht sehen. Mich packte das Jagdfieber. Ich wollte wissen, was nun wirklich in den Sarkophagen gelegen hatte. Stiere? Wer war der Entdecker dieser Katakombe? Wer hatte die 20-Tonnen-Deckel zum ersten Mal gehoben?

Es war im Jahre 1850, als der französische Archäologe Auguste Mariette eher zufällig einen Eingang zum Serapeum fand. Aus den Werken der alten Historiker Herodot, Plinius und Strabon wußte Mariette, daß die Ägypter einen Kult um den heiligen Apis-Stier getrieben hatten. Jetzt stand er vor den gewaltigen Sarkophagen, es gab für ihn nicht die geringsten Zweifel, daß sie Stiermumien enthielten.

Mit Hebeln und Winden wurde der erste Sarkophag mühsam geöffnet. Er enthielt – nichts. Verblüfft und enttäuscht wurden die Hebel an den zweiten Deckel gelegt. Mariette fand »...eine bitumöse Masse, die fürchterlich stank und beim geringsten Druck der Hände zu Staub zerfiel... keinen Stierschädel, keine großen Knochen, im Gegenteil, ein Durcheinander von kleinen Knochensplittern...« Nicht ein einziger Sarkophag enthielt eine Stiermumie! Einzig in einem schweren *Holz*sarkophag entdeckte Mariette die Mumie eines jungen Prinzen. [9]

Im Jahre 1850 gab es noch keine Schreibmaschinen. Auguste Mariette hat seinen Grabungsbericht mit Tinte und Feder niedergekritzelt. Mit einer Fotokopie dieses Berichtes in der Hand befragte ich den heutigen Chefausgräber von Sakkara:

»Herr Dr. Ghaly, ich habe den 138 Jahre alten Grabungsbericht von Auguste Mariette sehr gründlich studiert. Mariette hat im Gewölbe des Serapeums nie eine Stiermumie gefunden. Ist Ihnen dies bekannt?«

»Ja.«

»Ist im riesigen Grabungsgebiet von Sakkara überhaupt je eine Stiermumie gefunden worden?«
»Ich würde sagen, nein, doch sind wir nicht ganz sicher. Im Münchner Museum liegt eine recht gut erhaltene Stiermumie, ebenfalls in den Naturhistorischen Museen von New York und Wien. Die Geschichte dieser Mumien ist obskur. Die Münchner Mumie wurde dem Museum bereits im Jahre 1870 von einem Doktor angeboten, der am ägyptischen Obergericht tätig war. Sie soll aus Sakkara stammen. Archäologisch ist aber kein derartiger Fund registriert. Die Mumien in New York und Wien sind nur teilweise erhalten. Sie stammen aus der Abbott-Kollektion aus dem letzten Jahrhundert. Herr Abbott war britischer Konsul in Kairo und behauptete, die Mumien seien bei Dahshur gefunden worden. Deshalb wissen wir nicht mit Sicherheit, ob in Sakkara je eine Stiermumie entdeckt worden ist.«
Immerhin steht fest, daß die Monstersarkophage im Serapeum nie Stiermumien enthielten. Die Touristenführer müssen sich etwas Besseres einfallen lassen.*
Eigenartig. Haben sich die alten Ägypter wirklich der Schufterei unterzogen, Gewölbe anzulegen, mächtige Granittresore auszuhämmern und zu transportieren, um nichts hineinzutun? Um 1290 v. Chr., zur Zeit von Ramses II., soll das Seraphäum unter Sakkara entstanden sein. Damals existierte weder das alte Rom noch das alte Athen. Die Nachfolger von Ramses II. hätten Zeit genug gehabt, die unterirdischen Tresore zu füllen. Schatzkammern für die Ewigkeit. Oder stimmt, wie so oft, die Datierung nicht? Sind Gewölbe und sogenannte Sarkophage viel älter als Ramses II.?
Diodor von Sizilien, ein Geschichtsschreiber, der vor 2000 Jahren seine 40bändige HISTORISCHE BIBLIOTHEK verfaßte, schrieb in seinem ersten Buch, die Götter Isis und Osiris hätten den Menschen Kultur gebracht. Es seien Isis und Osiris gewesen, welche die Menschen im Bergbau unterwiesen, ihnen Weizen und Gerste züchteten und auch »vieles mit Namen belegten, wofür man bisher

---

* Mehr darüber in meinem neuesten Buch, das im Herbst 1989 bei BERTELSMANN erscheinen wird.

Mächtige steinerne Tresore liegen unter der Wüste bei Sakkara.

Sarkophag und Deckel sind aus Granit. Gemeinsam wiegen sie über 100 Tonnen.

noch keinen Ausdruck hatte«. [3] Diodor von Sizilien schreibt wörtlich: »Von Osiris und Isis bis zur Herrschaft Alexanders, der in Ägypten die nach ihm benannte Stadt gegründet hat, seien mehr als 10 000 Jahre verflossen, sagen sie.«
Wenige Seiten später berichtet Diodor von Sizilien vom Kampf der olympischen Götter gegen die Giganten. Dabei hielt Diodor den Griechen vor, sie irrten sich, wenn sie die Geburt des Herakles nur eine Generation vor dem Trojanischen Krieg angäben, denn dies wäre »zur Zeit der ersten Entstehung der Menschen geschehen. Von dieser an nämlich würden bei den Ägyptern mehr als 10 000 Jahre gezählt, seit dem Trojanischen Krieg aber nicht einmal ganz 1200.« Derartige Altertumsangaben, die jeder archäologischen Datierung widersprechen, bestätigt auch der griechische Geschichtsschreiber Herodot im 2. Buch seiner Historien (Kap. 141/142). Herodot bereiste Ägypten um 450 v. Chr. Dort zeigten ihm die Priester in Theben 341 Kolossalfiguren, deren jede für eine hohepriesterliche Generation seit 11 340 Jahren stehe. Jeder Priester habe seine eigene Statue zu Lebzeiten herstellen müssen. Der Grieche erfuhr von den ägyptischen Priestern, ihre Angaben seien sehr genau, denn sie hätten sie seit Generationen aufgeschrieben. Auch erklärten sie ihm, jede der 341 Figuren stelle ein Menschenalter dar. Zu Beginn, so die Priester, hätten die Götter noch unter den Menschen gelebt. [4] Herodot schreibt sogar im zweiten Buch der Historien: »Herakles ist bei den Ägyptern ein uralter Gott. Nach eigener Angabe der Ägypter waren nämlich bis zur Regierungszeit des Amasis 17 000 Jahre verflossen...«
Der Historiker Herodot, der immerhin vor 2500 Jahren persönlich Ägypten bereiste und sich monatelang mit den dortigen Priestern unterhielt und ihre Angaben minutiös notierte, schrieb auch: »...Von Menes, dem ersten König der Ägypter, erzählen die Priester... auf Menes folgten 330 Könige, deren Namen die Priester aus einem Buch vorlasen...«
Es ist schon erstaunlich: Da berichtet ein Augenzeuge, der vor 2500 Jahren noch viel näher am Geschehen war als wir, da hört er den Priestern zu, die aus einem alten Buch vorlesen, doch unsere

allwissende Archäologie, die alles klassifiziert und etikettiert, weiß von nichts.

Herodot erzählt auch von gigantischen unterirdischen Anlagen in Ägypten, die bis heute nicht lokalisiert wurden. Die Angaben Herodots sind für jeden Forscher derart brisant, daß sie hier im Wortlaut stehen sollen:

»Auch ein gemeinsames Denkmal wollten sie (die zwölf Könige, Anmerk. Erich von Däniken) hinterlassen und erbauten deshalb das Labyrinth, das etwas oberhalb des Moirissees liegt, etwa in der Nähe der sogenannten Stadt der Krokodile. Ich habe es noch gesehen; es übersteigt alle Worte. Wenn man in Griechenland die ähnlichen Mauerbauten und andere Bauwerke zusammennähme, so steckt in ihnen noch nicht so viel Arbeit und so viel Geld wie in diesem einen Labyrinth. Dabei ist doch der Tempel in Ephesos und der auf Samos recht ansehnlich. Gewiß übertrafen schon die Pyramiden jede Beschreibung, und jede von ihnen wog viele große Werke der Griechen auf; das Labyrinth aber überbietet sogar die Pyramiden. Es hat zwölf überdachte Höfe, deren Tore einander gegenüber liegen, sechs im Norden, sechs im Süden, alle dicht nebeneinander. Rings um alle läuft eine einzige Mauer. Zwei Arten von Kammern sind in diesem Gebäude, unterirdische und darüber oberirdische, zusammen 3000, je 1500 von beiden Arten. Durch die oberirdischen Räume bin ich betrachtend selbst gegangen und spreche aus eigener Erfahrung; von den Kammern unter der Erde habe ich mir nur erzählen lassen. Denn die ägyptischen Aufseher wollten sie auf keinen Fall zeigen; sie erklärten, dort befänden sich die Särge der Könige, die dieses Labyrinth von Anfang an gebaut hatten, und die Särge der heiligen Krokodile. So kann ich von den unteren Kammern also nur sagen, was ich gehört habe; die oberen, die ich mit eigenen Augen sehen konnte, sind ein geradezu übermenschliches Werk.«

Nichts davon ist den Archäologen bekannt. Dabei werden die Daten der antiken Historiker Herodot und Diodor auch vom größten Geographen und Historiker des alten Arabien, Al Mas'udi (895–956), untermauert. In einem Manuskript, das heute in der

Bodleian-Bibliothek von Oxford liegt, schreibt Mas'udi, 300 Jahre vor der großen Flut habe der Ägypterkönig Surid seine Priester versammelt und sie angewiesen, die Große Pyramide zu bauen. In der Pyramide sollten sie »alle Schriften ihrer Weisheit und alle Aufzeichnungen über die Götter und die Astronomie« deponieren. Die ägyptischen Dynastien beginnen erst um 2955 v. Chr. (bzw. 3200 v. Chr.) mit Pharao Horus Aha (Menes). Was vorher war, liegt im Dunkel der Geschichte, und nur wenige Königsnamen sind überliefert. Wenn auch das *Turiner Königspapyrus* noch auf weitere, zuvor in Unter-Ägypten regierende 19 Könige zurückblickt,

existiert – seltsam genug – ein Pharaoname Surid in keiner der Dynastien. Er wird von der offiziellen Ägyptologie nicht zur Kenntnis genommen. [5]

Andere arabische Gelehrte wie Ibn Abd Hokim oder Abu Balkh, die zu Zeiten von Mas'udi lebten, bestätigten diese Überlieferungen und berichteten zusätzlich über Schätze unter den Pyramiden. Al-Ma'mum sagt, in den Räumen liegen »Waffen, die nicht rosten«, sowie »Glas, das sich biegen läßt ohne zu zerbrechen.« [6] In jeder Pyramide sollen sich gar »bewegliche Statuen« befinden, die Eindringlinge abwehrten. Auch von »unsichtbaren Geistern, die Steintüren öffnen und schließen«, ist die Rede.

Diese Informationen sind rätselhaft und verwirrend zugleich. Bislang ergab die Pyramidenforschung keine geheimen Räume mit technischen Relikten. Zudem wird die Große Pyramide unangefochten dem Pharao Cheops zugeschrieben, und der regierte zwischen 2545 und 2520 v. Chr. Dem widerspricht allerdings der Spezialist für altorientalische Sprachen, Zecharia Sitchin [7, 8]. Er weist auf eine Stele hin, die 1850 in den Ruinen des Isis-Tempels gefunden wurde, der direkt neben der Großen Pyramide liegt. Die Inschrift der Stele, die heute im Ägyptischen Museum von Kairo zu besichtigen ist, sagt, Cheops habe »das Haus der Isis, der Herrin der Pyramide, neben dem Haus des Sphinx'« gegründet. Danach habe die Große Pyramide schon gestanden, als Cheops auf der ägyptischen Bühne erschien. Außerdem habe es auch den Sphinx schon gegeben, der nach Archäologenmeinung erst von Chefren, dem Nachfolger Cheops, erbaut worden sein soll.

Weshalb beharren Fachgelehrte darauf, Cheops habe die Große Pyramide erbauen lassen? Weil der britische Oberst Richard Howard Vyse 1837 eine rote Inschrift in der Pyramide und darauf den Namen CH-U-F-U, das ägyptische Wort für Cheops, entdeckte. Ärgerlicherweise ist die Inschrift in einer Schriftform geschrieben, die erst Jahrhunderte nach Cheops verwendet wurde. Außerdem ist das Wort »Chufu« falsch geschrieben. Der Konsonant »Ch« wurde mit dem Sonnensymbol »Re« dargestellt, ein Fehler, wie er nur einem Fälscher, nicht aber einem Priester oder Architekten aus

Cheops Zeiten unterlaufen sein kann, denn die wußten, wie sich ihr Herrscher schrieb.

In jüngster Zeit sind die Pyramiden wieder ins Gerede gekommen. Es begann vor 20 Jahren mit dem Nobelpreisträger Luis W. Alvarez, Physiker an der Universität Berkeley, Kalifornien. Alvarez ging von der richtigen Annahme aus, die Erde werde ständig von kosmischen Strahlen bombardiert. Dabei durchschlagen bestimmte Partikel, sog. Myonen, dickste Gesteinsmassen. Alvarez folgerte, man müsse in der Pyramide nur eine Funkenkammer installieren und die einfallenden Myonen messen. Wie ein Röntgenbild sollte eine Innenaufnahme der Pyramide entstehen. Der Versuch dauerte 18 Monate, kostete einige Millionen Dollar und brachte die Wissenschaftler an den Rand der Verzweiflung. Der Computer lieferte wirre Daten, die allen Gesetzen der Physik und der Elektronik widersprachen. Prof. Amr Gohed von der Ain-Schams-Universität in Kairo meinte dazu: »Das Ganze ist ein Rätsel, das sich unserer Erklärung entzieht. Nennen Sie es den Fluch der Pharaonen, Zauberei oder wie immer Sie wollen!«

Im Sommer 1986 entdeckten die beiden französischen Architekten Dormion und Goidin in der Cheops-Pyramide neue Hohlräume. Unter Mithilfe der ägyptischen Altertumsverwaltung trieben sie Mikrosonden durch 2,5 Meter dickes Gestein. Unter dem Gang zur »Kammer der Königin« stießen sie auf einen 3 Meter breiten und 5,5 Meter hohen Hohlraum, der mit kristallinem Quarzsand gefüllt ist. Warum sollten die Pyramidenbauer Hohlräume mit Sand füllen? Hinter der nordwestlichen Wand der Königin-Kammer fanden die Franzosen einen weiteren Hohlraum von 4 Metern Länge und 1,5 Metern Höhe. Auch hier förderten die Mikrosonden nur feinsten Sand zutage. Da die Räume bislang nicht geöffnet wurden, weiß man nicht, ob sie nur Sand enthalten oder ob der Sand als eine Art von Konservierungsmaterial für verborgene Gegenstände dient.

Seit Spätherbst 1986 haben sich auch Japaner in Gizeh eingefunden. Das Pyramidenfieber hat die Wissenschaft gepackt. Unter Prof. Sakuji Yoshimura von der Waseda-Universität Tokio arbeitet ein Team mit modernsten mikrogravimetrischen Instrumenten. Bis zu

10 Meter mächtige Mauer- und Gesteinspakete konnten auf diese Weise durchdrungen werden – erfolgreich! Südwestlich der Cheops-Pyramide, in etwa 40 Meter Entfernung, orteten sie einen Hohlraum von 5,5 × 8,8 Meter, der vermutlich einen mit Sand aufgefüllten Tunnel darstellt und ins Innere der Pyramide führen könnte. Seine wirkliche Länge ist noch unbekannt. Und auch um den Sphinx herum lokalisierten sie fünf Hohlräume. Direkt vor dem uralten Menschenlöwen-Monument befinden sich zwei Kammern,

die offensichtlich miteinander verbunden sind. Hier wurden die Suchwellen in ganz ungewöhnlicher Weise reflektiert. Doch damit nicht genug: Das japanische Ägyptologen-Team verblüffte die archäologische Fachwelt mit weiteren, geradezu sensationellen Ergebnissen: Am Fuß der Pyramide, neben der »Barke des Cheops«, entdeckten sie unter 3 Meter dickem Gestein mehrere Objekte. – Amerikanische Archäologen erkundeten daraufhin den Raum mit Sonden. Es handelt sich um eine zweite, zerlegte Zeremonialbarke, die, wahrscheinlich an die 30 Meter lang, dem toten König die Fahrt über den Himmel und ins Jenseits zusammen mit dem Sonnengott Re ermöglichen sollte. Hinter der sogenannten Königinnen-Kammer, sozusagen im Herz der Pyramide, peilten die Japaner mit ihren Meßgeräten einen unentdeckten Raum in den gleichen Maßen wie die Königinnen-Kammer an [10]. Dr. Ahmed Kadri, ehemaliger Direktor der ägyptischen Altertümerverwaltung, wies sogar darauf hin, daß möglicherweise die Cheops-Pyramide gar kein kompakter Bau sei, sondern zu 15–20 Prozent aus Hohlräumen bestehe... Keiner dieser Räume ist geöffnet worden, in Kreisen der Ägyptologen herrscht Ratlosigkeit und Bestürzung. Schon beginnen Geheimniskrämerei und Intrigen. Eine Gruppe von Ägyptologen wehrt sich mit Händen und Füßen gegen eine Öffnung der neu lokalisierten Hohlräume. Sie argumentieren, die Räume enthielten ohnehin nur Sand, und man mache sich lächerlich, sie zu öffnen. Zudem sei die Öffnung sehr teuer und obendrein gefährlich, denn herabstürzende Quader könnten die Räumungsmannschaft verschütten.

Was müssen das für Archäologen sein, die nicht mit jeder Faser ihres Herzens der Pyramide ihre Geheimnisse entreißen möchten? Sonst wird doch auch jede mehr oder weniger bedeutende Kleinigkeit mit Meßband und Senkblei ausgelotet! Jetzt schon steht fest, daß die Ägyptologen bei der Öffnung der Kammern (sollten sie denn je geöffnet werden!) unter sich bleiben wollen. Journalisten und kritische Beobachter sind nicht gefragt. Reporterkameras werden die Räume erst ausleuchten dürfen, wenn alles verschwunden ist, was die heilige Lehrmeinung stören könnte.

1922 entdeckte der Brite Howard Carter im Tal der Könige das Grab des jugendlichen Pharaos Tut-ench-Amun. Der Pharao war 1336 v. Chr. gestorben. Cheops Sarkophag ist bis heute nie gefunden worden, seine Mumie wäre 1184 Jahre älter als die von Tut-ench-Amun. Niemand weiß, ob nicht vielleicht die jetzt georteten Räume Gegenstände oder Papyri aus Epochen enthalten, die Jahrtausende *vor* Cheops liegen.

Fest steht jetzt schon, daß alle Gelehrten, Hoimar von Ditfurth inbegriffen, im Irrtum waren, die behaupteten, die Große Pyramide berge keine Geheimnisse mehr.

Quellen:

1 Tomas, Andrew: Vaults of Time, in ANCIENT SKIES, Vol. 10, Number 6, 1984
2 Roerich, Nicholas: Heart of Asia, New York, 1929
3 Wahrmund, Adolf: Diodor's von Sicilien Geschichts-Bibliothek, 1. Buch, Stuttgart 1866
4 Herodot: HISTORIEN, Erster Band, hrsg. von Josef Feix, München 1963
5 Ermann, Adolf und Ranke, Hermann: Ägypten und ägyptisches Leben im Altertum, Tübingen 1923, Hildesheim 1984
6 Tompkins, Peter: Cheops, München 1975
7 Sitchin, Zecharia: Stufen zum Kosmos, Unterägeri/Schweiz 1982
8 Sitchin, Zecharia: Forging the Pharao's Name, in ANCIENT SKIES, Vol. 8, Number 2, 1981
9 Mond, Robert and Myers, Oliver H.: The Bucheum, London 1934
10 Sakuij, Yoshimura et al.: Non-Destructive Pyramid Investigation by Electromagnetic Wave Method. Waseda University, Tokyo 1987

Hinweise auf künstliche Manipulationen im Sirius-System?

von Dr. Johannes Fiebag

Wir sollten nicht aufhören, diesem Rätsel nachzugehen, bis wir das Vorhandensein einer Hochkultur im Sirius-System entweder bewiesen haben oder mit stichhaltigen Argumenten zurückweisen können. Der Gegenbeweis mag schwerfallen, der Beweis aber um so leichter, ja unerwartet leicht, wenn es die fragliche Hochkultur wirklich gibt.

Robert Temple (1977)

In den letzten Jahren wurde mehrfach [1] auf ein interessantes Phänomen aufmerksam gemacht, das die astronomische Welt in Aufregung versetzt. Es geht um sichtbare Veränderungen des Sirius in den letzten Jahrtausenden.

Angefangen hatte alles mit einem Artikel der beiden Astronomen W. Schlosser und W. Bergmann von der Ruhr-Universität Bochum in der Zeitschrift NATURE vom November 1985 [2]. Die beiden wiesen in ihrem kurzen Beitrag darauf hin, daß aus antiken und mittelalterlichen Quellen eindeutig hervorgehe, der Fixstern Sirius habe einstmals ein rötlich-schimmerndes Aussehen gehabt, hingegen erscheine er heute eindeutig weiß. Die beiden Autoren berufen sich insbesondere auf ein Manuskript mit dem Titel »De cursu stellarum ratio«, in dem Sirius als »rot« oder »rötlich« beschrieben wird, sowie auf ältere babylonische, griechische und römische Texte. Zwar konnte H. v. Grent inzwischen wahrscheinlich machen, daß Gregorius vermutlich nicht Sirius, sondern Arkturus meinte: es bleibt jedoch die Fülle an antikem Material – u. a. von Ptolemäus, Cicero, Horaz und Seneca sowie babylonische Texte aus dem 8. Jahrhundert v. Chr.

Sirius ist ein Doppelstern, bestehend aus einem weißen Hauptstern der Spektralklasse A5V (1,8mal größer als unsere Sonne) sowie einem kleineren Begleiter, einem massereichen Weißen Zwerg, der ihn in 50 Jahren einmal umkreist. Um die späteren Schlußfolgerungen deutlich zu machen, sei es mir gestattet, zunächst kurz auf die Entwicklung eines Sterns zum Weißen Zwerg einzugehen:
In einer Sonne wird Wasserstoff zu Helium umgewandelt (Wasserstoffusion) und die dabei entstehende Energie abgestrahlt. Innerhalb von fünf bis sechs Milliarden Jahren verlagert sich die Zone der Kernreaktion allmählich nach außen, bis die Temperaturen unter zehn Millionen Grad sinken und die Fusion sich damit von selbst abschaltet. Im Inneren der Sonne beginnt jetzt die zweite Phase der Kernreaktion: die Heliumkerne werden weiter zusammengepreßt, es entstehen Kohlenstoff und Sauerstoff, die erneut Energie liefern. Durch diesen Effekt kühlt sich die äußere Schale relativ zur inneren weiter ab und dehnt sich aus: ein sogenannter »Roter Riese« entsteht, der sich im Falle unseres Sonnensystems vermutlich bis zur Marsbahn hin ausdehnen und sämtliche inneren Planeten zerstören dürfte. Schließlich wird auch diese äußere rote Hülle abgestoßen, und zurück bleibt letztlich nach vielen weiteren Jahrmillionen ein aktiver Sonnenkern, ein massereicher Weißer Zwerg, der seine hohen Oberflächentemperaturen »so lange an den Raum abgibt, bis der Endzustand erreicht und die Sonne ein dunkler, toter Schwarzer Zwerg ist« [4].
Weiße Zwerge sind zusammen mit Roten Riesen häufig Teil eines Doppelsternsystems (zwei Drittel aller Sterne sind Doppel- oder Dreifachsternsysteme). Dabei kann es geschehen, daß Masse aus dem Roten Riesen zum Weißen Zwerg strömt, sich dort in bestimmten Bereichen der Atmosphäre sammelt, es zu Druck- und Temperaturerhöhungen und schließlich zu einer explosionsartigen thermonuklearen Reaktion kommt: eine Supernova (Typ I) entsteht.
Alle diese Prozesse laufen über sehr lange, in Jahrmillionen zu bemessende Zeiträume ab. Plötzliche Umwandlungen von einem Sterntyp in einen anderen sind nach allem, was wir bisher wissen, nicht möglich und wurden noch nie beobachtet.

Nun scheint es, als habe sich ausgerechnet in unserer nächsten stellaren Nachbarschaft (Sirius ist nur 8,8 Lichtjahre von uns entfernt) das Unmögliche ereignet. Schlosser und Bergmann [2] nehmen an, daß sich Sirius B – denn nur dieser käme für einen solchen Prozeß in Frage – erst vor wenigen Jahrhunderten und in sehr kurzer Zeit von einem Roten Riesen in einen Weißen Zwerg verwandelte, aber auch sie geben unumwunden zu: »Die Schnelligkeit und Reibungslosigkeit dieser Transformation ist absolut unerwartet und die Zeitskala überraschend kurz. Darüber hinaus sind keine Spuren eines solch katastrophalen Ereignisses gefunden worden.«

Ein Jahr nach dem Erscheinen der Arbeit Schlossers und Bergmanns veröffentlichte NATURE einen zweiten Beitrag zu diesem Thema, verfaßt von F. Bruhweiler (Physiker an der Catholic University of America, Washington), Y. Kondo (Astrophysiker bei der NASA) und E. Sion (Astrophysiker der Villanova University in Pennsylvanien, USA). Die drei hatten versucht, Hinweise auf eine Umwandlung von Sirius B von einem Roten Riesen zu einem Weißen Zwerg zu finden. Da sich das Ereignis erst vor astronomisch sehr kurzer Zeit abgespielt haben soll, hätten sich Überreste der fortgeblasenen Atmosphäre des Roten Riesen in einem bestimmten Abstand von Sirius entdecken lassen müssen. Die Forscher bedienten sich bei ihrer Analyse der Daten des International Ultraviolett Explorer (IUE)-Satelliten, dessen frühere Aufnahmen des Siriusbereiches nun noch einmal auf Spuren einer möglichen Sternkatastrophe hin untersucht wurden. Trotz sehr eingehender Analysen war das Ergebnis negativ: »Nach Auswertung der Daten ist es uns nicht möglich, die Ansicht zu unterstützen, das Siriussystem habe vor kurzem irgendeine Art aufspürbarer Nebel- oder Gaswolke ausgestoßen... Wir müssen daraus schließen, daß die physikalischen Mechanismen, die dem Farbwechsel Sirius' zugrunde liegen, ein relativ ruhiger Prozeß waren und keinen signifikanten Massenausstoß einschlossen.« [5]

Bruhweiler, Kondo und Sion schlagen daher einen Vorgang vor, den man bislang nur aus theoretischen Berechnungen kennt: einen sogenannten »thermonuklearen Runaway-Effekt«. Man versteht darunter eine Kernverschmelzungsreaktion innerhalb der Atmosphäre des Weißen Zwerges, die ihn für kurze Zeit wieder in einen Quasi-Roten-Riesen zurückverwandeln könnte. Eine derartige Reaktion würde theoretisch dann einsetzen, wenn sich die dichte, heiße Wasserstoffatmosphäre eines Weißen Zwerges auf etwa 30000 °C abgekühlt hat. Dieser »Runaway-Effekt« würde zunächst lawinenartig anwachsen, dann über mehrere Jahrhunderte hinweg stabil bleiben und endlich wieder in sich zusammenfallen. Der Weiße Zwerg hätte sich ein letztes Mal aufgebäumt, um schließlich ganz zu sterben.

Bei der von Bruhweiler, Kondo und Sion vorgeschlagenen Lösung handelt es sich aber nur um eine rein theoretische Annahme. Vier Gründe sprechen gegen einen Sirius-B-Runaway-Effekt:

1. Noch nie wurde – trotz der enormen Menge der in der Galaxis sichtbaren Weißen Zwerge – ein entsprechender Prozeß beobachtet.
2. Der Runaway-Effekt, von I. Iben und M. Tutukov [6] theoretisch berechnet, ist von diesen Autoren für Weiße Zwerge mit nur einer halb so großen Masse wie Sirius B vorgeschlagen worden.
3. Das Aufblähen des Weißen Zwerges zu einem Quasi-Roten-Riesen würde wahrscheinlich zu einem Massenverlust führen (Bruhweiler, Kondo und Sion [5]: »Die Expansion von Sirius B zu einer gigantischen Struktur mag von einem Massenverlust begleitet gewesen sein...«). Auch davon müßten Spuren in der näheren Umgebung des Sirius zu finden sein.
4. Schließlich wiederholt sich auch bei einem nur wenige Jahrhunderte andauernden Mimikri-Stadium jener Effekt, der auch normalerweise zur Bildung einer weißen Zwergsonne führt: die Ausdehnung der roten Hülle, die Entstehung eines »planetaren Nebels« und damit die Möglichkeit, Spuren davon in der Umgebung des Sirius entdecken zu können. Exakt diese Möglichkeit haben Bruhweiler, Kondo und Sion durch ihre Analyse der IUE-Daten ausgeschlossen: »Das hier präsentierte qualitative Modell ist spekulativ...« [5]

Auch der Wissenschaftspublizist H.-M. Hahn schließt sich dieser Auffassung an [3]: »Ob mit dieser Deutung das Sirius-Rätsel gelöst ist, bleibt abzuwarten – noch fehlen quantitative Rechenmodelle, die das nukleare Brennen in der Entwicklung eines Weißen Zwerges berücksichtigen.«

Sirius ist in der Prä-Astronautik durch die Arbeit R. Temples [7] von besonderem Interesse. Temple hatte den Bericht der beiden Ethnologen M. Griaule und G. Dieterlen [8] analysiert, die bei dem westafrikanischen Eingeborenenvolk der Dogon ein verblüffend exaktes astronomisches Wissen sowohl über unser Sonnensystem, das Universum generell und insbesondere über Sirius entdeckt hatten. Die Dogon wußten u. a. die genaue Umlaufzeit des mit bloßem Auge nicht sichtbaren Sirius B, es war ihnen bekannt, daß Sirius B ein sehr schwerer, d. h. massereicher Stern ist und andere erstaunliche Details mehr, die uns erst die moderne Astronomie offenbarte.

Der Überlieferung zufolge wurde dieses Wissen von einem amphibischen Wesen namens »Nommo« übermittelt, das einstmals in einer »Arche« auf der Erde gelandet und vom Sirius gekommen sein soll. Eine ähnliche Überlieferung gibt es auch aus der Frühzeit der sumerischen Kultur (hier hieß der ebenfalls amphibisch lebende Kulturbringer Oannes), so daß wir für die Entstehung dieser Mythe etwa das Jahr 4000 v. Chr. ansetzen können.

Die Dogon-Überlieferung berichtet noch von einem dritten Stern im Sirius-System, der bislang nicht gefunden werden konnte. Das bedeutet nicht, daß es ihn nicht gibt, nur lassen die bisherigen Beobachtungen weder eine eindeutige Bestätigung noch eine eindeutige Ablehnung dieser Frage zu. W. Siebenhaar [1] stellte deshalb die Überlegung an, ob nicht die Explosion von Sirius C das optische Verhalten des Gesamtsternsystems in der Antike und im Mittelalter erklären könnte. Die hypothetische Explosion eines dritten Sterns würde die offenen Fragen nicht klären, denn Überreste einer solchen Explosion in Form kosmischer Gas- und Staubwolken sind nicht festzustellen. Darüber hinaus hätte sich eine Supernova im Sirius-System bedeutend effektvoller (aufgrund der

Nähe für die Erde sogar als lebensgefährdend) bemerkbar gemacht als nur durch einen Farbwechsel des Sterns.
Ich möchte daher eine neue Hypothese in die Diskussion einführen. Sie stützt sich auf

a) die Beobachtungen der optischen Veränderungen des Sirius-Systems während der letzten Jahrtausende und die Schwierigkeiten, diese Vorgänge mit konventionellen Modellen in Einklang zu bringen;
b) die Dogon-Überlieferung und andere antike Mythen, die von einer hochentwickelten Zivilisation im Sirius-System berichten;
c) Spekulationen über die technologischen Möglichkeiten hochentwickelter Kulturen, insbesondere hinsichtlich sogenannter »Astro-Engineering«-Modelle.

Astro-Engineering beschreibt die Fähigkeit einer Zivilisation, nicht nur ihren eigenen Planeten und seine Rohstoffe zu nutzen, sondern auch andere Planeten den eigenen Wünschen entsprechend zu gestalten (sog. »Terraforming«, etwa für Mars und Venus [9]). Eine noch weiter entwickelte Technologie wäre schließlich in der Lage, die Sonne selbst »anzuzapfen« oder mit Gammastrahlen-Lasern zu vermehrter Energieabgabe anzuregen [10]. H. O. Ruppe schreibt dazu: »Es gibt ernsthafte Spekulationen über weit fortgeschrittene Zivilisationen, die ganze Sonnen für ihre Technikprojekte verwenden« [11].
Als erster hatte 1964 der sowjetische Astronom N. Kardashev [10] ein Modell entworfen, kosmische Zivilisationen zu klassifizieren:
1. Gesellschaften, die die Energien ihres eigenen Planeten nutzen;
2. Gesellschaften, welche die Energiequellen eines ganzen Sonnensystems heranziehen; 3. Gesellschaften, welche die Energien einer ganzen Galaxis nutzbar machen.
Aufgrund der genannten Beobachtungen und Spekulationen ergibt sich somit folgende Hypothese:
Die in den vergangenen Jahrtausenden im Sirius-System beobachteten Veränderungen sind der sichtbare Effekt einer von außerirdi-

schen Intelligenzen herbeigeführten Sternmanipulation im Sirius-System.
Diese Hypothese erklärt folgende Faktoren:

1. Die Schnelligkeit, Kürze und Reibungslosigkeit des ablaufenden Vorganges.
2. Das Fehlen entsprechender Beobachtungen bei vergleichbaren Sternen.
3. Das Fehlen jeglicher Spuren eines katastrophalen Ereignisses.

Gegen diese Hypothese spricht:

1. Unsere geringen Kenntnisse über Sternentwicklung und stellare Phänomene. (Zweifellos gibt es im Universum noch eine ganze Reihe von Vorgängen, die wir nicht kennen).
2. Das Unvermögen, uns eine Technologie vorzustellen, die derartige Effekte herbeiführen kann.
3. Die Konstruktion einer Hypothese durch eine andere (Existenz intelligenter Sirianer).

Diese Argumente sind aber nicht gewichtig genug, die Hypothese von vornherein zu verwerfen. Der Grund für den Eingriff an Sirius B könnte dessen bevorstehender »Tod« gewesen sein. C. Sagan [4] schreibt in bezug auf das ferne Ende unserer Sonne: »Zum Glück aber dürfte die Menschheit bis dahin nahezu mit Sicherheit auf einer höheren Evolutionsstufe stehen. Vielleicht haben unsere Nachkommen die Sternentwicklung bereits unter Kontrolle gebracht oder doch Einfluß darauf gewonnen...« Sollten wir Intelligenzen, die offensichtlich schon vor 6000 Jahren in der Lage waren, interstellare Entfernungen zu überbrücken und unseren Planeten zu besuchen, nicht die gleichen Fähigkeiten zubilligen?«
Verlängerte eine Materie-Transfusion von Sirius A hin zu Sirius B dessen »Leben«? Vom theoretischen Standpunkt aus sehe ich keine Schwierigkeiten, wenn auch die Vorstellungen, *wie* eine solche Materiebrücke zwischen zwei Sternen aufgebaut werden könnte,

unser heutiges Technologieverständnis bei weitem übersteigt. Ein derartiger Materie-Transport müßte vermutlich über etliche Jahrhunderte hinweg durchgeführt werden und dürfte darüber hinaus für diese Zeit zu sichtbaren Veränderungen an beiden Sternen führen. Eine Zivilisation, die in der Lage ist, über Jahrhunderte hinweg derartige Experimente kontrolliert ablaufen zu lassen, sollte dann auch fähig sein, sich gegen entstehende Nebeneffekte (etwa Anstieg der Gammastrahlenaktivität) hinreichend zu schützen.

Der schottische Astrophysiker Duncan Lunan [12] schreibt sogar, andere Zivilisationen könnten ihre Sonnen in regelrechte »Leuchtfeuer« verwandeln, um auf sich aufmerksam zu machen. Bislang haben wir etwas Derartiges aber noch nicht entdeckt. Lunan: »Die Gründe dafür können vielfältiger Natur sein. Vielleicht ist zur Zeit in unserer nächsten Umgebung kein solches Leuchtfeuer gesetzt, vielleicht fehlt es uns an der richtigen Technologie, um es orten zu können.«

Das Sirius-Leuchtfeuer in unserer nächsten Nachbarschaft war sicherlich nicht dazu gedacht, unsere Aufmerksamkeit zu erregen. Aber es könnte uns einen weiteren Hinweis dafür liefern, daß wir nicht allein sind in unserer Galaxis, daß in unserer unmittelbaren stellaren Nähe eine Zivilisation existiert, die schon vor Jahrtausenden in der Lage war, ihre Sternenschiffe zu uns zu senden, und die inzwischen die Stufe II der Kardashevschen Einteilung kosmischer Gesellschaften erreicht hat.

Quellen:

1 Siebenhaar, W.: Rätselraten um Sirius, in: ANCIENT SKIES Nr. III/1986, S. 12
2 Schlosser, W. und Bergmann, W.: An early-medieval account on the red colour of Sirius and its astrophysical implications, in: NATURE, 318, S. 45–46, November 1985
3 Hahn, H.-M.: Das Sirius-Rätsel weiterhin ungelöst, in: BILD DER WISSENSCHAFT, 3/1987, S. 114–115, März 1987
4 Sagan, C.: Unser Kosmos, München 1982

5 Bruhweiler, F. C., Kondo, Y. und Sion, E. M.: The historical record for Sirius: evidence for a white-dwarf thermonuclear runaway? in NATURE, 324, S. 235–237, November 1986
6 Iben, I. und Tutukov, M.: Theoretical conditions for a thermonuclear runaway, in: JOURNAL OF ASTROPHYSICS, 282, S. 615–630, 1980
7 Temple, R.: Das Sirius-Rätsel, Frankfurt 1977
8 Griaule, M. und Dieterlen, G.: Un Système Soudanais de Sirius, in: JOURNAL DE LA SOCIETE DES AFRICANISTES, 20, 1, S. 273–294, Paris 1950
9 Dyson, F. J.: Search for Artificial Stellar Sources of Infrared Radiation, in: SCIENCE, 131, S. 1667–1668, Juni 1960
10 Kardashev, N. S.: Transmission of Information by Extraterrestrial Civilizations, in: SOVIET ASTRONOMY, A. J. 8, S. 217–221, 1964
11 Ruppe, H. O.: Zur Möglichkeit interstellarer Raumfahrt, in: AUS DEN TIEFEN DES ALLS, hrsg. von J. und P. Fiebag, Tübingen 1985
12 Lunan, D.: Zur Möglichkeit der Kontaktaufnahme mit außerirdischen Intelligenzen, in: AUS DEN TIEFEN DES ALLS, hrsg. von J. und P. Fiebag, Tübingen 1985

Das Rätsel der Magazine

von Ralf Sonnenberg

Die Entdeckung der minoischen Kultur auf Kreta verdanken wir dem Engländer Sir Arthur Evans, der zu Beginn dieses Jahrhunderts im Zuge einer spektakulären Grabungskampagne den größten und wohl imposantesten der altkretischen Paläste der Vergessenheit entriß: Knossos, im Nordteil der Insel gelegen, der Legende nach Wohnsitz König Minos' und des im Labyrinth hausenden Zwitterwesens Minotaurus.

Auf die Freilegung des Minos-Palastes und der angrenzenden Stadtviertel folgte wenig später die Lokalisierung weiterer frühzeitlicher Metropolen, die schließlich von französischen und italienischen Archäologen unter nur geringer öffentlicher Anteilnahme zutage gefördert wurden. In der Messera-Ebene: Phaistos mit der drei Kilometer entfernten »fürstlichen Sommerresidenz« Haghia Triada, an der kretischen Nordküste: Malliai und im äußersten Osten: Kato Zakros, die einstige Hafen- und Handelsmetropole der Insulaner.

In den voluminösen Vorratsmagazinen der alten Palastzentren stießen die Ausgräber auf hohe, dickbäuchige Tongefäße (Pithois), die von Fall zu Fall einem aufrecht stehenden Menschen genügend Platz böten. Proben, die man dem Grund der Pithois entnahm, geben Aufschluß über den ursprünglichen Inhalt der Gefäße, welcher sich aus Naturalien aller Art – in erster Linie Olivenöl, Wein und verschiedenen Getreidesorten – zusammensetzte. Einer der monströsen Vorratsbottiche faßte durchschnittlich 586 Liter; die Summe

In solchen, überdimensionierten Tonkrügen wurden auf Kreta Oelvorräte gelagert.

aller, allein im Westtrakt des Palastes von Knossos untergebrachten Behälter belief sich auf 420, was einer Gesamtspeicherkapazität von rund 226000 Litern (!) entsprach. Um dieses beachtliche Vorratsreservoir zu füllen, benötigte man – SPEKTRUM DER WISSENSCHAFT [1] publizierte es unlängst – zwischen 16000 und 32000 Olivenbäume, die eine Anbaufläche von 320 Hektar in Anspruch nahmen.
Zusätzlich hoben die Forscher am knossischen Westhof kreisförmige, nach oben hin verjüngte Silos aus, die bis zu 10 Meter senkrecht in die Tiefe hinabgehen. An der Südwestecke des Mallia-Palastes stieß man auf die Überreste acht weiterer Speicheranlagen, die von den Mengen des hier deponierten Ertrages Zeugnis ablegen. Addiert man nun zu den bereits bekannten, der Unterbringung der Naturalien dienenden Vorrichtungen die verbleibenden, von der Fachwelt fälschlicherweise als »Zisternen« deklarierten Speichermöglichkeiten [2, 3], dann ergibt sich allein im Fall Knossos ein Fassungsvermögen, das kaum mehr vorstellbar ist.
Die Ausgräber des 20. Jahrhunderts traten diesen Dimensionen verblüfft gegenüber; man war nicht darauf vorbereitet, eine ehemalige ausgeprägte Palastwirtschaftsstruktur anzutreffen. In den fünfziger Jahren wies der deutsche Prähistoriker Friedrich Matz, eine Koryphäe auf dem Sektor frühgriechischer Kunstgeschichte, darauf hin, daß die Menge der in den minoischen Palästen gehorteten Vorräte bei weitem den Bedarf der Hofhaltung überstieg [4].
Und Anfang der achtziger Jahre, als man der Lösung des Rätsels noch um keinen Deut nähergerückt war, umriß der Greifswalder Altertumskundler Günther Kehnscherper das Problem des Naturalienüberschusses in Knossos wie folgt: »Für die möglichen 600 bis 1000 Bewohner eines Palastes wären es unsinnig große Vorräte gewesen, wenn man nicht mit einer Belagerung rechnete. Das Fehlen jeglicher Verteidigungsanlagen schließt aber eine solche Möglichkeit aus. Zur Versorgung der Bewohner der ganzen Stadt wären andererseits die Vorräte zu klein gewesen, denn Evans hat aus der Größe der Stadtanlage die Zahl der damaligen Einwohner auf 82000 geschätzt.« [5]
Was ging damals im Herzen des minoischen Inselstaates vor sich?

Weshalb waren die kretischen Palastherren auf landwirtschaftliche Abgaben in dieser Größenordnung angewiesen?
Ein offensichtlich straff organisierter Beamtenapparat, der weite Teile Kretas erfaßt haben muß, kontrollierte die Tributleistungen der ländlichen Bevölkerung [6].
Gibt es andere Lösungsmöglichkeiten?
Buddhistische und hinduistische Textsammlungen, die dank Prof. Dileep Kumar Kanjilal, Kalkutta, inzwischen auch dem Westen zugänglich wurden [7], wissen von einer vergangenen Epoche, in der die Bewohner des indischen Subkontinents mit Flugtechniken vertraut waren, mittels derer sie enorme Entfernungen überbrückten. Das ins 12. Jahrhundert n. Chr. datierte Manuskript »Samarâmaganasutradhâr«, das dem weisen Inder Bhoja zugeschrieben wird, widmet sich ausführlich den technischen Details eines hölzernen Luftschiffes, einer verwegenen Kombination von Motorsegler und Heißluftballon.
Auch in einem weiteren Band, dessen Entstehungszeit ins 10. Jahrhundert fällt, spiegelt sich das uralte aeronautische Wissen der indischen Kulturvölker wider. Demnach konstruierten zwei Brüder ein flugtaugliches Vehikel, mit dem sie 260 km nonstop zurücklegten. Als Anleitung für diese herausragende Leistung dienten Aufzeichnungen, die – dem Wortlaut der Schrift zufolge – dem Nachlaß der Gottheit Maya entstammten. Der Ursprung dieser von *Menschen* beherrschten Luftfahrt verlor sich in einem dunklen, von Götterkriegen gezeichneten Zeitalter, das westliche Indologen im allgemeinen 3500 Jahre vor der Gegenwart ansetzen.
Der Sanskritliteratur ist zu entnehmen, daß der für den Antrieb der antiken Fluggeräte erforderliche Kraftstoff in erster Linie aus pflanzlichen Ölen, gegärtem Reis, Honig und Sirup gewonnen wurde.
Die Energiegewinnung auf der Grundlage von Biomasse (Nutzpflanzen wie z. B. Futterrüben oder Weizen, die ausreichend die Alkohole Äthanol bzw. Methanol produzieren) ist ein Thema von verblüffender Aktualität: 1973, als über Nacht die Erdölraffinerien der OPEC stillstanden, erhielt die Debatte um den Einsatz nichtfos-

siler Energieträger einen neuen Auftrieb. Mittlerweile gehören mit Zuckerrohrsaft fahrende Autos zum Straßenalltag in Brasilien, und ein Forscherteam in Sao Paulo entwarf vor fünf Jahren die IPAI 27, das erste, alkoholkerosinbetriebene Flugzeug der Neuzeit [8].
Wiederholt sich hier Geschichte?
Waren die Völker der Frühzeit im Besitz jener Erkenntnis, die uns, an der Schwelle zum 3. Jahrtausend, aus der Sackgasse einer eingleisigen Energiepolitik herausführen soll?
Wußten alte Völker um die energiespendende Eigenschaft von Biomasse? Die von Prof. Kanjilal herangezogenen altindischen Quellen bestätigen derartige Schlußfolgerungen.
Aus den vedischen und postvedischen Überlieferungen geht ferner hervor, daß die damaligen Flugpiloten Reisen in andere Regionen der Erde antraten. Die Möglichkeit eines weltweiten Technik- und Kulturtransfers in grauer Vorzeit ist daher nicht von der Hand zu weisen. Wahrscheinlich ist auch, daß die Hochkulturen des Nahen Ostens und des östlichen Mittelmeerraumes, die sich um 2000 v. Chr. auf dem Höhepunkt ihrer Entfaltung befanden, auf die Vertreter einer technisch überlegenen, in Hinterasien beheimateten Zivilisation eine gewisse Anziehungskraft ausübten. Das Kebra Negest, das wohl älteste Literaturdenkmal Äthiopiens, birgt mitunter vage Erinnerungen an jene Tage, da mit fliegenden Apparaturen ausgerüstete Menschen in der Levante ihr Unwesen trieben. Der im 8. Jahrhundert v. d. Z. fixierte Text besagt, noch der israelitische König Salomo habe über Himmelswagen verfügt, die imstande waren, binnen eines Tages eine Wegstrecke von drei Monaten zu bewältigen. Das entspricht ungefähr der Luftlinie Jerusalem – Kalkutta [9].
Aeronautik betreibende Völker des Altertums – falls sie de facto existierten – benötigten ein engmaschiges Netz genauestens plazierter Flugmarkierungen und Stützpunkte, welches die verkehrsbetroffenen Gebiete durchlief. Diese Basen boten Gelegenheit, Wartungs- oder Reparaturarbeiten an den Maschinen zu erledigen und – was viel wichtiger war – die Treibstoffreserven der Luftschiffe aufzufüllen. Man mag es drehen und wenden, wie man will: Ohne

ein weitverzweigtes System derartiger »Tankstellen« kam der prähistorische Flugverkehr nicht aus, zumal die altindischen Schriften die Abhängigkeit der Geräte von kontinuierlichen Brennstoffzuführungen hervorheben.
Eine völlig neue, plausible Möglichkeit, dem Geheimnis der Naturalienanhäufungen in den kretischen Palästen beizukommen, sehe ich in folgender Theorie:
Kreta war in der Bronzezeit eine Basis der Götter. Die beträchtlichen Öl-, Getreide- und Weinvorräte dienten nur bedingt der Versorgung der Palastbewohner – im Vordergrund stand die eigentliche Absicht der Besitzer, die in den Zentralhöfen der Palastanlagen herniederkommenden Flugvehikel mit pflanzlichem Kraftstoff zu speisen. Knossos, Phaistos, Mallia, möglicherweise auch Kato Zakros wären demnach nichts anderes als Flughäfen der dem Himmel entstiegenen Fremdlinge, deren Gefährte hier zu einer Zwischenlandung ansetzten, um anschließend ihren Kurs in Richtung Festland fortzusetzen. Nicht ohne Grund notierte der griechische Historiker Diodor (um 50 v. Chr.), Kreta liege »außerordentlich günstig für Reisen nach allen Teilen der Welt«. [10]
Jahrhunderte hindurch blieb die Insel Kreta von feindlichen Invasionen und störenden Einflüssen verschont; ein bemerkenswerter Umstand, der in dem friedvollen, fast femininen Charakter der minoischen Kunst, dem vollständigen Verzicht auf Palastbefestigungen und Verteidigungswaffen Ausdruck fand.
Dies alles gibt reichlich Anlaß zu der Vermutung: *Kreta war ab der Mittleren Bronzezeit ein Handelsverkehrsknotenpunkt und Luftfahrtposten.*
Nahrung erhält diese spekulative Feststellung durch das architektonische Phänomen des Mittel- bzw. Zentralhofes, das nur in der Palastkonstruktion Altkretas vorkommt.
Im Zentrum des Palastes von Knossos, der ein Areal von 22 000 Quadratmetern einnimmt, liegt der eigenartige Hof (50 × 28 Meter), um den sich – ähnlich einer Honigwabe – die Wohngemächer, Baderäume, Empfangssäle und Vorratslager gruppieren. Inmitten dieses labyrinthischen Wirrwarrs aus unzähligen Räumen, Kam-

mern, schmalen Nischen und U-förmig abgeknickten Korridoren stellt das geradlinige Rechteck des Hofes einen optischen Ruhepunkt dar. In der Tat tritt der Zentralhof auch in den drei anderen kretischen Palästen als markante Orientierungsfläche in Erscheinung.

Handelt es sich hier um die einstigen Start- und Landeplätze der Götterluftschiffe, die auf dem ägäischen Eiland Zwischenstation einlegten? Möglich wäre es, auch wenn heute fundiertes Beweismaterial fehlt.

Ein Umdenkprozeß in der klassischen, auf Evans ausgerichteten Kreta-Archäologie kündigte sich bereits im Jahre 1972 an: Damals erschien im deutschen Sprachraum ein vieldiskutiertes Buch, dessen Verfasser, der inzwischen verstorbene Geologe und Paläontologe Hans Georg Wunderlich, die herkömmliche Deutung der minoischen Zentren in Zweifel zog [3]. Wunderlich lud den Ärger der zeitgenössischen Schulwissenschaft auf sich, die nicht umhinkam, in ihm den Provokateur eines »zweiten Däniken« zu erblicken (so Prof. Dr. Wolfgang Schiering, Mannheim). Auch wenn sich Wunderlichs Annahme, die Paläste der Kreter seien in Wahrheit unbewohnte Begräbnisstätten gewesen, nur kurze Zeit aufrechterhalten ließ, kann dennoch nicht geleugnet werden, daß Prof. Wunderlich wertvolle Forschungsansätze lieferte.

Aber: Waren die minoischen Metropolen überhaupt »Paläste« im landläufigen Sinn? Also prunkvolle Residenzen irgendwelcher Könige, Statthalter oder Fürsten, wie bis dato immer gemutmaßt wurde?

Den bedeutenden französischen Archäologen Paul Faure erinnern die Anlagen eher an »die Tempel Vorderasiens und besonders an die mesopotamischen«. Faure weiter: »In allen Kulturen der Welt wohnten die Götter immer besser als die Menschen. Das minoische Kreta kann diese Regel wohl kaum durchbrechen. Die großen Tempel, die wir in Kreta im Vergleich zu Ägypten, Palästina, Mesopotamien und Anatolien so sehr vermissen würden, wenn wir sie nicht in den angeblichen ›Palästen‹ vor uns hätten, stehen noch in Phaistos, Mallia und Zakros mit denselben Hauptmerkmalen wie in

Knossos: man findet ... dieselben Plätze und Zufahrtsstraßen für die rituellen Festlichkeiten und Ausführungen und dieselbe Masse von religiösen Symbolen, während sie in der Umgebung ganz und gar fehlen.« [11]
Was Paul Faure nicht ahnen konnte: Im Mittelpunkt dieser grandiosen Tempelkulte standen allem Anschein nach die Götter-Besuche, denen das minoische Kreta ein Kapitel seiner utopischen Vergangenheit verdankt.

Quellen:

1 Warren, P. M.: Minoische Paläste, in: SPEKTRUM DER WISSENSCHAFT 9/1985
2 Willets, R. F.: The civilization of ancient Crete, Berkeley and Los Angeles 1977
3 Wunderlich, H. G.: Wohin der Stier Europa trug, Reinbek 1972
4 Matz, F.: Kreta, Mykene, Troja, Stuttgart 1956
5 Kehnscherper, G.: Kreta, Mykene, Santorin, Leipzig 1982
6 Rutkowski, B.: Kreta, Leipzig 1978
7 Kanjilal, D. K.: Vimana in ancient India, Kalkutta 1985
8 P. M.-Magazin 1/1982
9 Däniken, E. v.: Reise nach Kiribati, Düsseldorf 1981
10 Diodor von Sizilien: »Geschichtsbibliothek«, Stuttgart 1866
11 Faure, P.: Kreta – Das Leben im Reich des Minos, Stuttgart 1983

Die seltsamen Steinkugeln

von Willi Dünnenberger

Eine Kuriosität dieser Welt, die dem aufmerksamen Touristen überall begegnet, sind die prähistorischen Kugeln aller Art. Nicht nur Steinkugeln, auch Metallkugeln. Und einige unter ihnen haben derart verblüffende Eigenschaften, daß man beinahe von Wundern sprechen könnte ... wenn es Wunder gäbe.

In seinem Buch »Zurück zu den Sternen« hatte Erich von Däniken über die Granitkugeln im Diquis-Delta von Costa Rica berichtet (ab Seite 90). Dort liegen 45 Kugeln in eigenartigen Anordnungen in der glühenden Sonne. Die Kugeln bestehen aus Granit und haben Durchmesser von einigen Zentimetern bis 2,14 Meter. Die amerikanische Archäologin Frau Dr. Doris Z. Stone, die Anfang der vierziger Jahre die Costa-Rica-Kugeln untersuchte, meinte schließlich resigniert: »Die Kugeln von Costa Rica müssen zu den ungelösten megalithischen Rätseln der Welt gezählt werden.«

Nach Erich von Dänikens Veröffentlichung erreichte uns eine Menge Briefe. Eine Frau aus Neuseeland schrieb, an ihrem Strand lägen ebenfalls Kugeln, die in geheimnisvoller Weise bei Sturm buchstäblich aus dem Sandstein der Küste herauskollerten. Wir reisten an den Moeraki-Beach, nördlich von Dunedin (Neuseeland). Die Dame hatte nicht übertrieben. Auch hier lagen Kugeln in verschiedener Größe am Strand verstreut, oft aber auch in schnurgerader Linie ausgerichtet. Im Sandsteinfelsen, 3 Meter über uns, steckte eine halbe Kugel, die wohl beim nächsten Sturm herunterkollern würde. Wir gingen zu einem Geologen und ließen uns

Die Granitkugeln von Costa Rica.

belehren. Die Kugeln, so sagte er, seien auf *natürliche* Weise entstanden. Sie bestünden aus Basalt und hätten sich durch Abkühlungsprozesse in der erkaltenden Lava gebildet. Da nun aber diverse Kugeln aus verschiedenem Material am neuseeländischen Strand herumlagen, wollten wir wissen, ob denn gezwungenermaßen alle Kugeln aus Basalt bestehen müßten. Nein, meinte der Geologe, durch Kalzit in weichem Sandstein könne sich ein Kern bilden, der einem Kristallisationskeim gleiche. Dieser Kern bestehe meistens aus Kalkspat oder Eisenkarbonat. Die Kristallisation setze sich nun nach allen Seiten fort, und dies dauere so lange, bis die mineralische Lösung der nächsten Umgebung verbraucht sei.

Die Gelehrtenantwort genügte uns vorerst, da wir ja keine Geologen sind und diese Angaben ganz einfach glauben müssen. Etwas enttäuscht, denn wir hatten doch Menschenhände hinter der Fabrikation dieser Kugeln erwartet, begaben wir uns anderntags wieder an den Moeraki-Strand. Einzelne Kugeln waren durch das Salzwasser ausgespült, andere zerbrochen. Zu unserer Verblüffung stellten wir an verschiedenen Kugeln Eisenadern fest, welche sich wie ein Netz um die Kugeln legten. Wir rätselten noch darüber nach, was uns der Geologe wohl da für eine Erklärung geben würde, als die nette, hilfreiche Briefpartnerin aus Neuseeland Fotokopien einiger Legenden überbrachte, die diese Kugeln betrafen. In emsiger Arbeit hatte sie die Maori-Mythologie in der Stadtbibliothek von Christchurch für uns durchstöbert. Da erfuhren wir nun, daß die Ureinwohner Neuseelands die Kugeln »Sky-Ball« nennen. Weshalb »Sky-Ball«, wenn sie doch vor Jahrmillionen auf natürliche Art und Weise entstanden sein sollen?

Sowohl die Kugeln von Costa Rica, und dort bestehen sie aus Granit und sind eindeutig nicht auf natürliche Weise entstanden, als auch die Kugeln nördlich von Dunedin sind perfekt rund. Kristallisation ist meines laienhaften Wissens nach nichts, was perfekte Rundungen in Riesengröße vollbringt. Selbst wenn man davon ausgeht, daß die harten Kugeln aus dem weichen Einschlußgestein durch die nachfolgende Erosion gerundet worden sind, ergibt diese Erosion in keinem Falle eine perfekte Rundung. Geoden, die ja ebenfalls durch einen Kristallisationskern entstehen, sind bekannterweise nicht rund.

Zu Hause angelangt, erreichte uns ein Brief eines Kanadiers aus Toronto. Er kenne einen Ort außerhalb Torontos, wo verschiedene Kugeln im Boden gefunden worden seien. Die Stadtplaner hätten sogar einige dieser Kugeln mit schweren Kranen herausziehen lassen, und diese Kugeln flankierten heute einen Naturschutzhügel. Natürlich fuhren wir hin. Und siehe da, die Kugeln außerhalb

Mächtige Kugeln kollern aus der Sandsteinbank am Moeraki Beach. (Neuseeland)

Kugelherden verkümmern am Strand...

...werden von Salzwasser zerfressen.

Granitkugeln außerhalb der Stadt Toronto.

Torontos bestanden eindeutig aus Granit. Was für eigenartige Eingebungen müssen doch die Natur *und* unsere Vorfahren gehabt haben?

Inzwischen wissen wir, daß sowohl in Honduras, Britisch-Honduras und Mexiko Hunderte riesiger Steinkugeln entdeckt worden sind. Eine mit einem Durchmesser von 3,30 Meter. Ein junger Forscher aus Brasilien informierte uns, er und sein Vater hätten in der Nähe der südbrasilianischen Iguazu-Wasserfälle Hunderte von Kugeln im Flußbett gefunden. Die Kugeln in Brasilien bestehen vorwiegend aus Sandstein. Da sie in so großen Mengen vorkommen – man fand ganze Nester –, vermuteten Abenteurer, sie hätten irgendwo einem gigantischen Felsentor als »Kugellager« gedient.

Ja, selbst die Antarktis ist nicht frei von Kugeln. In seinem Buch »Das Abenteuer Antarktis« berichtet Richard S. Lewis über seltsam geformte Steinkugeln, welche der norwegische Seemann Captain C. A. Larsen 1893 auf einer Insel vor dem nördlichen Pfannenstiel entdeckte. Das Geheimnis dieser Steinkugeln ist nie gelöst worden.

Die bemerkenswerteste Kugel aller Zeit wurde am 13. Februar 1961 gefunden. Ca. 6 Meilen nordöstlich von Olancha, Kalifornien, sammelten damals Mike Mikesell, Wallace A. Lane und Frau Virginia Maxey Mineralien und hatten insbesondere ein scharfes Auge auf Geoden. Die drei sind nämlich gemeinsam Besitzer eines Souvenirladens in Olancha und wußten sehr wohl, wie teuer Geoden oft zu verkaufen waren.

Etwa 120 Meter über dem Owens-See sammelten die drei verschiedene Geoden und schleppten sie mühsam nach Hause. Anderntags wollte Mike Mikesell die Geoden mit einer neuen Diamantsäge zerschneiden. Bislang hatte die Säge jede Geode anstandslos durchschnitten. Jetzt aber, bei der ersten Geode, zerbrach die Diamantsäge. Die fleißigen Finder vermuteten nun ein speziell wertvolles Mineral im Innern, vielleicht sogar einen Diamanten, und erstanden eine neue Säge. Unter viel Bemühungen gelang es schließlich, die Geode zu halbieren. Die Verblüffung war groß:

Die Außenhaut bestand aus einer Schicht von Meeresfossilien (winzige Muscheln und Schalentierchen.) Dann folgte eine Schicht, die

Erich von Däniken beim Vermessen von Kugeln.

aussah »wie versteinertes Holz«. Schließlich ein vollkommen runder Kern aus einem sehr harten Material ähnlich dem Porzellan. Daran war die erste Säge zerbrochen. Und im innersten Kern befand sich ein blanker Metallstift von 2 mm Durchmesser und 17 mm Länge (siehe rechte Seite).

Geologen, von denen einmal mehr keiner seinen Namen hergeben

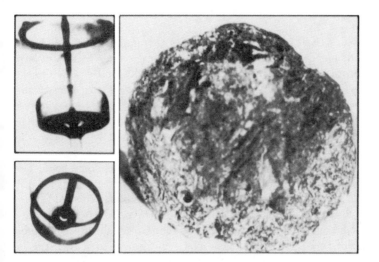

Das obere, linke Bild zeigt eine Röntgenaufnahme des Metalles, das im Innern der Geode entdeckt wurde. Rechts die ganze, unten die Teile der zersägten Geode.

will, schätzen das Alter der »Geode« auf mindestens 500 000 Jahre. Die Geode mitsamt dem blanken, geheimnisvollen Metallstift liegt heute zum Verkauf aus. Der Preis: 25 000 Dollar. Das Objekt befindet sich im Besitz von Frau Maxey und Herrn Lane, beide wohnhaft in Olancha, Kalifornien.

Ob Granit- oder Sandsteinkugeln, ob kleine runde Eier oder riesige Bälle, das Kugelmotiv ist uralt. In der Tat wissen wir nicht, wer die Kugeln schuf – wir wissen nicht, wozu dies geschah – wir wissen nicht, wann das geschah. Alles, was die Archäologie heute zur Erklärung der »Indian-Balls« oder »Sky-Balls« sagt, ist spekulativ. Unsere bisherigen Denkmodelle können grundfalsch sein. Sicherlich ist es möglich, daß die Sonne für alle Kugeldarstellungen Pate stand, vielleicht aber auch außerirdische Götter, die in Kugelraumschiffen die Erde anflogen. Hätte es sich bei den Steinkugeln nämlich um Sonnendarstellungen gehandelt, weshalb dann die eigenwilligen, geometrischen Anordnungen, weshalb dann das Fehlen jeglicher »Sonnenstrahlen«, und weshalb dann die Darstellung von Kugeln *neben* eindeutig erkennbaren Sonnen- oder Sterndarstellungen, wie man sie in der Felsenmalerei oder auf sumerischen und assyrischen Rollsiegeln findet? Zudem ist die Sonne bei den alten süd- und zentralamerikanischen Völkern, doch auch im alten Ägypten meistens als Scheibe und nicht als Kugel dargestellt worden.

Malta – ein prähistorisches Rätsel

VON LORE HASSELMANN

Der Mittelmeerstaat Malta umfaßt eine Gruppe von Inseln (Malta, Gozo, Comino) und ist Überbleibsel einer einstigen Landverbindung zwischen Europa und Afrika. Die Entfernung von Malta nach Sizilien beträgt 90 km, die nach Tunesien 325 km. Für den prähistorisch Interessierten bieten Malta und Gozo eine Fülle vorgeschichtlicher Rätsel. Eindeutiger Beweis für die Landverbindung zwischen Afrika und Europa ist die Höhle der Finsternis »Ghar Dalam«, eine 200 m tiefe Tropfsteinhöhle, in welcher erstaunliche Funde prähistorischen Lebens gemacht wurden. Die Stratigraphie zeigt in der untersten Schicht Fossilien, Skelette und Fangzähne von Hirschen, Bären, Nilpferden, Wasservögeln und Zwergelefanten; von Tieren also, die über die seinerzeit bestandene Landverbindung auf die Insel gekommen sein müssen. Die Oberschicht der stratigraphischen Abfolge aus dem Neolithikum enthält Kinderschädel und Kinderzähne sowie Tonscherben und Reste von Vorratsgefäßen als Zeichen menschlichen Lebens um 5000 v. Chr.

Auf Malta bemüht sich die Society for the Research and Investigation of Phenomena (S.R.I.P.) um Lösung der vorgeschichtlichen Geheimnisse. Die Gesellschaft ist übrigens in ständiger Korrespondenz mit der AAS, und wir verdanken es auch einer Empfehlung der AAS, daß unsere kleine Reisegruppe von den Mitgliedern der S.R.I.P. freundlich aufgenommen und an die echten Rätsel Maltas herangeleitet wurde.

Wenden wir uns zunächst den »cart ruts« (cart = Karren, rut =

»Geleise« auf Malta.

Gleis, Fahrspur) zu. In der Vorzeit waren die Inseln Malta und Gozo völlig mit diesen »cart ruts« übersät. Sie sind eine Art »Geleise« im Kalkgestein, welche elegant nach rechts und links abbiegen, sich zu Kreuzungen und Weichen vereinen, um dann wieder eine Weile geradeaus zu verlaufen. Im allgemeinen halten die »Geleise« eine Spur von 1,23 m, doch gibt es vereinzelte Passagen mit schmaleren und breiteren Spuren. Die Rillen sind unterschiedlich tief im Kalkgestein eingegraben, verlaufen über Berg und Tal und führen an mehreren Stellen an eine Bucht, wo sie im blauen Wasser des Mittelmeers versinken. Auch gibt es Stellen, an denen die »cart ruts« an einem Steilhang plötzlich abreißen. Unverständlicherweise laufen sie dann aber im tiefer liegenden Tal weiter, als ob der Sprung vom Riff die imaginären Karren nicht abgehalten hätte. In den Tälern sind die »cart ruts« von fruchtbarem Erdreich überlagert. Geologisch wird die Entstehung dieser Täler auf ca. 600 000 v. Chr. datiert.

Es ist höchst unwahrscheinlich, daß die »cart ruts« natürlichen Ursprungs sind. Dagegen spricht die Vielzahl und die Regelmäßigkeit der Geleise, doch auch ihre Kurven, Kreuzungen, Weichen und schließlich die Tatsache, daß die Innenflächen der Rillen glatt bearbeitet sind. Obschon heute weite Flächen dieses »Schienennetzes« überbaut wurden, bleibt Gott sei Dank noch genügend Anschauungsmaterial, um das prähistorische Rätsel wenigstens einigermaßen zu studieren. Es gibt folgende Mutmaßungen:

1. Der Kalkstein war mit einer dünnen Erdschicht bedeckt, und die »Geleise« entstanden durch das Ziehen von Ochsen und Pferdekarren. Gegen diesen Vorschlag spricht aber die Tatsache, daß dann die Spuren der Huftiere, welche diese Karren gezogen haben müßten, im Kalkstein auch eingedrückt sein sollten, was nicht der Fall ist.
2. Es sind Spuren eines Transportsystems auf der einstigen Landbrücke zwischen Nordafrika und Sizilien. Was für ein Transportsystem bleibt vorerst schleierhaft. Unsere Freunde von der S.R.I.P. ließen ein Fahrzeug rekonstruieren, welches den Maßen

der »Geleise« gerecht wurde. Das Vehikel lief geradeaus, war jedoch nicht in der Lage, die teils sehr engen Kurven zu nehmen.
3. In Frage kämen auch schlittenartige Gleitobjekte, auf welchen Lasten transportiert wurden. Dagegen spricht auch hier, daß die Kufen in den konischen Rillen bei jeder Kurve steckengeblieben wären.

Es sind nicht die »cart ruts« allein, welche Malta zum prähistorischen Rätsel machen. Ungemein eindrucksvoll präsentieren sich auch die zahlreichen Megalithtempel mit klangvollen Namen wie Tarxien, Mnajdra, Haggar Qim, Ggantija etc. Diese mächtigen Bauten aus Globigerinen-Kalk hinterlassen mit ihren tonnenschweren Blöcken den Eindruck monumentaler Eindringlichkeit. In die Megalithen eingeritzt findet man vereinzelt Spiralornamente, Tierfriese sowie Darstellungen von Sonne, Mond und Sternen. Die Megalithanlage von Tarxien ist gar unterirdisch mit dem Hypogäum verbunden. Dieses Hypogäum (offiziell auf ca. 3000 v. Chr. datiert) ist eine dreistöckige, unterirdische Tempelanlage mit Heiligtum, Orakelraum und einer erstaunlich tragenden Akustik. Die unbekannten Steinmetzen vollbrachten hier eine Meisterleistung. Der ganze Zentralraum ist aus einem einzigen Stück gehauen, die Monolithen sind glatt poliert und geschliffen, Nischen in verschiedenen Größenordnungen geben Rätsel auf. Die »Kuppel« besteht aus nahtlos gekrümmten Monolithen, die an Ort und Stelle aus dem Fels herausgehauen worden sein müssen.
Der Legende nach wurde der Archipel in ferner Vergangenheit von Riesen bewohnt. Waren sie die Erbauer der Megalithtempel, der »cart ruts«? Die S.R.I.P. vermutet, auch andere alte Heiligtümer Maltas hätten eine unterirdische Verbindung zum Hypogäum. Forschungen in dieser Richtung sind im Gange.
Zu bemerken wäre noch, daß die S.R.I.P. aufgrund ihrer langjährigen Untersuchungen zur Überzeugung gelangte, daß sämtliche Megalithtempel Maltas astronomisch orientiert sind. In Haggar Qim und Tarxien sind die Achsen der Haupttempel auf den Mondauf- bzw. -untergang zu bestimmten Jahreszeiten ausgerichtet, und

Die prä-historische Tempelanlage von Hagar-Quim, Malta.

in Mnajdra auf die Frühjahrs- und Herbstsonnenwende. Nach Meinung der S.R.I.P. ist selbst der größte Tempel Gozos, »El Ggantija«, auf das Sternbild Orion ausgerichtet, wobei natürlich die Position der Tempel untereinander eine entscheidende Rolle spielt. Von archäologischer Seite ist die Vermutung geäußert worden, die »cart ruts« wären sozusagen die Transportstraßen zu den Megalith-

Die Haupthalle des unterirdischen Hypogäums mit der mächtigen, geschwungenen Monolithdecke.

tempeln gewesen. Dies kann nicht sein. Die »cart ruts« entstanden nach geologischer Lehrmeinung längst vor den Megalithbauten. Zudem führen die »Geleise« ausgerechnet nicht zu den Tempeln, sondern im weiten Bogen daran vorbei.

Es scheint, als ob das eine Phänomen vom andern getrennt betrachtet werden müßte, es sei denn, man datiert die Megalithtempel um

Einstieg ins Hypogäum.

viele Jahrtausende zurück, was archäologisch zu weitreichenden Konsequenzen führen würde.

Natürlich wird über die maltesischen Phänomene viel theoretisiert und spekuliert. Da wird zum Beispiel behauptet, bei den »cart ruts« habe es sich um einen Kult gehandelt. Leider erfährt man nicht, welcher Kult gemeint war. Andere wiederum versichern, das

Der Tempel Mnajdra auf Malta. Seine Entstehung geht in die Jungsteinzeit zurück.

»Schienennetz« habe schon vor der letzten Eiszeit existiert und die Rillen seien mit Feuerstein geschlagen worden. Das hört sich gut an, denn Feuerstein ist härter als Kalkstein. Nun haben aber Geologen auf ganz Malta und den umgebenden Inseln keinen Feuerstein entdeckt. Auch ist spekuliert worden, griechische oder phönizische Einwanderer hätten die »cart ruts« angelegt. Ärgerlicherweise gibt es aber weder in Griechenland noch im Libanon irgendwelche ähnliche Einritzungen wie auf Malta. Die Widersprüche sind grotesk. Es bleibt zu hoffen, daß die interdisziplinäre Forschung die maltesischen Rätsel löst. Bloß: angefangen hat man noch nicht.

Das Rätsel
der Steinverglasungen

von Walter Jörg Langbein

Langsam, fast im Zeitlupentempo, senkt sich das Zubringer-Raumschiff auf die Anhöhe hernieder. Gleißend erhellen die Strahlen der Sternentriebwerke die Nacht. Ihre Hitze läßt Gestein kochen, als sei es von einem Kraterschlund ausgespien. Stille senkt sich über die Nacht. Das flüssige Gestein erstarrt zu seltsamen Verglasungen.
Dieser Science-fiction-Einstieg könnte einst Realität gewesen sein, denn auf der Erde existieren an mehreren Orten unerklärliche Steinverglasungen. Zum Beispiel auf dem Berghügel Tap O'Noth, unweit des Dörfchens Rhynie im Nordwesten Schottlands. Der Berghügel ist 560 Meter hoch. Auf seiner Spitze thront ein merkwürdiger Steinbau, wenn das Wort »Bau« hier überhaupt verwendbar ist. Das ovale Gebilde mißt 28 × 45 Meter und erinnert am ehesten an die Grundmauern eines einstigen Gebäudes. Sorgsame Untersuchungen ergaben, daß zu keiner Zeit ein Eingang in das Oval führte. Die heutige Zufahrt wurde angelegt, als schon längst niemand mehr wußte, wozu das Oval auf dem Berghügel einst diente. Fest steht nur, daß dort oben einst enorme Hitze freigesetzt wurde, denn viele Gesteinspartien sind ineinander verschmolzen und verglast.
Dazu vermerkt Prof. Hans Schindler Bellamy: »Die Steine müssen einer unglaublichen Hitze von weit mehr als 1000 °C ausgesetzt gewesen sein. Diese gewaltigen Temperaturen ließen die Steine schmelzen, die einzelnen Bauelemente ineinander zerfließen und

beim Abkühlen miteinander verbacken. Meiner Meinung nach können da nur die Druiden am Werk gewesen sein.«

Druiden? Sie sind als die Zauberer Europas in die Geschichtsbücher eingegangen. Man bringt sie in Verbindung mit dem geheimnisvollen Stonehenge. Der Mythologie zufolge war der Zauberer Merlin ein Druide. Er konnte die Schwerkraft aufheben und gewaltige Gesteinsbrocken durch die Luft schweben lassen. Merlin stand auch in Verbindung mit der Tafelrunde des legendären König Artus, und diese Tafelrunde wiederum mit dem »Heiligen Gral«. Wie die brillanten Recherchen der Gebrüder Fiebag ergaben, war der Gral vermutlich nichts anderes als die biblische Manna-Maschine.

Wie entstanden die Steinverglasungen auf dem Berghügel Tap O'Noth?

Ein gewisser James Anderson untersuchte schon vor 200 Jahren Dutzende von derartigen Anlagen. Tap O'Noth ist nämlich kein

Einzelfall. In Europa, insbesondere in Frankreich, England und Schottland, wurden verschiedene Steinverglasungen auf Bergen und Anhöhen registriert. Das Phänomen der geschmolzenen Steine ließ sich bis heute nicht klären. Zwar gibt es viele Theorien und Deutungsversuche, doch lassen alle Erklärungen zu viele Lücken offen. Eine der Theorien besagt, die Steine auf dem Berghügel Tap O'Noth seien einst Bestandteil eines Abwehrwalles einer kleinen Siedlung gewesen. Diese Abwehrmauer soll von einer Holzwand umkleidet gewesen sein. Durch einen Unfall fing das Holz Feuer. Die dabei entstandene Hitze ließ die Steinverglasungen entstehen. Diese Erklärung befriedigt nicht, denn es gab Hunderte von Anlagen wie beispielsweise Ritterburgen des Mittelalters, die abbrannten, ohne daß deshalb das Gestein zerschmolz.

Eine andere Theorie besagt, die vorgeschichtlichen Bauherren hätten bereits verglastes Gestein aus erloschenen Vulkanen geholt und damit ihre Mauern errichtet. Auch diese Erklärung sticht nicht, denn oft findet man Gesteinsbrocken, die nur halbseitig verglast sind. Zudem handelt es sich um eine völlig andere Glasur als die, welche bei Vulkanausbrüchen entsteht.

Auch die Möglichkeit, es könne sich um sogenannte »Fulgurite« handeln, scheidet aus. Solche durch Blitzeinschlag entstandenen Gesteinsverschmelzungen treten zwar bevorzugt auf Berggipfeln auf, sie sind jedoch röhrenförmig und besitzen selten Durchmesser von mehr als zwei Zentimetern. Zudem sind solche Fulgurite ausschließlich auf Sandsteine beschränkt, wohingegen die hier behandelten Gesteinsgläser aus unterschiedlichen Ursprungsgesteinen hervorgegangen sind.

Ein vierter Deutungsversuch ist unter dem Begriff »Cäsars Antwort« bekannt. Julius Cäsar beschreibt in seinem Werk über die gallischen Kriege eine »gallische Mauer«, die aus einem Stein-Holz-Gemisch bestand. Wie archäologische Ausgrabungen bei Abernethy (Perth) und Dun Lagaidh (Bezirk Ross) ergaben, existierten

Auf dem Tap O-North im Nordwesten Schottlands
muß einst gewaltige Hitze freigeworden sein.

einst tatsächlich derartige Stein-Holz-Mischbauten. Seit 200 Jahren werden immer wieder versuchsweise ähnliche Konstruktionen erstellt, um sie dann anzuzünden und abbrennen zu lassen. Bei keinem dieser Experimente sind Steinverglasungen wie die auf dem Berghügel Tap O'Noth vorhandenen entstanden.

In verschiedenen Artikeln und Büchern, insbesondere in REISE NACH KIRIBATI, berichtete Erich von Däniken über die eigenartigen Felsverarbeitungen oberhalb der peruanischen Inkafestung Sacsayhuaman. Da gibt es den als »Kenko Grande« bekannten Steinkoloß, der meterlange, glatt polierte Flächen aufweist. Oberhalb dieser Flächen, die aussehen, als ob ein Gigant mit dem Buttermesser durch Stein geschnitten habe, sind Verglasungen erkennbar. Die Hitze, die dabei freigeworden sein muß, könnte tatsächlich aus einem Vulkanschlund stammen. Nur ist weit und breit von einem Vulkan nichts zu sehen. Einige hundert Meter unter dem »Kenko

Der »Kenko Grande« oberhalb der peruanischen Stadt Cuzco. Glatte Flächen durchschneiden den Granit.

Grande«, doch insgesamt immer noch auf einer Höhe von 3700 Metern, findet man Gesteinsformationen, die nur an ihrer Spitze verglast sind. Wie Bündel versteinerter Kerzen ragen sie aus den Felsmassen heraus.

Der verstorbene Professor Hans Schindler Bellamy versuchte das Problem von einer ganz anderen Seite her anzupacken. Er vermutete, die verglasten Steine seien in Wirklichkeit kein echtes Gestein gewesen, sondern eine Art von Zement oder Beton. Dieses Steingemisch sei viel hitzeempfindlicher als etwa echter Granit oder Diorit. Ein starkes Feuer hätte genügt, derartig fabrizierte Steine punktuell zum Schmelzen zu bringen. Voraussetzung für diese Theorie wäre die Existenz von »Zement« oder »Beton« in vorgeschichtlicher Zeit. Prof. Bellamy verweist auf das Museum von Cochabamba in Bolivien. Dort sind Gesteinsformationen ausgestellt, die im Museumsführer als »geknetete Steine« bezeichnet werden. Scherzhaft meint Prof. Bellamy dazu: »Es ist kaum anzunehmen, daß die Inkas ihre Hände glühend heiß machten, um sie dann in das Gestein zu pressen.«

Auch Robert Charroux berichtet über die »gekneteten Steine«. In derartigen Steinen hinterließen die Indios Abdrücke ihrer Hände und Füße, geradeso, als wäre das Gestein einst weich wie Butter gewesen. Ähnliche Abdrücke finden sich auch auf Tahiti und zwar an einer Stelle, von der die Legende berichtet, der weiße Gott Hiro habe dort seinen Fuß niedergesetzt. Diese kuriosen Fußabdrücke in Gestein sind ein weltweites Phänomen. Selbst auf abgelegenen pazifischen Inseln, wie beispielsweise auf Kiribati, findet man sie.

1967 behauptete der peruanische Pater Jorge Lira, das Rätsel der weich werdenden Steine gelöst zu haben. Die Indios hätten Gestein mit einem besonderen Kräuterextrakt benetzt, das den Stein auflöste und knetbar wie Butter machte.

In HABE ICH MICH GEIRRT? schrieb Erich von Däniken über die indische Tempelstadt Mahabalipuram:

»Vor dem Yamapuri Mandapam stehen wuchtige monolithische Elefanten, rechts balanciert – diagonal auf einer Kante – ein mächtiger Felsbrocken, als müßte er jeden Moment kippen, doch er hält

Tempelstadt Mahalipuram, Süd-Indien. Gott Krischna soll diesen Klotz in der Balance placiert haben.

In dieser Wanne der Tempelstadt Mahalipuram (Indien) formte Gott Krischna Stein wie Butter.

sich seit 1300 Jahren in seiner verwegenen Position. Krishna, Inkarnation des Gottes Wischnu, soll ihn einst ›wie Butter‹ aus dem Fels geformt und hergestellt haben, eine Ver- und Bearbeitungsmethode, die dem ›Gott der Hirten‹ wohl anstand. Als eine Art Heiland von den Hindus verehrt, habe Krishna den massigen Stein in diese Position gebracht, um die Menschen stets an seine Macht zu erinnern... Nur einen kurzen Weg vom balancierten Monolithen entfernt liegt ein Granitblock, aus dem eine Wanne von zwei Metern Durchmesser herausgeschnitten ist, in der Krishna Stein geformt und bearbeitet haben soll – wie Butter. Mir sind solche, nach gleicher Methode aus dem Fels geschlagene Wannen aus Südjapan und vom Hochland in Peru bekannt. Die Internationalität derartiger Seltsamkeiten verblüfft mich immer wieder.«

Ich bin nicht der Meinung, daß vorgeschichtlicher »Zement« das Rätsel der Steinverglasungen zu lösen vermag. Selbst wenn derartige Steinmischungen rascher schmelzen als echtes Gestein, bleiben doch zu viele Ungereimtheiten. Schließlich liegen die verglasten

Steintrümmer vor. Geologen können Steinmischungen rasch von echtem Gestein unterscheiden.

Wer seine nächsten Sommerferien noch nicht verplant hat, möge nach Schottland reisen, um folgende Steinverglasungen zu untersuchen: Tap O'Noth bei Rhynie, Nordostschottland und Dunnideer, wenige Kilometer von Tap O'Noth entfernt, ferner auch Craig Phadrig, Inverness, Nordschottland.

Sehenswert sind auch die Steinverglasungen von Knock Farrel in Schottland. Position: Zweieinhalb Meilen westlich von Dingwall. Auf einem Hügel finden sich hier geschmolzene Steinklumpen unterschiedlicher Größe. Unvorstellbar hohe Temperaturen haben auch hier die Steine zu einer amorphen Masse verbacken.

Und wen es gar in die USA zieht, der kann bei Rio Gila im Sonnenstaat Arizona verglaste Ruinen bestaunen.

Quellen:

Fiebag, Johannes und Peter: Die Entdeckung des Heiligen Grals, Edition Buch 2000, Luxemburg (1983), erscheint im Febr. 1989 als Goldmann-Tb.
Corliss, William: A handbook of puzzling artifacts, Glen-Arm, MD/USA (1980)
Mooney, Richard: Colony Earth, Greenwich, Conn./USA (1975)
Charroux, Robert: Unbekannt, Geheimnisvoll, Phantastisch, Düsseldorf (1970)
Dopatka, Ulrich: Lexikon der Prä-Astronautik, Düsseldorf (1979)
Welfare, Simon und Fairley, John: Arthur C. Clarke's Mysterious World, London (1980)

Rätselhafter Fund in der UdSSR

VON ARMIN SCHRICK

Ende Januar 1985 lief eine seltsame AP-Meldung durch die hiesige Presse. Russische Arbeiter hatten einen Gesteinsbrocken gefunden, der nach Aussagen sowjetischer Wissenschaftler außerirdischer Herkunft sein sollte.
Und das soll geschehen sein: In den eisigen Regionen der Autonomen Sowjetrepublik Komi liegt das kleine Dorf Jerd. Im Sommer des Jahres 1976 gingen einige Arbeiter aus Jerd an den nahegelegenen Fluß Waschka, um zu fischen. Am Ufer stießen sie auf ein rätselhaftes Felsstück von Faustgröße, das in einem weißen Licht schimmerte. Als einer der Arbeiter beim Betrachten den Fund aus der Hand gleiten ließ, entsandte dieser beim Aufprall auf einen anderen Stein angeblich eine Funkengarbe. Neugierig geworden, nahmen die Arbeiter das seltsame Objekt mit in ihr Dorf, um es dort zu zersägen. Nach den Angaben der Entdecker kam beim Versuch, es zu zerschneiden, ein »Strahl aus weißem Feuer« hervor.
Die herbeigerufenen Spezialisten vom »Geologischen Institut von Komi« (einer Unterabteilung der sowjetischen Akademie der Wissenschaften) fanden den Fund nach oberflächlichen Untersuchungen so interessant, daß sie ihn in ihrem Laboratorium in einzelne Teile zerlegten und zwecks weiterer und exakterer Untersuchungen an verschiedene wissenschaftliche Institute weiterleiteten. Diese Forschungen unterstanden dem »WSNTO-Umweltschutzkomitee« und dessen Unterabteilung »Kommission für anormale Erscheinungen« unter Leitung von Dr. Valentin Fomenko.

Die einzelnen Experimente wurden von folgenden Institutionen durchgeführt:

- Allunions-Forschungsinstitut für Kern-Geophysik und Geochemie
- Wawilow-Institut für physikalische Probleme
- Moskauer Institut für Stähle und Legierungen
- Vernadskij-Institut für analytische und Geochemie der Akademie der Wissenschaften.

Nach Untersuchungen am Allunionsinstitut mit gammaspektrometischen Analysemethoden wie Neutronenaktivierung, Neutronenradiation und Röntgenradiometrie erkannte man folgende chemische Zusammensetzung: 67,2 % Cer, 10,9 % Lanthan, 8,78 % Neodym, geringe Anteile von Eisen und Magnesium sowie Verunreinigungen mit Uran und Molybdän. Nach dieser Erkenntnis stand die russische Wissenschaft vor einem Rätsel. Diese Zusammensetzung konnte kaum auf natürliche Weise auf unserem Planeten entstanden sein, denn die Elemente der »seltenen Erden«, auch »Lanthanide« genannt, treten nie in solchen Konzentrationen und in dieser Kombination auf. Cer, Lanthan und Neodym werden aus Monazitsand gewonnen, in dem sie aber nur in äußerst geringen Anteilen vorhanden sind. Interessanterweise liegen die größten Vorkommen nicht in der UdSSR, sondern in Brasilien, Nordamerika, Australien und auf Ceylon.

Doch damit nicht genug: Bei Untersuchungen über den Oxidationsgrad des enthaltenen Eisens registrierte man die Nichtanwesenheit einer Oxidationsstufe. Wieder ein Novum, denn auf der Erde reagiert Eisen mit Sauerstoff in allen Gesteinsarten. Dazu konnte ein hoher Urangehalt festgestellt werden. Dies vermag die starke Radioaktivität zu erklären. Trotzdem waren keine Zerfallsprodukte des Urans anwesend, d. h., daß das Alter 100 000 Jahre nicht übersteigt.

Die letzten Zweifel über einen künstlichen Ursprung des Steines nahm eine Laserspektralanalyse. Wie jeder Geologe weiß, existieren in allen Gesteinen Verunreinigungen, insbesondere von Kalzium und Natrium. Sie können heute sogar in Proben nachgewiesen werden, die mit Hilfe der vollkommensten Reinigungsmethoden hergestellt wurden. Nicht so der Waschka-Fund, der als absolut »rein« bezeichnet werden muß. Die untersuchenden Spezialisten waren mehrheitlich der Meinung, daß die Herstellung dieser Legierung ohne Verunreinigungen mit unserer Technik nicht möglich ist. Auch ist es fraglich, ob dieses Fragment einmal Teil eines Meteoriten war, wie ebenfalls vermutet wurde. Bislang sind derartige Meteoriten völlig unbekannt und hätten wohl auch kaum große »Überlebenschancen«.

Doch der Überraschungen nicht genug. Als man die Spektrallinien der Kristallstrukturen mittels Röntgenstrukturanalyse untersuchte (es wurden über 2000 Spektren analysiert), ergaben sich 23 Linien, wobei nur drei mit auf der Erde bekannten Cer- und Lanthankristallen übereinstimmten. Später ergänzte man jene Untersuchung noch durch eine sogenannte Elektronengraphik. Spätestens hier verstanden die beteiligten Forscher die Welt nicht mehr. Es zeigten sich elf klare Linien, aber völlig andere als bei der Röntgenanalyse. Und nicht eine davon zeigte eine Übereinstimmung mit bekannten Legierungen oder Verbindungen besagter Elemente. Daraus folgerte man die Herstellung des »Steins« aus Pulver und kleinen Stücken verschiedenster Kristallstruktur, wobei unglaublicherweise die Pulverteilchen nur aus einigen 100 Atomen bestanden.

Natürlich stellte man sich die Frage, wie ein solches Artefakt hergestellt werden könnte und wozu. Die Wissenschaftler kamen zu dem Schluß, daß dies im Prinzip durch »kaltes« Pressen unter dem Druck von mehreren 10000 Atmosphären möglich sei. Ungewöhnlich ist auch die hohe Dichte der Legierung. Extrapolationen, ausgehend von der Fragmentform, erbrachten eine Kugel oder einen Zylinder mit einem Durchmesser von 1,2 m als Ursprungsobjekt. Es existiert aber keine Fabrikationsanlage auf der Erde, die zur Gesamtherstellung in der Lage wäre.

Ein weiteres Argument, das gegen eine »normale« praktische Verwendung spricht, ist das Funkensprühen bei jeder Art von mechanischer Belastung. Darüber hinaus konnten 15 verschiedene Richtungen mit unterschiedlichen magnetischen Eigenschaften festgestellt werden. Ein derartiges Objekt ließe sich z. B. bei extrem niedrigen Temperaturen einsetzen. Damit aber eine Legierung eine solche Eigenschaft erhält, muß das »kalte« Pressen in sehr starken Magnetfeldern durchgeführt werden.

Es ist verständlich, daß in der Sowjetunion Parallelen zur Tunguska-Katastrophe von 1908 gezogen werden, insbesondere nachdem die die Untersuchung leitenden Wissenschaftler Dr. Fomenko, Dr. Miller und Dr. Sawossin ihrer Überzeugung Ausdruck verliehen, dieses Fragment könne nur von einer extraterrestrischen Zivilisation hergestellt worden sein – zu welchem Zweck auch immer.

Dieser Ansicht trat Dr. Schaworenkow von der Akademie der Wissenschaften entgegen. Er ist der Ansicht, daß die Hinweise für eine außerirdische Herkunft nicht hinreichend seien. Seiner Meinung nach erlaubt die heutige Technologie auf der Erde die Herstellung derart reiner Legierungen auch mit Kalzium- und Natriumverunreinigungen, die unter der Grenze der Nachweisbarkeit liegen. Zudem beträgt das Alter nach seiner Ansicht nur etwa 30 Jahre.

Dies erscheint unwahrscheinlich. Drei Punkte sprechen dagegen:

1. Der Fund wurde 1976 gemacht. Auch wenn das Alter nur 30 Jahre beträgt – wer wäre in den vierziger Jahren zur Herstellung fähig gewesen?
2. Wie konnte dieses Fragment in eine solch abgelegene Gegend gelangen?
3. Wenn auf der Erde eine Herstellung technisch machbar wäre, warum investieren dann viele hochspezialisierte Institutionen Zeit und Geld in nutzlose Untersuchungen? Bestimmt hätte einer der beteiligten Wissenschaftler gewußt, wo, wann und zu welchem Zweck man ein solches Artefakt hergestellt hatte.

Dieser mit Sicherheit bedeutendste Fund der letzten Jahre wird den zuständigen Institutionen vermutlich noch etliches Kopfzerbrechen bereiten. Die Forschungen in der Sowjetunion gehen aber sicherlich weiter, vielleicht auch unter Mitarbeit westlicher Spezialisten. Auf die Ergebnisse – sofern sie bekannt werden – darf man mit Recht gespannt sein.

Glühbirnen im alten Ägypten

von Reinhard Habeck

In seinen Werken erzählt der *hl. Augustinus* im 4. Jahrhundert unserer Zeitrechnung von einer Wunderlampe. Ein geheimnisvoller Lichtspender, der immerwährend strahlte. Weder Wasser noch Wind vermochten diese in einem Isis-Tempel aufbewahrte Leuchte auszulöschen. Schilderungen über seltsame Beleuchtungskörper finden sich in den Mythen beinahe aller Völker. Sind es Utopien altertümlicher Dichter? Oder kannte man in der Antike bereits den Umgang mit *Elektrizität*? Besaßen Priester – Wissenschaftler zu ihrer Zeit – Geräte, um künstlich erzeugte Energie nutzbar zu machen? Zugegeben, provokante Fragen. Lehrt uns doch die Geschichte, daß erst seit dem Jahre 1820 durch den Dänen *H. C. Örsted* die Wirkung des elektrischen Stroms bekannt wurde. *Michael Faraday* setzte die Forschungen fort, und erst seit 1871 kennen wir die Glühbirne von *Thomas Edison*.

Eine Lehrmeinung, die mit Recht angezweifelt werden darf, inzwischen auch von Gelehrten selbst. Mehr und mehr Anhaltspunkte sprechen dafür, daß unsere Vorfahren schon vor Jahrtausenden gezielt mit *elektrischem* Strom umgegangen sind. Ein verblüffender Beleg dafür sind vasenförmige Apparaturen, die 1936 bei Ausgrabungen in der Nähe von Bagdad entdeckt wurden. Spätere Analysen bestärkten den Verdacht, man habe es hier mit *Elektro*batterien aus der vorchristlichen *Parther*-Zeit zu tun. Nichts fehlte: Weder der *Kupferzylinder* noch der *Eisenstab*. Zuletzt überprüfte der Ägyptologe *Dr. Arne Eggebrecht*, Direktor des Roemer-Pelizaeusmuseums in Hildesheim, eines der Geräte auf seine Funktionstüchtigkeit mit dem Ergebnis, daß diese alten *galvanischen Elemente* auch heute noch, zweitausend Jahre nach ihrer Verwendung, 0,5 Volt Spannung abgeben. Damit wurde deutlich, daß das vielfach als »barbarisch« verkannte Reitervolk der Parther über erstaunliches technisches Wissen verfügte, Kenntnisse, die es nach bisheriger

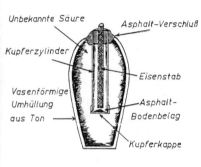

Ansicht nicht gehabt haben dürfte. Es verwundert deshalb nicht, daß so mancher Altertumsforscher seinem Welt- und Geschichtsbild derart verhaftet ist, daß er solche Zeugnisse eines einst vorhandenen technologischen Wissens nicht wahrhaben will.
Und dennoch: Eine Vielzahl archäologischer Funde lassen sich erst mit den Erkenntnissen unserer Zeit erklären. Eine weitere Anregung liefern mysteriöse Wandreliefs im spätägyptischen Hathor-Tempel von *Dendera*, 60 km nördlich von Luxor. Was der Betrachter dort zu sehen bekommt, vorwiegend in den unterirdischen Krypten dokumentiert, ist rätselhaft und einzigartig: Darstellungen menschlicher Gestalten neben riesigen, blasenförmigen Gebilden, die an überdimensionale Glühbirnen erinnern. Innerhalb dieser

Objekte sind Schlangen zu sehen, die sich wellenartig fortbewegen. Wurden hier *elektrische Entladungen* symbolisiert? Die Schlangen entspringen jeweils aus der mittleren Spitze einer Lotosblume. Physikalisch sind sie richtig abgebildet, weil dort die Feldstärke am größten ist. Die Lotosblume könnte als Fassung interpretiert werden. Von diesem Element führt ein kabelartiger Strang zu einem viereckigen Behälter. Vielleicht eine Art Generator? Auf ihm kniet eine Figur, die den Luftgott *Schu* zeigt. Ein Hinweis auf *ionisierte* Dämpfe? Gestützt werden die lampenähnlichen Gebilde meist von sogenannten *»Djed-Pfeilern«* mit zwei Armen, die häufig in direkter Verbindung mit den Schlangen stehen. Die ursprüngliche Bedeutung dieser Säule ist auch in Fachkreisen umstritten. Fest steht, daß der Begriff »Djed« stets mit »*Beständigkeit*« und »*Kraft*« assoziiert wird. Die Ähnlichkeit der Stützen mit modernen Hochspannungsisolatoren ist anscheinend kein Zufall. Jede auf den Reliefs gezeigte Einzelheit hat ihre bestimmte Funktion. Energie spielt dabei eine besondere Rolle. Die Gestalten unterhalb der Birnen

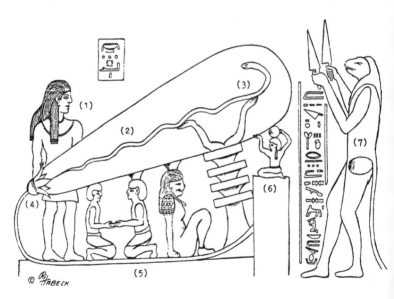

Der geheime Gang unter dem Hathor-Tempel von Dendera (Ägypten) mit dem unteren Teil der »Glühbirne«.

könnten den symbolischen Ausdruck für »*Spannung*« deutlich machen, während die knienden Männer als *entgegengesetzte* Spannung zwischen Lotosblume und »Djed-Pfeilern« erklärt werden. Besondere Bedeutung muß auch der Abbildung des Wissenschaftsgottes *Thot* beigemessen werden, berichtet doch die Überlieferung, er sei einst mit einer »Lotosblume« vom Himmel gestiegen und habe den Menschen das »Licht« zurückgebracht. Auf den Reliefs in Dendera hält der Paviangott zwei Messer in den Händen. Sollte damit auf die Gefährlichkeit des gezeigten Phänomens, nämlich der Elektrizität, hingewiesen werden?

Das Hathor-Heiligtum birgt noch viele Geheimnisse in sich, ist doch beinahe jede, auch die kleinste Fläche für Inschriften und Abbildungen genutzt: eine faszinierende Bibliothek aus Stein, aufgebaut, um Wissen zu übermitteln, Wissen, das elektrische Vorgänge widerspiegelt. Um die Informationen technisch besser filtern zu können, wäre es notwendig, alle Hieroglyphen von Dendera zu übersetzen. Bislang ist das den zuständigen Sprachforschern noch nicht gelungen. So bekennt der österreichische Ägyptologe *Erich Winter* offen, daß »die Bedeutung der Dendera-Szenen noch weitgehend im dunkeln liegt«. Winters Kollegen sind mit Deutungsversuchen weniger zimperlich. Hermann Kees glaubt in den präzisen Bilddokumenten »Schlangensteine« erkannt zu haben. Der Kairoer Ägyptologe *Prof. Abd el Malek Ghattes* meint hingegen, es handle sich um »Zeichen der Ewigkeit«. *Dr. Helmut Satzinger* vom Kunsthistorischen Museum in Wien bietet dagegen die »Sonnenbarke« als Erklärung an. Und seine Assistentin *Dr. Elfriede Haslauer* sieht auf den Wandreliefs »die Geburt Harsomtus, der in Schlangengestalt – auf der Lotosblüte – aus der Urflut auftaucht«. Später ergänzt Haslauer unschlüssig: »Die abgebildeten Schlangen können auch als Tempelwächter in Angriffsstellung interpretiert werden.« Andere Gelehrte sehen »Kulterscheinungen« oder gar »Phantasieprodukte«.

Ein sogenannter »Djedpfeiler«. Er diente als Stütze für die »Schlangensteine«. Archäologen glauben hier eine Palme zu erkennen.

All dies sind Antworten, die einem die Widersprüchlichkeit verschiedener Deutungsversuche vor Augen führt. Beim besten Willen lassen sich hier keine sinnvollen Zusammenhänge finden. Mehr Mut zu einer neuen Betrachtungsweise wäre wünschenswert. Das gesamte Material, Texte und Bilder, müßte neuerlich von ägyptologischer, aber auch von technischer Seite analysiert werden. Ganz im Gegensatz zur ägyptologischen Sicht stehen die Untersuchungen des Wiener Elektrofachmannes *Dipl.-Ing. Walter Garn*, der feststellt: »Die Schlangen dürften *elektrische Funken* oder *leuchtende Gasentladungen* sein, die unter Hochspannung aus den Spitzen der Lotosblüten austreten. Ohne elementare Kenntnisse der Elektrotechnik wäre eine solche Zeichnung nicht möglich. Es stimmt einfach zuviel überein!« Mehr noch: Getreu den altägyptischen Vorbildern baute Garn ein funktionstüchtiges Modell.

Bereits mehrfach wurde das Modell in der Öffentlichkeit vorgeführt. Es entspricht einem etwa 40 Zentimeter langen Glaskörper, der Durchmesser beträgt an seiner stärksten Stelle 12 Zentimeter. Die Enden sind mit Harz vergossen, in das eine Plattenelektrode auf der einen und auf der anderen Seite eine Spitze eingegossen sind. Auch ein Schlauch ist luftdicht verschlossen. Die Herstellung komplizierter Glaskörper war den Ägyptern durchaus geläufig. Als Beispiel sei der rätselhafte Fund einer Vergrößerungslinse erwähnt. Archäologen entdeckten das jahrtausendealte Artefakt in einem Grab bei Sakkara, 25 Kilometer südlich von Kairo. Ein Faktum bleibt, daß diese Linse aus Bergkristall gearbeitet wurde. Welche Gerätschaften wurden seinerzeit für die Herstellung optischer Linsen verwendet? Die Ägyptologie blieb eine Antwort darauf bisher schuldig. Aber offensichtlich besaßen die alten Ägypter entsprechende handwerkliche Fähigkeiten. Eine Frage stellt sich doch: Wie war es der Priesterschaft möglich, die Luft aus den »Birnen« zu saugen, um einen möglichst kleinen Druck zu erzeugen? Die Antwort darauf ist uns im Hathor-Tempel bildlich überliefert. Auf einem Relief sind vier Männer dargestellt, die aus einer Vorrichtung eine Flüssigkeit (vermutlich Wasser) spritzen lassen. Walter Garn dazu: »Wir wissen heute, daß man mit sogenannten *Ejektoren*

(Strahlpumpen) relativ hohe Vakua erzeugen kann, speziell wenn die Pumpen in *Kaskaden* (Reihenschaltung gleichgearteter Teile) vorliegen. Evakuiert man eine Glasbirne, in die zwei Metallteile hineinreichen, so tritt bereits bei wesentlich niedrigeren Spannungen, je nach Größe des Glasballons, eine Entladung auf. Bei einem Druck von etwa 40 Torr (40 mm Quecksilbersäule) schlängelt sich ein Leuchtfaden von einem Metallteil zum anderen. Wird weiter evakuiert, verbreitet sich die Schlangenlinie, bis sie zuletzt die ganze Glasbirne ausfüllt. Dies entspricht wiederum exakt den Abbildungen in den unterirdischen Gängen des Hathor-Heiligtums.«

Obwohl noch viele Detailfragen offengeblieben sind, darf man die Glühbirnenrekonstruktion aus Dendera als gelungen ansehen, als ein Experiment, das zu neuen Aktionen in dieser Richtung anregen sollte.

Mit Bestimmtheit ist es aufschlußreich, sich auch weiterhin der

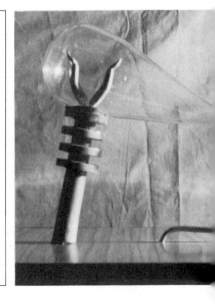

Die rekonstruierte Glühlampe der alten Ägypter ... im Modell, und in Funktion.

Hathor-Kultstätte und ihrer einzigartigen Bilddokumente zu widmen. Die bisherige Untersuchung hat gezeigt, daß eine *technisch-physikalische* Interpretation möglich ist. So bleibt die Hoffnung, daß nicht nur den alten Ägyptern, sondern auch modernen Wissenschaftlern eines Tages »ein Licht aufgehen« wird.

Daß es bereits im Altertum technische Experimente mit Stromquellen gegeben haben müßte, darüber weiß auch der jüdische Geschichtsschreiber *Eliphas Levi* in seinen alten Schriften zu berichten. Levi erzählt von der Macht der ägyptischen Priesterschaft. Diese sollen imstande gewesen sein, sowohl Tempelbauten »in Wolken zu hüllen« als auch »in überirdischer Klarheit« erstrahlen zu lassen. Tagsüber sei es im Umkreis plötzlich dunkel und in der Nacht manchmal taghell geworden, Lampen hätten sich von selbst entzündet, Götterbilder seien erstrahlt, und man habe fernes Donnergrollen vernehmen können.

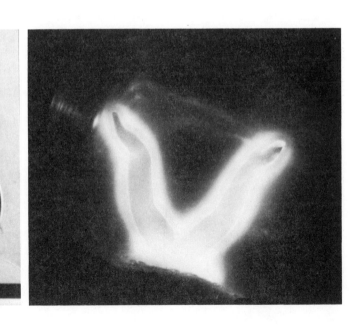

Wenn Altertumsforscher die Courage aufbrächten, solche Überlieferungen beim Wort zu nehmen, käme man um eine Tatsache nicht mehr herum: Unsere Wissenschaft hat vielfach nur wiederentdeckt, was vor Jahrtausenden schon existierte: Auch der elektrische Strom gehörte dazu!

Quellen:

Krassa, Peter und Habeck, Reinhard: Licht für den Pharao, Luxemburg 1982
Fiebag, Peter u. Johannes: Aus den Tiefen des Alls, Tübingen 1985
Habeck, Reinhard: Elektrizität im Altertum, Feldbrunnen 1980
Habeck, Reinhard: Eine Wunderlampe im Museum, Feldbrunnen 1985

Fragen um biblische Panzerwagen

von Dr. Peter Bohac

Die furchterregenden Panzerwagen des biblischen Landes Kanaan im syrisch-palästinensischen Küstenstreifen treten zuerst im Buch Josua (17, 18) des Alten Testamentes in Erscheinung. Dort bekämpft Josua die Armee Jabins, des Königs von Kanaan. Es sieht so aus, als ob die Israeliten ohne Hilfe Gottes keine Chance gegen die kanaanitischen Kriegspanzer gehabt hätten. Buch Richter (1, 19): »Und der Herr war mit Juda, daß er das Gebirge einnahm; denn er konnte die Einwohner im Grunde nicht vertreiben, darum, daß sie eiserne Wagen hatten.«

Dank dieser »eisernen Wagen« gelang es sogar den Kanaanäern, die angreifenden Israeliten zu besiegen. Buch Richter (4, 3): »Und die Kinder Israels schrien zum Herrn; denn er (gemeint ist Jabin) hatte neunhundert eiserne Wagen und zwang die Kinder Israels mit Gewalt zwanzig Jahre.«

Mit dieser Entwicklung unzufrieden, bereitete sich der israelitische Gott auf einen Gegenschlag vor, aber auch die kanaanitische Kriegsindustrie blieb nicht untätig, um die Anzahl ihrer Panzer zu vermehren. Buch Richter (4, 13): »Und er (= Sisera, Feldhauptmann Jabins) rief alle seine Wagen zusammen, neunhundert eiserne Wagen, und alles Volk, das mit ihm war, von Haroseth der Heiden an das Wasser Kison.«

Nun will der israelitische Gott nicht mehr zögern und setzt gegen die Armada der feindlichen Panzer eine rätselhafte Waffe ein. (Richter Kap. 4 Vers 14)«... Denn dies ist der Tag, an dem der Herr

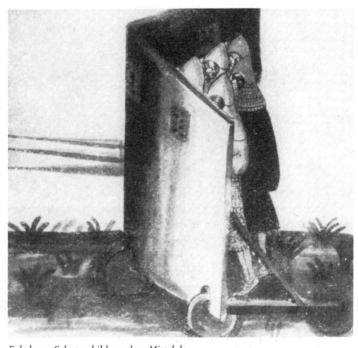

Fahrbarer Schutzschild aus dem Mittelalter.

Schutzschild der Armee Sennacheribs (704–861 v. Chr.)

den Sisera in Deine Hand gegeben hat. Fürwahr, *schon ist der Herr vor dir her ausgezogen...*« Wir wissen nicht, was »der Herr« gegen die feindliche Armada von neunhundert »eisernen Wagen« anrichtete, doch muß die Wirkung verheerend gewesen sein, denn »der Herr brachte Verwirrung über Sisera und alle Wagen und das ganze Heer, so daß Sisera vom Wagen sprang und zu Fuß floh...« Die Israeliten hatten leichtes Spiel, das gesamte gegnerische Heer fiel durch ihre Schwerter. Da die Israeliten sicherlich nicht mit bloßen Schwertern auf die eisernen Kampfwagen der Gegner losgingen, denn Schwerter hatten sie schließlich auch schon früher gehabt, muß wohl der hilfreiche und rätselhafte Gott der Israeliten an der »Verwirrung« des gegnerischen Heeres schuld sein.

Diese biblische Überlieferung läßt viele Fragen offen. Woher kamen die »eisernen Wagen«? Als Ursprungsland des bereits in ägyptischen Pyramidentexten als »Himmelserz« genannten Eisens wird Syrien angegeben; später hielten die Hethiter eine Art Eisenmonopol. Doch mit Eisen alleine sind noch keine panzerähnlichen Fahrzeuge gebaut. Woher stammten vor mehr als dreitausend Jahren die technologischen Kenntnisse und Einrichtungen, die zur Fabrikation gepanzerter Fahrzeuge nötig sind? Die Schulwissenschaft hält

Rammbock Salmanassars III. (858–824 v. Chr.)

die beschriebenen eisernen Wagen der Bibel für fahrbare Sturmschilder (Abb. 35) oder bestenfalls für bewegliche Stoßwidder, mit denen sich schwere Tore rammen ließen.

Wie erklärt man sich dann, daß derartige »Schutzschilder« oder »Stoßwidder« ausreichten, um ein kampfgewohntes Volk wie das israelitische 20 Jahre zu unterjochen? Die bewegliche Armee Josuas hätte sich von derartigen Apparaturen niemals niederzwingen lassen. Weshalb gelang es erst dem ominösen Gott, die geheimnisvollen Panzerwagen erfolgreich zu bekämpfen?

Auch darf gefragt werden: Weshalb mußte Feldhauptmann Sisera von einem »Schutzschild«, wenn es denn einer gewesen wäre, »abspringen«, gerade so, wie man ein brennendes Fahrzeug verläßt? Und weshalb sollte man ungelenke, plumpe »Stoßwidder« in wilder Jagd weiterverfolgen müssen, wie es die Bibel beschreibt? Ein »Stoßwidder« rammt Mauern und Türen, einmal von seiner Mannschaft verlassen, gibt es da nichts zu verfolgen.

Daß die alten Völker den Unterschied zwischen Panzerwagen und Rammböcken kannten, darf nicht bestritten werden, denn auf steinernen Reliefs Salmanassar III. (858–824 v. Chr.) sind derartige wuchtige Rammböcke auf Rädern dargestellt. Andererseits gibt es auf großen Relieftafeln im Parterre des Britischen Museums, Londen, panzerähnliche Fahrzeuge aus assyrischen und babylonischen Zeiten (Abb. 38 und 39). Auch von diesen augenscheinlichen Darstellungen sprach die Archäologie von »Rammböcken«. Dazu schrieb Erich von Däniken in PROPHET DER VERGANGENHEIT: »Sturmböcke, was immer man sich darunter vorstellen mag, werden von Soldaten bedient. Sie laufen nicht von allein und schon gar nicht bergauf. Falls die Bedienungsmannschaft gegen Pfeile und Steinwürfe geschützt werden sollte, müßten aber deren Füße sichtbar sein. Irgendwie mußten ja auch »Sturmböcke« fortbewegt werden

Assyrische Panzerwagen durchbrechen eine Stadtmauer.

Es ist heute noch ungeklärt, wie diese babylonischen Panzerfahrzeuge angetrieben wurden. Es sind keine Füße einer darin versteckten Mannschaft auszumachen.

... und Räder sind auszumachen. Wie also wurde der Apparat angetrieben?«

Der Sporn, die Ramme am Vorderteil des »Sturmbocks«, kann eine Wirkung nur dann erzielen, wenn er im rechten Winkel auf Mauern oder ein zu erstürmendes Tor trifft. Nach oben gerichtete Rammen – wie auf den Bildern deutlich erkennbar – ergeben keinen Sinn. Die kinetische Energie hat keine Wirkung. Der nach oben gerichtete Sporn hätte den Bock selbst beim Aufprallen zertrümmert oder ihn wie ein aufbäumendes Pferd hochgeschoben.

Ganz widersinnig bei diesen »Sturmböcken« ist – wie auf einem Bild zu sehen – der Zwillingssporn. Wären zwei spitze Rammen auf die Mauer geprallt, hätte sich die zerstörende Wirkung um die Hälfte reduziert. Ganz arg wäre aber die Fehlkonstruktion, wenn beide Sporne auch noch nach oben gerichtet wären.

Und schließlich: Warum braucht ein »Sturmbock« einen Turm?

Leider werden wir wohl nie erfahren, wie diese Panzer des Altertums konstruiert waren, denn wenn sie aus Eisen bestanden, dürf-

Panzerwagen aus assyrischer Zeit unterstützen die Bogenschützen. (Britisches Museum, London.)

ten sie sich inzwischen längst in Rost verwandelt haben. Dennoch bleibt die Tatsache ihrer Existenz und das Rätsel ihrer Konstruktion bestehen. Und offen muß auch die Frage bleiben, wie der israelitische Gott 900 dieser Fahrzeuge vernichtete.

Quellen:

C. W. Ceram: A PICTURE HISTORY OF ARCHEOLOGY, Thames and Hudson Ltd, London 1967.

H. Diels: FRAGMENTE DER VORSOKRATIKER, 2. Aufl., Berlin 1907–1910.

E. v. Däniken: PROPHET DER VERGANGENHEIT, Econ-Verlag, Düsseldorf–Wien 1975.

E. v. Däniken: DIE STRATEGIE DER GÖTTER, Econ-Verlag, Düsseldorf–Wien 1982.

F. M. Feldhaus: RUHMESBLÄTTER DER TECHNIK, F. Brandstetter, Leipzig 1910.

F. M. Feldhaus: MODERNE KRIEGSWAFFEN – ALTE ERFINDUNGEN, Verlag Abel u. Müller, Leipzig 1916.

F. M. Feldhaus: KULTURGESCHICHTE DER TECHNIK, Verlag Otto Salle, Berlin 1928.

F. M. Feldhaus: DIE TECHNIK DER ANTIKE UND DES MITTELALTERS, Akad. Verlagsgesellschaft, Potsdam 1931.

P. R. S. Moorey: DIE BIBLISCHEN LÄNDER, ARCH. IN WORT UND BILD, Verlag Kunstkreis Luzern 1975.

Die Säule von Delhi bleibt ein Rätsel

von Ingo Runde

»Unerklärlich ist bis heute, wie man die in den Tempelruinen von Delhi stehende, berühmte schmiedeeiserne Säule, Loha-Kahmba (auch Lath- oder Kutubsäule) genannt, herstellte.«
Dies erfährt der erstaunte Leser schon 1930 durch ein umfangreiches Buch über Technikgeschichte [1]. Ganze 38 Jahre vergingen, bis Erich von Däniken ERINNERUNGEN AN DIE ZUKUNFT publizierte, von demselben rätselhaften Pfeiler sprach und eine weltweite Kontroverse in Gang setzte.
Um was geht es? Im Hof der alten Moschee Quwwat-al-Islam, 12 Kilometer südlich des Zentrums von Delhi, findet man nahe dem berühmten Turm Qutb Minar eine eiserne Säule. Sie ragt 6,6 Meter über dem Boden empor, hat oben einen Durchmesser von 30 Zentimetern und an der Basis einen von 40 Zentimetern. Frühere Spekulationen, die Säule reiche noch metertief in den Boden, wurden 1872 durch englische Ausgrabungen zunichte gemacht: lediglich 3 Fuß führt der Pfeiler in den Untergrund.
Als Entstehungszeit nimmt man für die etwa 7 Tonnen schwere Säule 300 n. Chr. an. Zwei Inschriften befinden sich am Schaft. Die ältere aus dem 4. Jahrhundert besagt, die Säule sei dem Hindugott Vishnu zur Erinnerung des Sieges eines Königs namens Chandra über seine Feinde gewidmet. Die zweite Inschrift stammt von König Taur Ananagpal II. und erwähnt die Neugründung der Stadt Delhi im Jahre 1052. Im Laufe der aufregenden indischen Geschichte beschossen spätere Machthaber die Säule mit Kanonen-

Die eiserne Säule in Delhi. Seit mindestens 1700 Jahren trotzt sie allen Witterungseinflüssen. Im Hintergrund Reste der großen Moschee von Lal-Kot.

kugeln. Einige unscheinbare Dellen belegen die Abpraller. Es sei noch gesagt, daß die Hindus dem Gebilde ein weitaus größeres Alter zuschreiben und die Mythologie berichtet, die Säule habe sich ursprünglich auf dem Kopf der großen Weltenschlange befunden.

Die moderne Forschung biß sich an der Frage nach Art der Herstellung des metallenen Pfeilers die Zähne aus. Schon bald mußte die Theorie, es handle sich um ein einziges massives Metallstück, revidiert werden.

Physiker errechneten, daß es nötig gewesen wäre, 300 Eisenklumpen mit einem Gewicht von je 23 Kilogramm aneinanderzuschweißen. Die Durchführung einer solch komplizierten Arbeit war vor 1700 Jahren unmöglich. Zur Schweißung hätte man mächtige Fallhämmer benötigt, um die Teile aneinandersetzen zu können. Ferner bleibt unerfindlich, wie das lange und stetig schwerer werdende Gebilde in den damals kleinen Schmelzöfen gelagert und gedreht wurde.

Interessanterweise ist die Zusammensetzung der Säule keineswegs überall die gleiche, obwohl stellenweise ein unglaublicher Reingehalt an Eisen von 99,72 % festgestellt wurde.

Zur Enttäuschung vieler Forscher korrodierte das bisher als unbeschädigt angesehene Gebilde in jüngster Zeit; so resignierte auch Erich von Däniken [2]: »Inzwischen rostet das Ding, ich habe es gesehen.« Entpuppt sich die angeblich so interessante Säule als alltäglich und uninteressant?

Kurze Zeit schien es tatsächlich so, bis Mitarbeiter der renommierten Fachzeitschrift NEW SCIENTIST ihre chemischen Untersuchungen veröffentlichten [3]. Demnach existiert zwar eine dünne Oberflächenschicht von Rost, aber erstaunlicherweise blättert diese Schicht nicht wie üblich ab, sondern hält sich als Schutzbelag auf der Säule.

»Unbekannt scheint ihre Zusammensetzung nur Däniken zu sein« [4], spottete der frühere Kritiker Gerhard Gadow und ignorierte damit unzählige wissenschaftliche Forschungsberichte, die keine Lösung fanden.

Übrigens geht der glatte Säulenschaft in ein Kapitell über, das oben eine Vertiefung aufweist. In Regenzeiten fängt sich dort Wasser und lagert bis zur Verdunstung. Dennoch rostete die Oberfläche nicht. Das Rätsel der Säule von Delhi bleibt bestehen. Dr. Hans-Heinrich Vogt stellte dazu in der NATURWISSENSCHAFTLICHE RUNDSCHAU [5] fest:

»Das Problem bleibt also ungelöst. Eine Erklärung der Korrosionsbeständigkeit dieser 1600 Jahre alten Säule von Delhi könnte jedoch für die Metallurgen außerordentlich interessant sein.«

Quellen:

1 Feldhaus, Franz Maria: Die Technik der Antike und des Mittelalters, Potsdam 1930.
2 Däniken, Erich von: Habe ich mich geirrt? – Neue Erinnerungen an die Zukunft, München 1985.
3 NEW SCIENTIST 105, Nr. 1437/1985, S. 43.
4 Gadow, Gerhard: Erinnerungen an die Wirklichkeit, Frankfurt a. M. 1971.
5 Vogt, Hans-Heinrich in: NATURWISSENSCHAFTLICHE RUNDSCHAU 8/1985, S. 341f.

Zur Metallsäule in Delhi – Ein neuer Wink

VON DR. ROSTISLAW S. FURDUJ

Im Zusammenhang mit dem von I. Runde veröffentlichten Beitrag möchte ich einige Vermutungen äußern, die neues Licht in das Rätsel dieser bewundernswerten Metallsäule bringen. Die Anhänger der Prä-Astronautik müssen des öftern mit Daten aus verschiedenen Wissensbereichen operieren und einzelne Fragmente nach der Methode von Sherlock Holmes zusammensetzen. So ist es hier. Es gibt neue Indizien, die zwar das Geheimnis der Metallsäule von Delhi nicht enträtseln, doch den Schleier darüber etwas lüften.

Wie in den meisten Ländern gibt es auch in der Sowjetunion ein staatliches Register über Erfindungen und Entdeckungen. Im Jahre 1979 hat eine Gruppe sowjetischer Gelehrter (Barssukov, Nemoshkalenko u. a.) eine interessante Entdeckung eintragen lassen. Die Wissenschaftler hatten folgende Tatsache festgestellt: In den Proben des Mondgesteins und Mondbodens, welche amerikanische Astronauten und sowjetische Roboter zur Erde brachten, sind winzige Teile und »Häutchen« von Eisen entdeckt worden. Nach Annahmen der Gelehrten stammt das Eisen von Meteoriten. Die dünne Patina hingegen, welche auf der Oberfläche von Mondbasalt entdeckt wurde, entstand durch »Ausschwitzen« unter den extremen Bedingungen des Mondes (Vakuum und Sonnenbestrahlung). Die sowjetische Wissenschaftlergruppe entdeckte nun, daß dieses Mondeisen trotz der Erdatmosphäre nicht oxidiert. Die Mondproben liegen schon länger als 15 Jahre auf der Erde, sind der Einwir-

kung von Sauerstoff, Wasserdampf und anderen Bestandteilen der Erdatmosphäre ausgesetzt und oxidieren dennoch nicht. Woher stammt die Widerstandsfähigkeit und chemische Passivität dieses Eisens?
Die sowjetischen Gelehrten vertreten die Meinung, das Mondeisen habe seine Widerstandsfähigkeit erhalten, weil es im Laufe von Millionen von Jahren kosmischen Strahlen ausgesetzt war. Durch diese energetische Strahlung wurden jene Zentren im Metall, welche die Korrosion hervorrufen, zerstört. Das Mondeisen enthält gewisse Eigenschaften von Edelmetall.
Im Laboratorium sind diese Vermutungen bestätigt worden. Ein poliertes Eisenplättchen ist in eine Hoch-Vakuumkammer gelegt worden. Mit einem Bündel von Elektronenstrahlen sind geometrische Zeichen auf das Plättchen »graviert« worden. Schließlich nahm man das Eisenplättchen aus dem Vakuum und setzte es der Einwirkung einer Säure aus. Diejenigen Stellen auf dem Eisenplättchen, welche durch Elektronenstrahlen verursacht worden sind, sind durch die Säure nicht angegriffen worden und blieben glänzend.
Wenn ich diese experimentell bewiesene Tatsache mit der Beschaffenheit der indischen Säule vergleiche, frage ich mich, auf welche Weise einst das Eisen der Säule bearbeitet und unempfindlich gemacht wurde. Bekannt ist allgemein, daß die Säule von Delhi aus Eisen niedriger Qualität besteht, die sogar schwefel- und phosphorhaltige Beimengen enthält. Bekannt ist ferner, daß jene Säule seit mindestens 1700 Jahren im Tempelhof von Delhi steht. Es gibt indische Historiker, die ihr ein noch höheres Alter zugestehen. Unter den klimatischen Bedingungen Indiens müßte die Säule nach einigen Jahrzehnten verrostet, zu Staub geworden sein. Es sind verschiedene Hypothesen vorgebracht worden, wie es den altindischen Metallurgen gelungen sei, das Metall der Säule zu härten, sozusagen gegen äußere Einflüsse zu »passivieren«. Alle vorgebrachten Hypothesen sind sehr angreifbar. Gibt die Entdeckung der sowjetischen Wissenschaftler einen Wink auf jene hochentwickelte Technologie, die von den unbekannten altindischen Meistern beherrscht wurde?

Nun kann man sich nicht vorstellen, daß die alten Inder Vakuumkammern und Elektronenkanonen besaßen. Dennoch bleibt die Tatsache der Eisensäule in Delhi, die nicht rostet. Offensichtlich muß die Metallurgie damals ein Niveau gehabt haben, das unserem heutigen Wissen überlegen war. Schließlich gelang es unseren Wissenschaftlern, nur eine sehr dünne Patina auf der Oberfläche des eisernen Plättchens zu passivieren; in Indien hingegen steht eine vollkommene Säule mit dem Gewicht mehrerer Tonnen, deren Metall gegen äußere Einflüsse unempfindlich gemacht wurde.
Vielleicht sollte man hinzufügen, daß die Säule von Delhi nicht einzigartig ist. Laut einer Meldung des sowjetischen Historikers I. Mozhejko gibt es im indischen Tempel von Konarak diverse Balken, die aus demselben nichtrostenden Eisen hergestellt wurden wie die Säule von Delhi. Im Jahre 1980 habe ich persönlich vor der berühmten indischen Säule gestanden. Ich fand darauf keine zweite Inschrift, wie Herr Runde in seinem AS-Artikel vermerkt. Eine einzige Inschrift preist die Heldentaten von König Tschandra. Im Jahre 1803 übersetzte Pandit Banke Rai jene Inschrift aus dem Sanskrit ins Englische. Die Übersetzung wurde auf eine Marmortafel übertragen, die heute in die Wand der Moschee neben der Säule eingelassen ist. Der Schluß der Inschrift dürfte AAS-Interessierte besonders aufhorchen lassen. Nach der Schilderung der Heldentaten von König Tschandra liest man: »...Als der König müde wurde, befahl er, diese Zeichen des Gottes Vischnu auf dem Berg Vischnupada aufzustellen. Dann übersiedelte der König mit seinem Körper ins paradiesische Land...«

Geheimnisvolle Pyramiden in China

von Peter Krassa

In den frühen siebziger Jahren, als auch die Chinesen darangingen, ihre uralten Kulturschätze einer staunenden Öffentlichkeit freizugeben, machte in der westlichen Welt vor allem die Totenrüstung der Prinzessin Tou Wan Furore: Dieses Kleidungsstück besteht aus grünen Jadeplättchen in der Größe von Streichholzschachteln, die durch feinen Golddraht aneinandergezwirnt sind. Das Gegenstück zu dieser archäologischen Kostbarkeit ist die Rüstung von Tou Wans Mann, Prinz Liu Sheng, sie besteht aus 2690 Einzelteilchen. Erich von Däniken hat diese kunstvolle Kleidung in MEINE WELT IN BILDERN farbig abgelichtet.

Prinzessin Tou Wan und ihr Gatte Liu Sheng wurden 1968 durch ein Team chinesischer Archäologen in einer unterirdischen, 52 Meter langen, 37 Meter breiten und 7 Meter hohen Grabkammer in Mancheng (Provinz Hopei) entdeckt. Liu Sheng hatte den Eingang zur letzten Ruhestätte mit Stein- und Eisenhindernissen verbarrikadieren lassen.

So manches, was in China dem Staub der Jahrtausende entrissen werden konnte, bleibt nichtchinesischen Augen verborgen. Die einheimischen Gelehrten wachen über ihre Entdeckungen und lassen westliche Besucher an bestimmte, prähistorische Fundstätten nicht heran. Dennoch sind in den vergangenen Jahren einige prähistorische Geheimnisse aus China bekanntgeworden, teils durch Reisende, teils durch die Spionagetätigkeit der Großmächte.

Die NASA beispielsweise besitzt Satellitenfotos von einer etwa

300 Meter hohen Pyramide. Das gigantische Bauwerk liegt in der Provinz Shensi, 40 Meilen südwestlich von Sian. Fremden und »gewöhnlichen« Chinesen ist dieses Gebiet nicht zugänglich: es liegt in einer militärischen Sperrzone.

Prähistoriker vermuten, diese Riesenpyramide müsse der Hsia-Dynastie zugeschrieben werden. Die Hsia-Dynastie ist legendären Ursprungs und soll vor ungefähr 4000 Jahren regiert haben. Vorderhand müssen wir uns mit dem Wenigen bescheiden, was an Andeutungen und Gerüchten über Chinas Grenzen drang. So wurde bekannt, daß die Riesenpyramide von Shensi auch heute noch Spuren einstiger Bemalung aufweist. Jede Himmelsrichtung besaß einen speziellen Farbton. Nach Norden hin war die Pyramidenfläche schwarz, nach Osten blaugrau, nach Süden rot, und westwärts strahlte das Bauwerk ganz in Weiß. Das Pyramidion, also die Spitze des Monumentalbaues, soll in goldgelber Farbe gestrichen worden sein, was nach chinesischer Auffassung das bezeichnet, wofür sich die alten Chinesen hielten: für das Zentrum dieser Welt.

Satellitenaufnahmen der Amerikaner entdeckten im einstigen Reich der Mitte ein ganzes Tal voller Pyramiden. Es liegt ebenfalls in der Provinz Shensi. Der neuseeländische Verkehrspilot und Autor Bruce Cathie zählte auf alten chinesischen Karten in jenem Tal über 100 Pyramiden verschiedener Größe.

Schließlich ist eine weitere Pyramide, die dem legendären chinesischen Kaiser Ch'in Shih Huang-ti zugeschrieben wird, bekanntgeworden. Dieses Bauwerk liegt östlich von Sian bei der Ortschaft Lintung. Die Pyramide mit den dazugehörigen Bauwerken erstreckt sich über eine riesige Fläche, von der bislang nur der kleinste Teil freigelegt wurde. Doch heute schon ist über ein Areal von rund 14000 Quadratmetern eine holzgedeckte, freitragende Stahlkonstruktionshalle gespannt worden. Eingegraben vor dem Grab fand man rund 6000 lebensgroße Figuren aus glasiertem Ton. Krieger in verschiedenen Uniformen. Einige sitzen auf wunderschönen Ton-Pferden in Island-Pony-Größe. Ch'in Shih Huang-ti hatte die Geisterarmee vor mehr als 2000 Jahren anfertigen und in Schlachtordnung aufstellen lassen: als abschreckende Grabwache.

Bis zur eigentlichen Grabstätte dieses altchinesischen Kaisers sind noch keine westlichen Besucher vorgedrungen. Das Grabmal soll jedoch von besonderer Kunstfertigkeit und Raffinesse sein: ein riesiger, unterirdischer Raum mit dem Sarkophag des kaiserlichen »Himmelssohnes«, über den sich ein künstlicher Himmel mit Sonne, Mond und Sternen wölbt.

Die zweifellos interessantesten und aussagekräftigsten Reste einer alten, chinesischen Zivilisation findet man westlich von Yoyang. Dort, an den Ausläufern des Hunan-Gebirges, liegt am Südufer des Dongting-Sees das sogenannte »Tal der Steine«. 1957 ereignete sich in diesem Gebiet ein heftiges Erdbeben. Durch Erdverschiebungen wurden unerwartet die Fragmente dreier Rundpyramiden sichtbar. Der Archäologe Chi-Pen-lao, Professor für Altertumsforschung an der Universität Peking, reiste 1961 mit einer Spezialistenmannschaft zur Fundstätte. Vermessungen ergaben, daß die größte Rundpyramide am Dongting-See ursprünglich etwa 300 Meter hoch gewesen sein müßte. Ungewöhnlich ist die Altersschätzung dieser Bauwerke durch den chinesischen Gelehrten: Chi-Pen-lao bezifferte sie auf etwa 45 000 Jahre.

Archäologen entdeckten bei den Rundpyramiden auch verschüttete Gänge, die unter die Seeoberfläche führten. Die Stollen mündeten in ein Labyrinth, dessen glatte und fugenlose Wände eindeutig künstlich bearbeitet worden sind. Einer der symmetrischen und sich immer wieder kreuzenden Gänge führte die Forscher in eine unterirdische Halle. Dort entdeckten Chi-Pen-lao und seine Leute im Schein ihrer starken Lampen eine echte Sensation: die Wände der Halle waren mit Ritzzeichnungen übersät, und Prof. Chi-Pen-lao erklärte, die Gravierungen seien bereits in prähistorischen Zeiten angefertigt worden.

Die Ritzzeichnungen stellen Tiere dar, die alle in dieselbe Richtung zu fliehen scheinen. Verfolgt werden sie von kleinen, stämmigen Menschen, ausgerüstet mit blasrohrähnlichen Gegenständen, die sie trompetenartig an ihre Lippen pressen.

Weit erstaunlicher aber ist das, was sich *über* dieser Jagdszene abspielt: man erkennt stromlinienförmige, schildartige Gebilde, die über den Köpfen der Jäger schweben. Auf diesen »fliegenden Schilden« stehen humanoide Wesen. Prof. Chi-Pen-lao beschrieb ihr Aussehen in einer chinesischen Zeitung: Sie tragen moderne Jacken und lange Hosen. In den Händen halten sie Gegenstände, die uns am ehesten an Gewehre erinnern. Die chinesische Forschergruppe meint, es handle sich dabei um Waffen, denn die fliegenden Wesen hätten die »Gewehre« deutlich erkennbar in Richtung des flüchtenden Wildes angelegt.

Sicherlich können solche Bilddokumente ein besonderes Schlaglicht auf bislang unbekannte, vorgeschichtliche Kulturen werfen. Und das Rätsel um die Wesen auf den fliegenden Schilden könnte endgültig die Zweifel ausräumen, ob es im chinesischen Altertum – und anderswo – eine Schicht von technisch hochbegabten Menschen gab, die den Rest der Menschheit beherrschten. Menschen vielleicht, die direkte Abkömmlinge der »Gottessöhne« waren.

Quelle:

Peter Krassa: »... und kamen auf feurigen Drachen«; Kremeyer und Scherian, Wien 1984.

Ich fand meine »Fata Morgana«

von Peter Krassa

Durch die Literatur der Prä-Astronautik geistert seit eineinhalb Jahrzehnten ein interessanter Bericht aus China. Er handelt vom Fund mehrerer hundert Artefakte im Grenzgebiet zwischen der Volksrepublik China und Tibet, im Bayan-Kara-Ula: 716 beschriftete Steinscheiben, die in ihrem Aussehen modernen Langspielplatten ähneln.

Fünf chinesischen Wissenschaftlern soll es 1962 gelungen sein, einige der in die Steinscheiben gravierten Schriftzeichen zu enträtseln. Was sie später darüber in einer Fachzeitschrift in Peking veröffentlichten, stieß im Gelehrtenkreis auf Widerstand und wurde auch sonst nur ungläubig zur Kenntnis genommen. Allein der Titel, den die fünf Chinesen ihrem Forschungsbericht gegeben hatten, wurde in der wissenschaftlichen Welt als Provokation angesehen: Inschriften in Verbindung mit Raumschiffen, die vor 12 000 Jahren existierten.

In den von fünf chinesischen Gelehrten teilweise entschlüsselten Schriftzeichen auf jenen Steinscheiben war von einer mißglückten Raumschifflandung außerirdischer Wesen die Rede, die nicht mehr in der Lage waren, ihr defektes Fluggerät wieder startfertig zu machen. Sie sahen sich daher gezwungen, im Gebiet von Bayan-Kara-Ula ansässig zu werden.

»Die Dropas kamen mit ihren Schwebeapparaten aus den Wolken«, übersetzten die fünf Chinesen. »Zehnmal bis zum Sonnenaufgang versteckten sich unsere Männer, Frauen und Kinder in den Höhlen.

Dann verstanden wir die Zeichen und Gebärden der Dropas, daß sie gegen uns nichts Böses im Sinne führten.« Diese Worte waren offensichtlich von den Chams in den Stein geritzt worden. Dropas und Chams, über deren Identität die Ethnologen nach wie vor nicht Bescheid wissen, sind uns durch ihre andersgeartete Anatomie geläufig: Kleinwüchsig (nur etwa 130 Zentimeter), hagerer Körperbau, schmale Schultern, dünne Arme und Beine. Im Gegensatz dazu besaßen sie jedoch unproportional voluminöse Köpfe. Ihr Aussehen war also irgendwie mißgestaltig, andersartig – und das verleitete wohl die im Umkreis lebenden Gebirgsbewohner dazu,

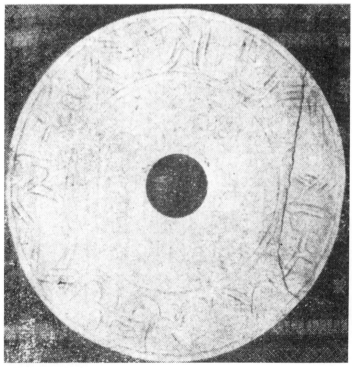

Die falsche Jadescheibe aus China.

auf die Zwergwesen Treibjagden zu veranstalten und viele der »kleinen, gelben Männer« zu töten.

Ein chinesisches Archäologenteam hatte bereits 1938 in Felshöhlen des Bayan-Kara-Gebirgsmassivs (*Ula* ist das chinesische Wort für Gebirge) die Ruhestätten jener Zwergwesen entdeckt, 716 insgesamt, und neben jedem Skelett eine der zuvor erwähnten Steinscheiben. Spätere Untersuchungen jener seltsamen Funde ergaben, daß diese diskusartigen Gegenstände große Mengen Kobalt sowie noch andere metallische Elemente enthielten, und bei einer oszillographischen Kontrolle zeigte sich, daß diese Artefakte (deren Alter auf

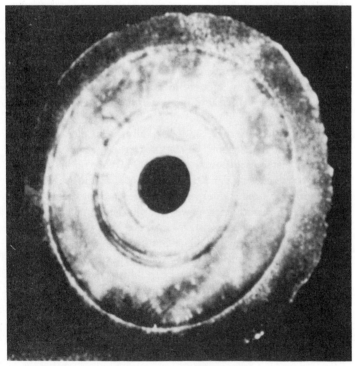

Eine der echten Steinscheiben von Bayan-Kara-Ula.

12000 Jahre geschätzt wurde) in einem völlig ungewohnten Rhythmus vibrierten. Ganz so, als seien sie elektrisch geladen.
Seit mehr als zehn Jahren bin ich den steinernen Scheiben von Bayan-Kara-Ula auf der Spur. 1968 hatte ich darüber zum erstenmal gelesen: Im April-Heft der sowjetischen Zeitschrift »Sputnik«. 1972 flog ich nach China, um mehr darüber zu erfahren. Vergeblich. 1973 besuchte ich Alexander Kasanzew in Moskau. Auch er mußte bedauern. Doch dann schien ich endlich auf der richtigen Fährte zu sein. In einem archäologischen Buch aus China entdeckte ich ein Foto, das möglicherweise eine dieser Steinscheiben zeigte. Ich veröffentlichte es in meinem ersten Buch ALS DIE GELBEN GÖTTER KAMEN. Heute weiß ich, daß ich mich irrte: Die abgebildete Scheibe war nicht das von mir gesuchte Artefakt – sie war nicht aus Stein, sondern aus Jade angefertigt worden.
1982 versuchte ich mein Glück aufs neue: Wieder flog ich in die Volksrepublik China – doch meine Bemühungen blieben ergebnislos. War ich all die Jahre einer Fata Morgana nachgejagt? Am 12. November 1982 traf ich beim AAS-Kongreß in Wien einen Mann, der die gesuchten und begehrten Objekte aus eigener Anschauung kannte.
Ernst Wegerer ist Ingenieur und als Kaufmann in aller Welt unterwegs. Er hatte 1973 meine GELBEN GÖTTER gelesen. Ende 1974 bereiste er, gemeinsam mit seiner Frau, die Volksrepublik China. Überall fragte er nach den Steinscheiben. Im Panpo-Museum von Xian wurde er fündig. Dort fotografierte er zwei dieser Gegenstände. Ich besuchte Herrn Wegerer in seinem Haus in Groß Enzersdorf/Niederösterreich.
Dort führte ich mit ihm und seiner Gattin ein langes Gespräch. Und endlich bekam ich meine »Fata Morgana« zu sehen: zwei der gesuchten Granitscheiben aus den Felshöhlen von Bayan-Kara-Ula! Ein Blick auf die China-Karte zeigt zusätzlich: Die Stadt Xian liegt nahe jenem Gebiet, aus dem die steinernen Scheiben stammen. Xian grenzt an die Ausläufer des Bayan-Kara-Gebirgszuges – und die Museumsdirektorin, mit der mein Gastgeber gesprochen hatte, wies ausdrücklich darauf hin, daß Xian das älteste Kulturgebiet

Chinas sei – sozusagen die Wiege der chinesischen Vorgeschichte.
Ernst Wegerer: »Über jeden einzelnen Tonscherben, über seine Herkunft und Verwendung wußte die Museumsdirektorin genauestens Bescheid. Als ich sie aber zu den Steinscheiben um Auskunft bat, verschanzte sie sich hinter der Feststellung, hierbei handle es sich wohl um Kultscheiben. Ihre Bedeutung sei ihr nicht bekannt.«
Herr Wegerer erhielt Gelegenheit, die Beschaffenheit jener 29 bis 30 Zentimeter großen und etwa einen Zentimeter dicken »Schallplatten« (die Gegenstände besaßen jeweils ein fingerdickes Loch in der Mitte und *Rillen,* die sich von der Scheibenmitte spiralförmig zum Rand hinzogen) zu prüfen. Sein Resümee: »Diese Scheiben bestanden eindeutig aus Stein mit einem sehr graugrünen Farbton. Ich bin zwar kein Geologe, doch würde ich sagen, daß es sich um eine Art Marmor handelte. Die Scheiben waren hart wie Granit.« Ihr Gewicht schätzte Herr Wegerer auf ein Kilogramm.
Es ist bedauerlich, daß sich im heutigen China kein Wissenschaftler darum bemüht, hinter das Geheimnis jenes prähistorischen Fundes zu gelangen. Auch interessiert sich niemand dafür, die Arbeit der fünf Gelehrten von 1962 fortzusetzen. So dämmern zwei enorm wichtige AAS-Beweisstücke in einer Vitrine des Panpo-Museums von Xian dahin, unbeachtet von der Öffentlichkeit.
Jener Mann, der vor mehr als 20 Jahren federführend mit der Enträtselung der Schriftzeichen auf den Steinscheiben beschäftigt war, Professor Tsum Um Nui, veröffentlichte seine Arbeit Mitte der sechziger Jahre in Japan. Er starb 1965, nach einem kurzen, schweren Leiden, als verbitterter Mensch. Man hatte seine Arbeit nicht ernstgenommen.
Was mich persönlich am meisten ärgerte: Ich hatte mich im April 1982 mehrere Tage in Xian aufgehalten, nur wenige Schritte von meiner »Fata Morgana« entfernt.

Quelle:

Peter Krassa: SÖHNE DES HIMMELS

Geheimnis um Oak Island

von Wolfgang Siebenhaar

Herbst 1795: der Holzfäller Daniel Mc Ginnis rudert zu einer kleinen, unbewohnten Insel an der Mahonebucht, etwa 100 km südlich von Halifax, Neuschottland. Die Insel heißt Oak Island und steht in keinem guten Ruf: 1720 wurden dort nachts seltsame Lichtzeichen gesehen, und drei Fischer, die das Geheimnis lüften wollten und nach Oak Island fuhren, kamen nie wieder. Seitdem sollen ihre Geister dort herumspuken.

Mc Ginnis entdeckt keine Geister, sondern eher Irdisches: auf einer Rodung steht eine jener Eichen, die der Insel ihren Namen geben. Von einem Ast hängt ein Flaschenzug herab, der so alt ist, daß er bei der ersten Berührung sofort zerfällt. Neben der Eiche befindet sich eine 2 m große, kreisrunde Vertiefung.

Der Gedanke an einen vergrabenen Piratenschatz liegt nahe, und so macht sich der Holzfäller mit Hilfe von zwei Freunden daran, die Vertiefung auszuheben. Schnell bemerken die drei, daß im »money pit« verschiedene Gesteinsschichten, die nicht von der Insel stammen, vergraben wurden. Im Abstand von jeweils 3 m Tiefe entdecken sie an den Wänden Eichenbohlen und erhalten so die Gewißheit, einen künstlichen Schacht auszuheben. Doch bald sind die materiellen Möglichkeiten der drei Freunde erschöpft, und der »money pit« behält zunächst sein Geheimnis – bis heute! Die unzähligen Schatzbergungsversuche, die bisher durchgeführt wurden, forderten nicht nur Unsummen von Geld, sondern auch sechs Menschenleben.

Hier eine Zusammenfassung der wichtigsten Funde im »money pit«:
Aus 13 m Tiefe wird eine Sandsteinplatte mit geheimnisvollen Schriftzeichen geborgen. Sie geht leider um die Jahrhundertwende verloren. In 20 m Tiefe liegen verschiedene Schichten von Kokosfasern vergraben. Kokosfasern gibt es in ganz Kanada nicht. Als bei späteren Grabungen eine Tiefe von 30 m erreicht wird, läuft der vermeintliche Geldschacht voll Wasser. Das Wasser stammt aus einem künstlichen Flutsystem, das in 37 m Tiefe entdeckt wird. Dieser Flutkanal steht direkt mit dem Meer in Verbindung. Als Nebenschächte in die Erde getrieben werden, um den Flutkanal zu umgehen, stellt sich heraus, daß die mysteriösen Erbauer der Anlage auch eine derartige Möglichkeit vorausgesehen hatten: auch diese Nebenschächte werden überflutet, ein regelrechtes Kanalsystem durchzieht Teile der Insel!
Aus einem 10 × 17 m großen Areal auf der Insel werden Eisen, Eichenbohlen und Zement ans Tageslicht befördert. Warum dieses Gebiet künstlich bearbeitet wurde, weiß niemand. 1897 wird aus 51 m Tiefe des »money pit« ein Stück Pergament hervorgeholt. Heute sind die Bohrungen bei etwa 60 m Tiefe angelangt. Dort befindet sich eine bisher nicht durchbohrte Eisenplatte.
Für einige Zeit war der eigentliche »money pit« sogar verlorengegangen, da aufgrund der vielen Bohrungen und Ausschachtungsarbeiten niemand mehr wußte, wo der eigentliche Haupttunnel lag und was nur ein Nebenschacht war.
Soweit mir bekannt ist, wird zur Zeit nicht gegraben, da zwei Bergungsgesellschaften im Streit um die Rechte am »Piratenschatz« liegen. Nicht vergessen möchte ich zu erwähnen, daß modernstes Bohrgerät eingesetzt wird, um Oak Island das Geheimnis zu entreißen. Bisher vergeblich!
Was wurde auf Oak Island wann und von wem zu welchem Zweck vergraben? Wohl kaum ein Piratenschatz. Piraten haben ihre Schätze zumeist schnell, sicher und unbeobachtet versteckt. Die Bergung mußte natürlich ebenso verlaufen. Wer aber diese Anlage anlegte, der mußte über umfassende Kenntnisse des Tief- und

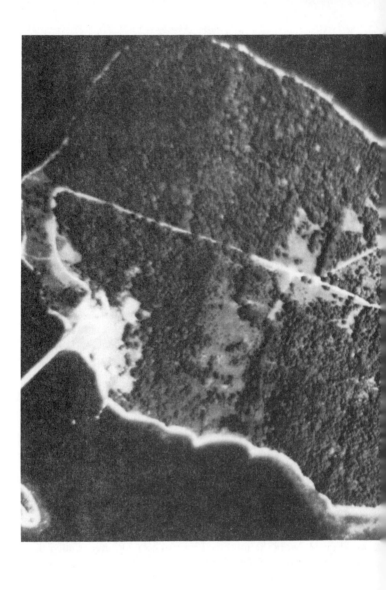

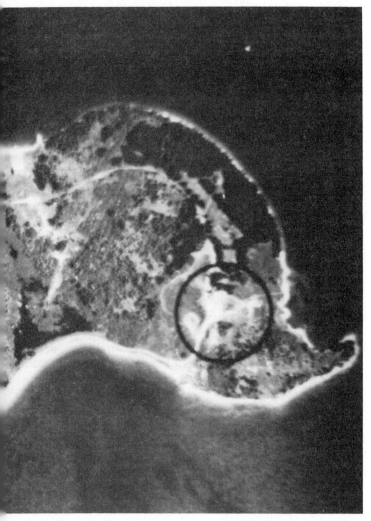

Luftaufnahme von Oak Island

Bergbaus verfügen. Allein der, der die künstlichen Flutkanäle – der letzte bisher gefundene wurde in über 50 m Tiefe entdeckt – anlegen ließ, muß ein Genie gewesen sein. Piraten waren aber meist einfache, oft des Lesens und Schreibens unkundige Menschen. Unter ihnen ein technisch erfahrenes Team unter fachmännischer Leitung zu vermuten ist wohl unwahrscheinlich. Letztendlich hätte eine derartige Arbeit mehrere Jahre gedauert und bestimmt Aufsehen erregt. Zweifelsohne hat hier eine Gruppe von hochintelligenten Menschen in aller Ruhe lange Zeit ungestört gearbeitet, um etwas aus dem Rahmen Fallendes zu verstecken. Etwas, das kein Unbefugter zu Gesicht bekommen sollte. Wir wissen bis heute nicht, in welche Tiefe das Versteck eigentlich reicht. Jeder Meter brachte bisher neue Überraschungen. Liegt hier vielleicht eine Botschaft oder ein Geschenk, das erst in der Zukunft und von den richtigen Leuten mit den richtigen Mitteln gefunden werden soll? Die Voraussetzungen auf Oak Island sind dafür ideal.

1972 schrieb Maj. R. A. Linton, ein britischer Ingenieur: »Obwohl als Versteck entworfen, würde es durchaus mit technischer Psychologie übereinstimmen, einen Safe in der Tiefe zu bauen, der nur durch die Einhaltung eines vorgeschriebenen Musters zu öffnen wäre.«

Der amerikanische Capt. Roy G. Griscom ist der Auffassung, daß Oak Island 3000 v. Chr. von Außerirdischen angelegt wurde. Diese hätten unter Oak Island und einigen anderen Inseln der Umgebung atomare Waffen gelagert. Ferner sollen sich unter den Inseln Höhlen befinden, in denen Außerirdische in einem todesähnlichen Schlafzustand liegen. Dabei soll es sich um Unterlegene aus einem kosmischen Krieg handeln, die sich in die Höhlen flüchteten. Anführer soll der Gott Baal gewesen sein. Aufgrund magnetischer Anomalien im Gebiet von Ellesmere Island vermutet Griscom sogar, daß ein verborgenes Raumschiff von 65 Meilen Länge und 64 Meilen Durchmesser unter der Eisdecke verborgen ist.

Er belegt seine Vermutungen mit Aussagen aus dem indischen Mahabharata: »Ina, wir begeben uns zu den unterirdischen Wohnungen... wunderbar waren die unterirdischen Wohnungen... In der Mitte des Raumes, aus dessen Wänden das geheimnisvolle Licht kam, standen vier Blöcke aus durchsichtigem Stein, und als ich mich ihnen voller Ehrfurcht näherte, konnte ich darin vier geheimnisvolle Wesen erkennen. Vier lebende Tote! Vier schlafende Menschen, drei Männer und eine Frau, sie lagen in einer Flüssigkeit, die sie bis zur Brust bedeckte. Sie waren den Menschen in allen Einzelheiten ähnlich, außer daß sie sechs Finger und sechs Zehen hatten, schlafende Götter!«

Es bleibt abzuwarten, was die Erforschung von Oak Island noch ans Tageslicht fördert. Die folgende Aussage von Janusz Piekalkiewicz sollte jeden neugierig machen: »Auf jeden Fall deutet das derart kompliziert angelegte Schatzversteck darauf hin, daß die Männer, die dort arbeiteten, ihren Schatz, wenn nicht für sich, so doch der Gemeinschaft, der sie angehörten, für die Zukunft bewahren wollten, sei es auch für eine Zeit, die erst nach Generationen kommen würde.«

Immerhin bietet Oak Island ein echtes Rätsel, eine Herausforderung an unsere Generation. Fest steht, daß dort unten etwas verborgen liegt, das mit genialem Ingenieurwissen gegen fremde Zugriffe gesichert wurde. Eigentlich ist die kanadische Regierung gefragt, finanzielle Mittel und Fachkräfte zur Verfügung zu stellen. Man sucht ja schließlich nicht einfach ins Blaue oder fahndet nach einem Spuk. Oak Island und das unterirdische Rätsel sind eine Realität.

Quellen:

Life, März 1987
Janusz Piekalkiewicz: Da liegt Gold, Südwestverlag
Aufsatz von Capt. Roy G. Griscom
Kitchener-Waterloo Record, Ontario 6. 4. 1973 sowie vom 9. 10. 1975

Träumereien um Agartha

von Hugo Jost

Im Jahre 1931 erregte der Arzt Dr. M. Doreal mit einem heftig umstrittenen Artikel die amerikanische Öffentlichkeit. Dabei ging es um den Mount Shasta, einen bis dahin der Welt kaum bekannten Vulkanberg im US-Staat Kalifornien.
Dr. Doreal behauptete in seiner Broschüre, in einem schwer zugänglichen Taleinschnitt des Mount Shasta eine rätselhafte Stadt inmitten einer paradiesischen Vegetation gesehen zu haben. Die weißen Gebäude der Stadt seien in gleißendem Sonnenlicht unter einem glasklaren Himmel erstrahlt, die Gegend habe subtropisch gewirkt, und mächtige Bauten, die ihn stilistisch an die Formen der Maya oder Azteken erinnerten, seien zum Himmel gewachsen. Hunderte von weißgekleideten Menschen hätten sich in wallenden Gewändern auf den Straßen der geheimnisvollen Stadt bewegt, und mehrere Männer mit langen Bärten und langen Haaren hätten ihn, Dr. Doreal, wohlwollend begrüßt.
Die Männer bezeichneten ihre ominöse Stadt als ein Refugium der letzten Nachkommen einer uralten Kultur, die im Pazifik untergegangen sei.
Wie Dr. Doreal weiter berichtete, demonstrierten ihm die hoheitsvollen Gestalten, wie leicht sich Naturgesetze neutralisieren lassen. So war es ihnen möglich, mit Hilfe seltsamer Kräfte, die Dr. Doreal nicht begriff, sich in nichts aufzulösen oder den Raum, in welchem sie saßen, auszudehnen und zu verkürzen.
Es ist nur verständlich, daß ein derartig phantasiereicher Bericht auf

heftige Kritik in der Öffentlichkeit stieß, dies um so mehr, als Dr. Doreal steif und fest bei seinen Aussagen blieb, aber nicht in der Lage war, auch nur den geringsten Beweis für seine Geschichte vorzulegen.

Der Mount Shasta ist ein rätselhafter, geheimnisumwitterter Berg, um den sich seit Jahrhunderten, wenn nicht gar Jahrtausenden Indianerlegenden ranken. Kurios sind bis heute die knapp 100 Kreise, die am Mount Shasta ins Gelände eingeritzt oder mit Steinen markiert sind. Auch findet man im Lavagestein des Berges viele indianische Felsritzungen aus unbekannten Jahrhunderten.

Was hat Dr. Doreal wirklich erlebt? Narrte ihn seine Vorstellungskraft? Ist er eingeschlafen und träumte die kuriose Begegnung? Oder gibt es so etwas wie eine »Mauer der Zeit«, die für unser gegenwärtiges, physikalisches Weltbild nicht erkennbar ist? Durchdrang Dr. Doreal diese hypothetische »Zeitmauer« und landete er für einige Stunden in einer Welt, die ihm märchenhaft erscheinen mußte?

Seltsam ist auch der Name des Berges: SHASTA. Das Wort kommt weder aus dem Englischen noch aus einer Sprache der ansässigen Indianer. Es entstammt dem indischen Sanskrit und bedeutet etwa »heilige Bruderschaft«. Die Legenden reden von mystischen Wesen, welche diesen Berg als »Tor zu einer anderen Welt« seit Jahrtausenden verwenden. Und die Einwohner der nahen Holzfällersiedlung Weed erzählen sich Geistergeschichten über Gestalten mit weißen Kutten, die am Berg ein- und ausgehen und dann wieder in einem bläulichen Feuerblitz spurlos verschwinden.

Ich mag nicht beurteilen, ob an all diesen phantastischen Schilderungen ein Körnchen Wahrheit ist, doch bringen mich die Geschichten um den Mount Shasta auf gedankliche Querverbindungen.

Man bezeichnete spezielle Berge stets als Wohnorte oder Throne der Götter, wie beispielsweise den heiligen Berg Kai Lasa im westlichen Tibet, den Berg Bagistanus, der dem babylonischen Sonnengott Bel geweiht war, oder den Götterberg Ida auf der Insel Kreta. Auch Abraham traf seinen Gott auf Bergesgipfeln, Moses erhielt auf dem Sinai die Zehn Gebote, und im südamerikanischen Raum sind viele Gebirge der Anden »Götterberge«, auf denen Begegnungen zwischen Menschen und Wesen einer anderen Welt stattfanden.

Eng verknüpft mit derartigen heiligen Bergen sind Legenden über unterirdische Anlagen mit gigantischen Ausmaßen. Man faßt diese Mythen über unterirdische, miteinander verbundene Reiche unter dem Sammelbegriff AGARTHA zusammen. Das Wort stammt aus dem Tibetanischen. Dort wird mit AGARTHA tatsächlich ein legendäres, verschollenes Reich unter der Erde bezeichnet.

Irgend etwas um AGARTHA scheint den Tatsachen zu entsprechen. Es ist bekannt, daß lange *vor* dem legendären Inkaherrscher Manco Capac in Peru eine megalithische Stadt stand, deren Bewohner mit Felsmassen umgingen wie unsereiner mit Holzspielzeug. Als der Inkaherrscher Pachacutec (1438–1471) Cuzco neu aufbaute, ließ er Tempel und Paläste auf den mächtigen Megalithen einer unverstandenen Kultur erstellen, die vom Schöpfergott Viracocha erbaut worden sein sollen und ursprünglich Acamama geheißen habe. Tatsächlich brachte das verheerende Erdbeben von 1950 zwei megalithische Tempel zum Vorschein. Einer dieser Tempel aus geschliffenem, grünem Diorit liegt nur 80 Meter von Cuzcos Hauptplatz entfernt. Der andere befindet sich unter dem einstigen Inka-Heiligtum Qorikancha, das direkt unter dem heutigen Kloster Santo Domingo liegt. Spanische Chronisten berichten, in diesem Heiligtum hätten die konservierten Mumien der Inkaherrscher auf goldenen Thronen gesessen, alle Räume seien mit Silber und Gold tapeziert gewesen, und im Sternentempel hätten eine mächtige, goldene Sonnenscheibe und viele Gestirne von der Decke gestrahlt. Als die Spanier plündernd und raubend die christliche Religion der Sanftmütigkeit und des Friedens importierten, fielen ihnen zwar ungeheure Mengen Edelmetall und Edelsteine in die Hände, der größte Teil des Kunstschatzes aber, der von den Conquistadores ursprünglich noch gesehen worden war, verschwand auf geheimnisvolle Weise in den mächtigen, unterirdischen Labyrinthen aus der Megalithzeit. Man nennt diese Labyrinthe heute noch »Chinkanas«. Es sind kunstvoll aus dem Fels herausgeschnittene Stollen und Tunnels, die sich kreuzen, winden, biegen, über- und untereinander in alle Richtungen verlaufen. Nur Kenner trauten sich in diese Gewölbe. Selbst Inka Garcilaso de la Vega wagte sich nur so weit hinein, »wie das Tageslicht reichte«.

Die moderne Archäologie weiß um die Existenz dieser Anlagen – tut aber nichts zu deren Enträtselung. Nachdem sich einige tödliche Unfälle ereigneten, ließ der Präfekt von Cuzco die wenigen bekannten Eingänge zu dem unterirdischen Labyrinth zumauern. Einmal waren zwei Studenten in das Netzwerk unter dem Boden eingedrungen und hatten sich nach wenigen Biegungen und Kreuzungen vollständig verirrt. Mutig drangen sie weiter vor und gelangten bis unter die Kirche von Santo Domingo, wo sie hörten, wie über ihnen die Messe gelesen wurde. Trotz verzweifelter Bemühungen gelang es ihnen nicht, sich bemerkbar zu machen. Einer der jungen Leute starb an Erschöpfung von den kilometerlangen Wanderungen im dunklen Schlund. Der andere fand eine Woche später eine Öffnung zur Oberwelt. Er hielt einen goldenen Maiskolben in der Hand und – war verrückt.

Vor 100 Jahren berichtete der britische Forscher Oberst Howard Vyse über antike Quellen, »wonach es unter der Sphinx in Ägypten geheime Krypten und Zugänge zu einem riesigen Höhlensystem« gebe. Er schrieb von einem Reich unter den Pyramiden, zu dem in pharaonischen Zeiten nur die Kaste der höchsten Priester Zutritt gehabt habe. Die Tore hätten sich durch »magische Schlüssel« geöffnet, und einzig die Priester hätten es verstanden, mit diesen »magischen Schlüsseln« umzugehen, ohne Schaden zu erleiden.

Diese geheimen Räume scheinen inzwischen – jedenfalls zum Teil – durch Arbeiten japanischer und amerikanischer Archäologen und Ingenieure entdeckt worden zu sein (siehe hierzu auch »Monumente und das Erbe der Götter« S. 23).

War die Sphinx eine Art »Sesam öffne dich« in eine andere Welt? War sie eines der Tore zum versunkenen Königreich AGARTHA oder zum verborgenen Land AMENTI, von dem die Totenbücher reden?

Eine Pyramideninschrift besagt: »Die Pforten zu dieser Welt öffnen sich nur dem Horus, der sie baute und begründete; er ist es, der sie gemacht hat, er ist es, der sie bewahrt, er ist es, der sie beschützt. Sie werden sich niemals denen öffnen, die im Westen, Osten, Süden, Norden oder in der Mitte der Erde wohnen.«

In den Unterweltbüchern »Imi-dat« und »Amu-duat« werden die Pyramiden als »sichere Tore« bezeichnet, zu denen nur die Götter Schlüsselgewalt besaßen. Wie aus der Literatur eindeutig bekannt ist, waren die Pyramiden ursprünglich nicht stufenförmig, sondern mit einer reflektierenden Schicht überzogen. Und selbst auf der Spitze soll sich eine große Kugel aus Edelmetall in den Himmel gereckt haben. Ein derart in der Sonne gleißendes Objekt mag für Luftfahrzeuge als »Tor«, als Orientierungspunkt, gedient haben.

Was mich stets wieder verblüfft, ist die offensichtliche Zurückhaltung unserer Archäologenschaft, wenn es um die Klärung derartiger Rätsel geht. Die Begründung, man wolle sich nicht blamieren, reicht für das noble Stillstehen nicht aus. Es scheint oft, als ob ein unausgesprochenes Verbot in der Luft liege, an das sich stillschweigend alle halten: berührt diese heiligen Punkte nicht, sie könnten gefährlich sein. Die Grenzen des mystischen Reiches AGARTHA sind nicht auf Südamerika oder Ägypten beschränkt. Gegen Ende des letzten Jahrhunderts versuchten Minengesellschaften, die nubischen Goldminen der Königin von Saba zu reaktivieren. In den Minen von Derekib machten die Schürfer eine merkwürdige Entdeckung. In einem tiefen Stollen stießen sie auf eine Steinmauer mit unleserlichen Hieroglyphen. Anstatt die Mauer aufzubrechen, was mit Dynamit eine Kleinigkeit gewesen wäre, ließ die Minengesellschaft den Stollen zuschütten, weil ohnehin kein Gold zu Tage gefördert wurde.

Es ist oft zum aus der Haut fahren. Damals steckte die Archäologie noch in den Kinderschuhen, der Sudan war im höchsten Grade unterentwickelt. Verständlich also, daß die Minengesellschaft keine Arbeitslöhne für ein archäologisches Projekt zahlen wollte, unverständlich hingegen, weshalb der Stollen zugeschüttet wurde. Heute kümmert sich niemand mehr darum.

Auch die Türkei scheint noch ein Stück des verlorenen Königreiches AGARTHA zu besitzen. Bekannt sind aus der griechischen Mythologie auch die Irrfahrten des Odysseus, der sich auf einer seiner Reisen in eine verzauberte Unterwelt begibt, die derart realistisch beschrieben wird, als habe er seine Reise tatsächlich erlebt.

Wir leben auf einer kleinen Welt, einer winzigen Kugel im endlosen Universum. Wir begannen mit der Erforschung unseres Sonnensystems. Doch auf der eigenen Erde scheuen wir uns, den Spaten oder Bulldozer an der richtigen Stelle anzusetzen. Niemand gräbt einen Tunnel unter die Pyramiden, niemand wagt sich an die »Chinkanas« in Peru. Solange derartige Diskrepanzen existieren, soll keiner so tun, als seien alle irdischen Rätsel gelöst.

Sie sind es noch lange nicht.

Quellen:

M. Doreal: MYSTERY OF MOUNT SHASTA.
A. Lukas: LEXIKON DER MYTHOLOGIEN ÄGYPTENS, PERSIENS UND DES ORIENTS.
P. Tompkins: CHEOPS.
U. Dopatka: LEXIKON DER PRAE-ASTRONAUTIK.
P. Vandenberg: DER FLUCH DER PHARAONEN.
P. Brunton: GEHEIMNISVOLLES ÄGYPTEN.

Rätsel um den Kristall-Schädel von Lubaantun

von Enrico Mercurio

1927 im tropischen Regenwald von British Honduras, südlich der mexikanischen Halbinsel Yukatan: Ein Forschungsteam unter der Leitung des britischen Archäologen Frederick A. Mitchell-Hedges denkt an die bevorstehende Regenzeit und forciert seine Anstrengungen. In diesem südlichen Teil von British Honduras, heute unter dem Namen Belize bekannt, wurden bis zu diesem Zeitpunkt kaum irgendwelche Ausgrabungen versucht. Jetzt jedoch stand Mitchell-Hedges in den überwucherten Ruinen einer Maya-Metropole, die unter dem Namen Lubaantun bekannt wurde.

Neben Mitchell-Hedges waren noch seine Sekretärin Jane Houlson, der Archäologe Dr. Thomas Gann (Autor des auch in deutscher Sprache erschienenen Buches »Götter und Menschen im alten Mexiko«), ein Capt. Joyce vom Britischen Museum und die Lady Richmond Brown mit von der Partie. Alle waren damit beschäftigt, die durchwachsenen und überwucherten Überreste der Maya-Tempel vom Dschungel zu befreien.

Ebenfalls anwesend war die damals 17jährige Adoptivtochter von Mitchell-Hedges, Anna. Angeblich gerade an ihrem Geburtstag stöberte das Mädchen zwischen den Trümmern eines Altares herum – und fand eines der später umstrittensten Relikte archäologischer Ausgrabungen: den Kristall-Schädel! Ein wie aus einem Guß geformter, bearbeiteter Bergkristall in Form eines Totenschädels von 5,3 kg Gewicht. Erst drei Monate später wurde der dazugehörige Unterkiefer, ca. 10 Meter von seinem »Oberteil« entfernt, ans

Tageslicht gefördert; systematisch hatte man die Umgebung nach ihm abgesucht, was Zeit kostete.

Erst 1930 unterrichtete Mitchell-Hedges peu à peu die Öffentlichkeit von seinen Funden und löste damit eine seltsame Unruhe in der Fachwelt aus. Am 24. Februar 1935 schrieb er in der Sonntagsausgabe des »New York American«: »...von den Hunderten von Objekten, die wir hier (in British Honduras) entdeckten, gehörte nicht ein einziges zu einer bekannten Kultur.« War das die Überheblichkeit eines archäologischen Außenseiters? Seine Funde waren echt und redeten eine eindeutige Sprache. Farley Castle, das Haus des Briten, verwandelte sich in eine Schatzkammer.

Frederick A. Mitchell-Hedges

Doch die Unruhe und die Skepsis der etablierten archäologischen Kreise hatten triftige Gründe. Zum einen war F. A. Mitchell-Hedges der Atlantis-Spekulation gegenüber sehr aufgeschlossen, schon ein Negativum in den Augen vieler seiner Kollegen. Zum anderen fiel der außerordentliche Gegenstand so sehr aus dem

Rahmen aller vergleichbaren Funde, daß man an seiner Echtheit einfach zweifeln mußte. Doch so viel Lädierungen und Sprünge der Ruf F. A. Mitchell-Hedges' auch mit den Jahren bekam, so unbeschädigt und ohne Risse blieb das Prachtstück seiner Lubaantun-Expedition, der Kristall-Schädel.

Da er dem Kulturkreis der Mayas zugeordnet wird, ist es vorteilhaft, sich kurz über die geschichtliche Rolle dieses mittelamerikanischen Volkes ein Bild zu verschaffen.

Die Archäologie setzt die erste Kulturstufe Mittelamerikas (Südmexiko, Honduras, Guatemala) in die Zeit von 2000 v. Chr. bis etwa 300 n. Chr. und bezeichnet sie als »präklassische oder formative Periode«. Einfache Bauernsiedlungen waren für sie charakteristisch, bis um etwa 1000 v. Chr. die Olmeken auftauchten und Zeremonialzentren hinterließen, wie sie sich uns in La Venta, Tres Zapotes und San Lorenzo heute präsentieren.

Die Olmeken zeichneten sich vor allem auch durch ihre Monumentalplastiken von Menschenköpfen aus: Riesige Monumente, auf deren Gesichtern man sogar negroide Züge erkannt haben will.

In die klassische Periode, die von 300–900 n. Chr. gerechnet wird, fallen die unzähligen Maya-Bauten, unzählig im wahrsten Sinne des Wortes. Noch weiß man nicht, wieviel unter dem Dschungel und Savannenbuschwald verborgen ist; manche Überraschung wird hier noch für Aufsehen sorgen. Es entstanden Pyramiden, Tempel, breite Plattformen mit kultischen Palästen – und alles war *ohne Metallwerkzeuge* errichtet worden. Die Quader wurden exakt behauen und vermauert. In diese Periode fällt auch Lubaantun. Dieses Heiligtum wurde, wie viele andere auch, zu Beginn der sogenannten nachklassischen Periode aufgegeben, die von 900–1520 dauerte.

Nun ist die Existenz eines Gegenstandes aus Quarz an sich nichts Außergewöhnliches in der Archäologie. Seit jeher sind in Gräbern und Ruinen Kostbarkeiten aus Quarz gefunden worden. Selbst 4000 Jahre alte ägyptische Mumien sind manchmal mit einem sogenannten »dritten Auge«, einem Quarzkristall, versehen. Bergkristalle wurden auch bei Pachuca, Hidalgo in der Provinz Michoacan und in La Paza, Südkalifornien, entdeckt. Mexiko scheint gar voll von solchen Kleinodien zu sein, wie die Sammlung im archäologischen Museum von Oaxaca beweist. Dort liegen seltsame Ringe und technisch anmutende Zahnräder aus Bergkristall. Einige dieser Spulen sehen aus wie simple Garnrollen, doch ist kaum anzunehmen, daß die kostbaren Gegenstände für diesen ordinären Gebrauch verwendet wurden. Schließlich kann man im mexikanischen

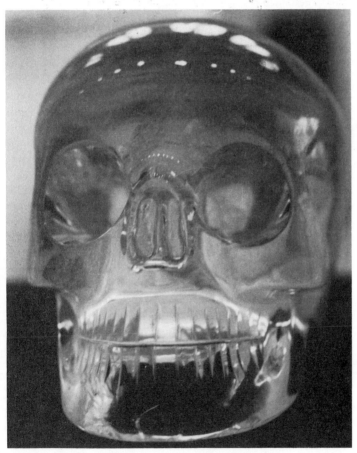

Dieser Kristallschädel steht heute im Britischen Museum, London.

Nationalmuseum eine Heuschrecke und ein Kaninchen aus Bergkristall bewundern.

Bergkristalle wurden oft als etwas Übernatürliches betrachtet, man nannte sie »Tränen Gottes«. Symbolisch hatte der Kristall neben Fruchtbarkeit, Weisheit und Unsterblichkeit auch Verbindung zum Tod. In Mexiko sind verschiedene Miniatur-Totenschädel aus Bergkristall gefunden worden. Man kann sie heute in der Blake Collection des United States National Museum, in der Douglas Collection von New York, im Britischen Museum London sowie im Trocadéro-Museum in Paris besichtigen. Der erste bemerkenswerte Kristallschädel in Lebensgröße wurde 1889 in Mexiko gefunden. Er ist heute im Britischen Museum zu sehen und wird den Azteken oder Mixteken zugeschrieben. Ein etwa halb so großes Exemplar liegt im Palais de Chaillot des Musée de l'Homme, Paris. Vergleicht man diese beiden Werkstücke mit dem Kristallschädel von Lubaantun, schneidet der Schädel von British Honduras durch seine Perfektion und eine ganze Kette von »Unmöglichkeiten« weit mysteriöser ab.

Zwischen dem Schädel vom Britischen Museum (Bild auf Seite 133) und dem Kristallschädel von Lubaantun lassen sich zunächst einige Gemeinsamkeiten feststellen. Bei beiden Schädeln handelt es sich – so die Experten – um Frauenköpfe. Die linke und rechte Hälfte der Schädelhälften sind identisch, sozusagen spiegelartig. Der mittlere Teil des Gesichtes ist ungewöhnlich gerade, Hinweise auf Deformationen an einem lebenden Vorbild fehlen. Bemerkenswert sind schließlich die herausragenden Nasenstacheln sowie die senkrechte Stellung der Kiefer.

Der Maya-Schädel von Lubaantun ist viel differenzierter, denn er liegt in zwei Teilen mit separatem, beweglichem Unterkiefer vor. Augenhöhlen, Jochbögen und Warzenfortsätze sind beim Mitchell-Hedges-Schädel hervorragend dargestellt, wogegen der mexikanische Schädel diese wichtigen Details nur andeutet und die Augenhöhlen einfach rund wiedergibt. Die eigentliche Sensation des Kristallschädels von Lubaantun aber liegt am Material.

Quarz ist ein Mineral, ähnlich anderen vergleichbaren Edelsteinen.

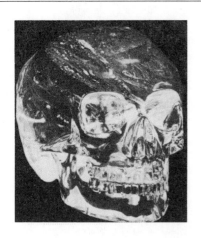

Der echte Kristallschädel von Lubaantun, mit und ohne Unterkiefer.

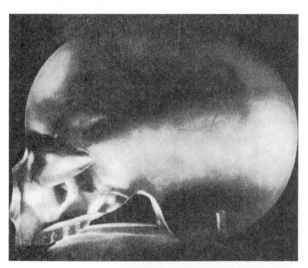

Der Kristallschädel seitlich und von oben durchleuchtet

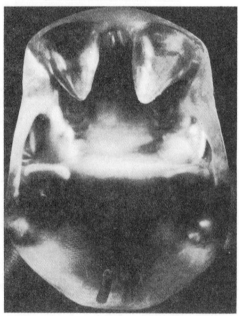

Aufgrund seiner speziellen Eigenschaften ist Quarz nur mit ausgefeilten, technischen Methoden angreifbar. Der durchsichtige Quarzkristall oder Bergkristall hat in reiner Form die Formel für Siliciumoxid oder Kieselsäure: SiO_2. Der sogenannte Mohshärtegrad beträgt 7. (Der höchste Wert, 10, ist in dieser Skala für Diamanten reserviert.) Bergkristall bricht muschelig, splittrig und läßt sich daher nicht spalten. Er löst sich nur in Flußsäure.

Mit diesem widerspenstigen, harten Material mußten sich die Indios herumschlagen, die in ihrer Epoche, soweit bekannt ist, keinerlei metallische Werkzeuge kannten. Das Rätsel der Herstellung dieses Fundstückes versuchte der amerikanische Restaurator und Konservator Frank Dorland zu ergründen, nachdem ihm Frau Anna Mitchell-Hedges das Objekt für volle sechs Jahre zum Studium anvertraut hatte. Dorland deckte sonderbare Eigenschaften am Kristallschädel auf. Seine Untersuchungsresultate wurden später von der Forschungsabteilung des Elektronik-Konzerns Hewlett-Packard voll bestätigt.

Jim Pruett, der Leiter des Kristall-Labors dieses amerikanischen Unternehmens, stellte anhand der sogenannten x-y-Achse und der Schleier, die im polarisierten Licht auftauchen, fest, daß Schädel und Unterkiefer ursprünglich einem einzigen Kristallstück angehört haben müssen. Leicht gesagt, schwer getan. Bergkristall läßt sich bekanntlich nicht spalten, er zersplittert. Es sei denn, man hätte das Kunststück fertiggebracht, einen ursprünglich mächtigen Kristallblock auf irgendeine Weise ganz fein zu zersägen. Nun wurden aber mikroskopisch keinerlei Anhaltspunkte für irgendeine maschinelle Bearbeitung gefunden. Da das funkelnde Rätsel besteht, muß es irgendwie hergestellt worden sein. Läßt man übernatürliche Kräfte aus dem Spiel und vergißt man Besucher aus anderen Kulturen mit besonderen technischen Fertigkeiten, so müssen die Maya ihren Kristallschädel durch manuelle Politur hergestellt haben. Eine unvorstellbare Arbeit, die jahrhundertelang gedauert hätte, unabhängig von politischen und religiösen Verhältnissen. Wir können uns schwer vorstellen, wie ein derartig anvisiertes Ziel von Generation zu Generation stur durchgehalten wurde.

Mitchell-Hedges entsann sich alter indianischer Überlieferungen, die von einem Pflanzensaft sprachen, der die Steine weich und leicht formbar macht. Leider sind dies vorerst nichts mehr als Erzählungen, die insbesondere in Südamerika im Zusammenhang mit Monumentalbauten häufig geäußert wurden. Auch Bergkristall ist ein Mineral und wäre demnach ebenso zu behandeln gewesen. Kann man sich einen Pflanzensaft vorstellen oder ein Pflanzengebräu, das die Wirkung von Flußsäure übertrifft?
Vollkommen überrascht wurden die Experten, unter ihnen auch der Direktor des New Yorker Museum of the American Indian, Frederick J. Dockstader, durch eine andere Feststellung. Da Quarzkristall spiralförmig wächst, entstehen in seinem Innern ganz bestimmte Achsen, die jedem Edelsteinschleifer vertraut sind. Eine falsche Bearbeitung gegen die Achse genügt, um ein Werkstück irreparabel zu beschädigen. Beim *durchsichtigen* Bergkristall ist diese Achse aber nur durch starke Lupen oder Vergrößerungen des polarisierten Lichtes erkennbar. Zur Verblüffung der Gelehrten erwies sich der geheimnisvolle Kristallschädel von Lubaantun als *gegen die Achse gearbeitet,* was das seltsame Fundstück nur noch unerklärlicher machte. Die millimetergenaue Erkennung dieses Achsenverlaufes setzt Analysen voraus, die den Mayas nach unserem Wissen nicht zur Verfügung standen. Also blieb den Mayas nur die Herstellung des Schädels durch manuelle Politur. Es wurde errechnet, daß diese Arbeit schätzungsweise sieben Millionen Arbeitsstunden gekostet hätte. Dies sind 800 Jahre Tag und Nacht, 24 Stunden rund um die Uhr ununterbrochenes Schleifen, Polieren! In einer Nonstop-Stafette über Generationen! Nun ist kaum anzunehmen, daß während 800 Jahren Tag und Nacht 24 Stunden an einem einzigen Kultobjekt gerieben wurde. Nimmt man 12 Arbeitsstunden pro Tag, hätten die Maya 1600 Jahre am Kristallschädel polieren müssen. Ein Ding der Unmöglichkeit, denn so lange dauerte weder das alte noch das neue Maya-Reich.
Heute schreibt man dem Schädel auch okkulte Bedeutung zu. Er balanciert wie ein Orakel auf seinem Unterkiefer, nickt beim leisesten Windhauch, strahlt in grellen Farben, wenn ihm von irgendei-

ner Seite Licht zugeführt wird, und sprüht im Sonnenlicht Funken wie ein Diamant. (Filmisch gezeigt im Dokumentarfilm BOTSCHAFT DER GÖTTER von Erich von Däniken.)

Der Fundort des Schädels neben dem größten Altar der Ruinenstätte von Lubaantun läßt auf eine zentrale Stellung des kuriosen Objektes schließen. Sein tatsächliches Alter kann nur annähernd geschätzt werden. Frank Dorland, der den Kristallschädel gründlich untersuchte, meinte, zwischen 1000 und 12000 Jahren sei alles möglich.

Frau Anna Mitchell-Hedges, die den Schädel als 17jähriges Mädchen fand, hütet das einmalige und wertvolle Objekt eifersüchtig. Nur einmal, vom 2. November 1972 bis 31. März 1973, war der Kristallschädel von Lubaantun als Prunkstück einer Ausstellung im Museum of the American Indian, New York, der breiten Öffentlichkeit zugänglich.

Als ob er uns aus einer anderen Dimension belächle, gab der Schädel bis heute sein Geheimnis nicht preis.

Quellen:

Anders, Ferdinand: DAS PANTHEON DER MAYA, Graz 1963.
Däniken, Erich von: MEINE WELT IN BILDERN, Düsseldorf 1973.
Dorland, Frank: DER KRISTALLSCHÄDEL VON LUBAANTUN, in: Antike Welt, Nov. 1975.
Gann, Thomas: GÖTTER UND MENSCHEN IM ALTEN MEXIKO, Leipzig 1938.
Garvin, Richard M.: THE CRYSTAL SKULL, New York 1974.
Man. Royal Anthropological Institute of Great Britain and Ireland, Juli 1936. (Artikel von G. M. Morant)
New York American. 24. Februar 1935, (Artikel von F. A. Mitchell-Hedges).
Schumann, Walter: STEINE UND MINERALIEN, 3. Aufl., München/Bern/Wien 1974.
Whitehouse, David, Whitehouse, Ruth: LUEBBES ARCHÄOLOGISCHER WELTATLAS, Bergisch-Gladbach 1976.

Der Huaxteken-Galvanisierer

VON MARKUS NICKLAS UND DR. JOHANNES
UND PETER FIEBAG

Versuch einer technischen Interpretation

Ein nicht unwesentlicher Bestandteil prä-astronautischer Forschung ist die Rekonstruktion technischer Aggregate, Maschinen, Geräte usw., die entweder in antiken Texten beschrieben oder als Abbildungen auf alten Reliefs, Zeichnungen und Malereien bis in unser Jahrhundert überdauert haben. Unseres Wissens konnten bislang folgende Geräte identifiziert und rekonstruiert werden:

- das Raumschiff, das der Prophet Ezechiel (Altes Testament) detailliert im 1. Kapitel seines Buches beschreibt, durch NASA-Ing. Josef Blumrich (vgl. J. F. Blumrich: DA TAT SICH DER HIMMEL AUF, Econ-Verlag 1973)
- der Tempel, zu dem Ezechiel geflogen wurde (Kap. 40 ff. des Buches Ezechiel), der sich als Operationsbasis für das zuvor genannte Raumschiff herausgestellt hat, durch Ing. Hans Herbert Beier (vgl. H. H. Beier: KRONZEUGE EZECHIEL, Ronacher-Verlag, 1985)
- ein Rotationskolbenmotor, der in den alten Maya-Handschriften des Troano- und Madrider Codex abgebildet ist, durch Dr. Friedrich Egger und Klaus Keplinger (vgl. F. Egger: DIE ENTWICKLUNG EINES ROTATIONSKOLBENMOTORS AUS EINEM MAYA-SCHRIFTZEICHEN, in: J. u. P. Fiebag: AUS DEN TIEFEN DES ALLS, Hohenrain-Verlag, 1985)
- ein Elektromotor, der auf einem Tonteller der Tolteken-Kultur

abgebildet ist, durch Ing. Reinold Carleby (vgl. J. u. P. Fiebag: AUS DEN TIEFEN DES ALLS, Hohenrain-Verlag, 1985)
- als *Vimanas* bezeichnete Flugzeuge und Raumschiffe, die in verschiedenen altindischen Texten beschrieben werden, durch Prof. Dileep K. Kanjilal, Ing. T. K. Deb, Dr. S. C. Sen und Ing. Josef Blumrich (vgl. D. K. Kanjilal: FLIEGENDE MASCHINEN UND WELTRAUMSTÄDTE IM ANTIKEN INDIEN; in J. u. P. Fiebag: AUS DEN TIEFEN DES ALLS, Hohenrain-Verlag, 1985)
- die im altjüdischen Sohar und in mittelalterlichen Legenden beschriebene »Manna-Maschine« (bzw. der »Heilige Gral«) durch Ing. George Sassoon und Ing. Rodney Dale (vgl. G. Sassoon und R. Dale: DIE MANNA-MASCHINE, Moewig-Verlag, 1979)
- das auf einer Grabplatte im *Tempel der Inschriften* von Palenque abgebildete Raumfahrzeug, durch Ing. Laszlo Toth (vgl. L. Toth: DIE TECHNISCHE INTERPRETATION DES PALENQUE-RELIEFS; in: J. u. P. Fiebag: AUS DEN TIEFEN DES ALLS, Hohenrain-Verlag, 1985)
- im ägyptischen Hathor-Tempel von Dendera abgebildete Glühbirnen durch Ing. Walter Garn (vgl. P. Krassa, R. Habeck und W. Garn: LICHT FÜR DEN PHARAO; Verlag 2000, 1983)
- eine elektrische Batterie aus dem vorderasiatischen Parther-Reich (z. Zt. im Irakischen Museum von Bagdad) durch die Chemiestudenten Ralf Lange und Daniel Nardin.

Wir sind nun in der Lage, dieser recht eindrucksvollen Liste einen weiteren Punkt hinzuzufügen: die technische Interpretation eines Schmuckanhängers der Huaxteken-Kultur. Die Huaxteken gehörten der Maya-Familie an, bildeten aber seit etwa 3000 Jahren eine unabhängige Stammeseinheit, nachdem sie im 1. Jahrtausend v. Chr. von den übrigen Mayas abgespalten wurden. Kurz vor der spanischen Eroberung kamen sie unter die Tributherrschaft der Azteken. Begehrt waren insbesondere ihre Schmuckanhänger. Einer dieser Anhänger steht im Mittelpunkt unseres Interesses.
Die Idee zur genaueren Analyse der Darstellung auf dem Schmuck-

anhänger ging von J. und P. Fiebag aus, die Interpretation wurde von M. Nicklas, Elektroinstallateur, und der von ihm gegründeten AAS-Arbeitsgruppe »South Ancient Group« (SAG) sowie mit Unterstützung eines Graphic-Programms auf einem Commodore-64-Computer durchgeführt.

Beschreibung des Huaxtekenanhängers

Im oberen Bereich der Darstellung auf dem Huaxtekenanhänger befinden sich zwei deutlich erkennbare, einander zugewandte menschliche Gestalten in traditioneller Maya-Kultkleidung. Die linke Gestalt schüttet eine Substanz in eine unter ihr und im Zentrum der Abbildung angebrachte Schüssel. Die rechte Figur hält einen länglichen Gegenstand in ihren Händen, ihr Blick richtet sich unmittelbar auf den oberen Bereich dieses Gegenstandes.

Unterhalb der beiden Gestalten finden sich jeweils zwei auf den ersten Blick sehr kompliziert anmutende Strukturen, die traditionell wohl als Schmuckbestandteile gedeutet werden (Schnecken- und Flügel- bzw. Federndarstellung). Neben und unter der schon erwähnten Schüssel verlaufen sich umeinanderwindende und kreuzende Linien oder »Wege«, die in einen größeren Behälter im unteren Teil der Abbildung führen. Dieser Behälter ist im Aufschnitt dargestellt und mit einer Flüssigkeit gefüllt (Wellendarstellung). Im Zentrum schwimmt ein undefinierbarer Gegenstand, links und rechts von ihm tauchen zwei langgezogene Zapfen in die Flüssigkeit, darunter finden sich zwei augenähnliche, elliptische Strukturen. Der Behälter selbst besteht aus zwei Schichten.

Der Anhänger ist aus einer Muschel gearbeitet und ca. 10 cm lang. Er stammt aus der Zeit zwischen 1000–1250 n. Chr. (Panuco-V-Epoche) und wurde in der Region des heutigen Vera Cruz gefunden. Das Original ist im Besitz des Middle American Research Institute, New Orleans, USA. Nach traditionell-archäologischer Deutung handelt es sich bei der Darstellung um »zwei Götter bei einer kultischen Handlung«.

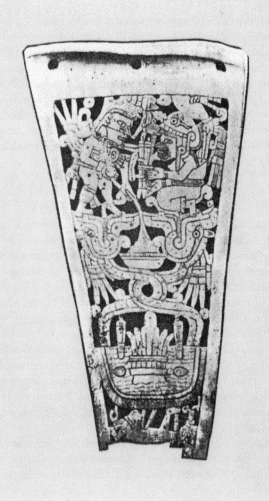

Darstellung auf dem Huaxteken-Anhänger. (Maya-Kultur)

Die technische Interpretation

Aufgrund der im Huaxtekenanhänger erkennbaren Details und ihrer Einordnung in das Gesamtmotiv schlagen wir eine technische Interpretation der Abbildung vor. Zu diesem Zweck wurden einzelne Bestandteile aus dem Bild herausgelöst, verschieden coloriert, vergrößert und mit Hilfe eines Graphic-Programms mit ähnlichen, heute bekannten technischen Aggregaten verglichen. Dadurch wurde es möglich, die Bestandteile auf ihre Ursprungsbedeutung zurückzuführen und vernünftig in die Gesamtrekonstruktion einzufügen. Das Resultat war die Darstellung eines Galvanisierungsvorganges.

Bemerkungen zur Galvanisierungstechnik

Der Galvanisierung liegt das Prinzip der Elektrolyse zugrunde, d. h., mit Hilfe von elektrischem Strom die Elektrolyten einer Substanz (etwa eines Metallsalzes) in einem Wasserbad zu trennen. Dabei lagert sich das Metall an der negativen, leitend gemachten Elektrode (Kathode) ab und formt ihre Struktur nach. Man erhält so metallene Überzüge bestimmter Gegenstände. Ein spezielles Verfahren ist das sogenannte Galvanisieren, das insbesondere zur Abformung eines Druckstockes oder Schriftsatzes verwendet wird. Dazu wird das Original zunächst in eine Wachs- oder Weichblechtafel geprägt, wobei das Wachs durch einen Graphitüberzug leitend gemacht werden muß. Während des Galvanisierungsvorganges schlägt sich dann eine Metallschicht auf der Matrize nieder. Das Wachs wird später herausgeschmolzen und die Matrize mit Blei ausgegossen.
Für den Galvanisierungsvorgang benötigt man folgende technische Einheiten: einen Stromerzeuger, Stromzuleitungen, eine Anode (Plus-Pol), eine Kathode (Minus-Pol), Galvanosalze (Metallsalze), einen Behälter, in dem der Vorgang abläuft, Matrizen der zu galvanisierenden Gegenstände, eine Badeflüssigkeit und Regler, die die Zuleitung von Strom und Flüssigkeit steuern.

Vergleicht man diese Einheiten und ihren Aufbau mit der Darstellung auf dem Huaxteken-Anhänger, so ergeben sich offenkundige Übereinstimmungen. Sie sollen im folgenden detailliert beschrieben werden.

Der Vergleich

1. Zuleitungen
Die beiden Zuleitungen sind einfach zu identifizieren. Sie verlaufen etwa vom Zentrum des Bildes sich kreuzend in den unteren Behälter. Bei genauerer Betrachtung stellt sich heraus, daß die Leitungen aus einzelnen Gliedern bestehen und durch Rundkennlinien, die die Gliedgelenke markieren, miteinander verbunden sind. Dadurch ergibt sich der Eindruck eines Schlauches, in dem Flüssigkeiten transportiert werden. Es zeigt sich auch, daß die Zuleitungen in Wirklichkeit aus je zwei Schläuchen bestehen, einem dicken und einem dünneren, und daß der dicke aus kleineren, kürzeren Gliedern zusammengesetzt ist als der dünnere.

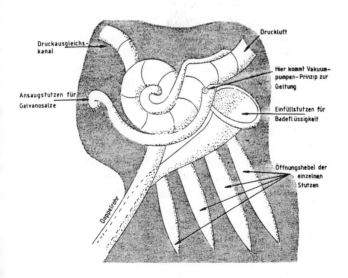

2. Mehrwegeventil

Unterhalb der beiden Gestalten finden sich rechts und links je zwei miteinander verbundene Einheiten. Die obere ist ein in sich gewundenes, schlauchförmiges Gebilde, die untere besteht aus drei bzw. auf der rechten Seite vier Strängen plus je einem Zusatzstrang, die den Eindruck von Hebeln hervorrufen. Tatsächlich könnte das obere Gebilde als Mehrwegeventil mit Injektorpumpe und Badeflüssigkeitstrompete, das untere als damit zusammenhängende Einheit von Bedienungshebeln zum Öffnen und Schließen der Ventile erkannt werden. Die einzelnen Hebel dienten zum Öffnen des Ansaugkanals, zur Stromdichteregelung, zur Absaugumschaltung, als Mengenregler und zum Öffnen der Badeflüssigkeitstrompete.

3. Prozeßbehälter

Der eigentliche Galvanisierungsvorgang muß in einer Badeflüssigkeit stattfinden. Sie ist im Behälter deutlich erkennbar. Im Zentrum des Behälters ist der zu galvanisierende Gegenstand zu sehen, der auf einem Sockel ruht. Als Kathode dienten offensichtlich die im Aufschnitt dargestellten Zuleitungen. Wurde der zu veredelnde Gegenstand auf den Sockel gestellt, war er über den Boden automatisch mit der Kathode verbunden. Nach exakt diesem Prinzip funktioniert z. B. ein Glockengalvanisierer, wie er heute zur Herstellung unterschiedlicher Massenartikel verwendet wird. Die Anoden sind ebenfalls ganz deutlich zu erkennen: Es sind die zwei zapfenförmigen Gebilde, die rechts und links in die Flüssigkeit ragen – auch dies entspricht in der Anordnung jener unserer Glokkengalvanisierer.

4. Die linke Gestalt

Die linke Gestalt schüttet eine feine, pulverige Substanz in eine Schüssel. Es kann sich nicht um eine Flüssigkeit handeln, da sich die Substanz im abgebildeten Behälter anhäuft. Aus dem Gesamtzusammenhang ergibt sich, daß hier das Abfüllen des Metallsalzes dargestellt ist.

5. Die rechte Gestalt

Die rechte Gestalt hält einen komplizierten, aus zwei röhrenförmigen Gebilden zusammengesetzten Gegenstand in den Händen, der

nach unten gerichtet ist. Möglicherweise ist hier die Überprüfung des Ergebnisses durch Meßsonden dargestellt. (Sogar eine Skaleneinteilung ist erkennbar.)
6. Der Gesamtzusammenhang
Aus dieser Beschreibung ergibt sich, daß auf dem Huaxtekenanhänger drei nacheinander ablaufende Vorgänge nebeneinander dargestellt sind: zunächst das Abfüllen des gewünschten Metallsalzes, dann der eigentliche Galvanisierungsprozeß in einem Glockengalvanisierer und schließlich die Überprüfung des erzielten Ergebnisses.

Der Galvanisierungsvorgang

Insgesamt ergibt sich aus der Abbildung folgender Ablauf des Galvanisierungsprozesses:
1. Der zu galvanisierende Gegenstand wird in das leere Becken gestellt. Er hat somit Berührung mit der Kathode.
2. Die Metallsalze des gewünschten Überzuges werden in die bereitstehende Wanne gefüllt.
3. Die Druckluftzufuhr wird geöffnet. Durch das Injektorprinzip gelangen die Salze über die Hauptleitung in das Becken.
4. Das richtige Flüssigkeitspotential wird gesteuert. Es war bereits darauf hingewiesen worden, daß die beiden »Augen« zwei »aufgeschnittene« Zuleitungen repräsentieren. Dies ist eine völlig richtige Darstellung, denn der innere Schlauch dient der Flüssigkeitszufuhr, durch den äußeren werden die Salze eingeblasen. Der Mantel des dünnen Schlauches dient dabei als Pluspol, der des dicken äußeren als Minuspol.
5. Sobald das Becken gefüllt ist, kann der Galvanisierungsprozeß beginnen. Der Strom (es genügen 1,5–2 Ampere/dm^2) wird über einen der Hebel an der Seite eingeschaltet.
6. Die Stromleitung läuft ebenfalls über das Mehrwegeventil. Dies ist eine sehr vernünftige und logische Anordnung. Je dicker die Metallschicht werden soll, um so stärker muß die Stromzufuhr sein. Ein entsprechender Regler sollte daher dicht bei den ande-

ren Steuerungselementen angebracht sein. Wir finden ihn auf der rechten Seite der Bedienungsapparatur.
7. Nach Beendigung des Galvanisierungsvorganges kann die Richtung des Luftstroms umgekehrt werden. Die Injektorpumpe saugt nun nach dem gleichen Prinzip die verbrauchte Flüssigkeit wieder ab. Das Becken steht damit für einen folgenden Arbeitsgang zur Verfügung.

Andere Möglichkeiten der Interpretation

Neben der Deutung als Galvanisierungsanlage könnten unseres Erachtens auch zwei andere Interpretationen zutreffen:
1. Elektroschmelzofen: Dabei werden bestimmte Edelmetalle in pulverisiertem Zustand einer Schmelze zugeführt. Die beiden zapfenförmigen Gebilde wären dann ebenfalls Anoden.
2. Diffusionsanlage: In diesem Falle wird das Überzugsmaterial in Form eines Pulvers mit dem Grundwerkstoff in Berührung gebracht und so hoch erhitzt, daß sich das edlere Metall mit dem Grundmaterial legiert. Es dringt dann als dünne Schicht in den Werkstoff ein (z. B. Zinkstaub in Eisen bei 200 °C).

Zusammenfassung

Die Darstellung auf dem Huaxtekenamulett beinhaltet unserer Analyse zufolge einen technischen, speziell einen galvanotechnischen Ablauf. Alle abgebildeten Details konnten auf ihre wahrscheinliche Ursprungsbedeutung zurückgeführt und logisch in das Gesamtbild eingefügt werden, ohne daß sich innere Widersprüche ergeben. Es wird auch deutlich, daß der huaxtekische Künstler sehr sorgfältig gearbeitet und selbst kleinste Details nicht übersehen hat. Nicht dargestellt ist der Stromgenerator, der die zum Galvanisieren benötigte Energie lieferte (daß solche Aggregate aber existierten, zeigt uns die Rekonstruktion eines Elektromotors anhand einer Gravur aus dem Tolteken-Bereich durch den schwedischen Ingenieur Reinhold Carleby).

Die Anlage offenbart einen relativ hohen Kenntnisstand in moderner Elektrotechnik, physikalischer Chemie und Optik. Die Huaxteken galten bei ihren Nachbarstämmen als Zauberer, was uns angesichts dieser Rekonstruktion nicht mehr wundern kann. Wer ein derartiges Wissen besaß, wer unbegrenzte Duplikate komplizierter Schmuckgegenstände anfertigen und schließlich über elektrischen Strom verfügte, muß für die damaligen Menschen mit magischen Kräften versehen gewesen sein.

Es gibt andererseits nirgendwo im mexikanischen Raum Hinweise auf eine entsprechende Entwicklung dieser Kenntnisse und Technik. Wir stehen also auch hier vor der Frage, woher die Huaxteken ihr spezialisiertes Wissen hatten – eine Frage, die für viele andere, inzwischen rekonstruierte Gerätschaften ebenso gilt.

Puma Punku –
Das wirkliche Rätsel der Anden

VON ERICH VON DÄNIKEN

Das Sonnentor von Tiahuanaco wird in der Literatur oft als »archäologisches Wunder Südamerikas« bezeichnet. Fragen über die Bearbeitungstechnik, über den Transport des zehn Tonnen schweren Andesitblockes wurden aufgeworfen; ein Rätselraten über den Sinn des dreifachen Figurenreliefs setzte ein. Der Betrachter, der vor diesem knapp drei Meter hohen »Wunder« steht, ist eher enttäuscht. Der zerbrochene Monolith ist von einem rostigen Gitter umzäunt, die Götterfiguren sind verblaßt, verwittert. Jahrtausende haben ihre Spuren hinterlassen.

Täglich stehen Scharen von Touristen vor diesem archäologischen Mirakel Boliviens, und sie ahnen nicht – vielleicht sollen sie es auch gar nicht –, daß die wirkliche Sensation nur einen knappen Kilometer vom scheußlich restaurierten Tiahuanaco entfernt liegt. Reiseführer – lebendige und geschriebene – schweigen meistens verschämt über das echte Rätsel Tiahuanacos, und in archäologischen Standardwerken, ja selbst in Lexika (Dopatkas »Lexikon der Prä-Astronautik« ausgenommen) fand ich kein Sterbenswörtchen über die unbestreitbare Attraktion auf der bolivianischen Hochebene: das Ruinenfeld PUMA PUNKU.

Wer in Tiahuanaco den höchsten Hügel erklimmt und über die einsame Bahnlinie Richtung Titicacasee blickt, bemerkt in etwa 900 Meter Entfernung seltsame, braungraue Formen vor sich, von denen er auf Anhieb nicht sagen kann, ob es Bestandteile des lehmigen Bodens oder wirr aufgeschüttete Steinhaufen sind. Der alltägliche Tourist wendet sich deshalb wieder ab. Was soll er dort hinüberkraxeln, ist doch überall nur dasselbe Einerlei, und das Atmen in 4000 Meter Höhe zwingt zum Verschnaufen. So trampeln tagtäglich Hundert an PUMA PUNKU vorbei, nicht wissend, daß die zehn Tonnen Sonnentor bestenfalls ein Surrogat, ein Abklatsch von PUMA PUNKU sind. Viermal bin ich in Tiahuanaco gewesen, oft habe ich mehrere Tage lang in der dünnen Luft photographiert und vermessen, und dennoch ging es mir wie den Touristen: Ich erkannte PUMA PUNKU nicht, wanderte vorbei, blickte in die verkehrte Richtung. Kein Reiseführer, kein Gelehrter, kein Briefpartner hatte mich je auf diesen phantastischen Ort gestoßen, niemand darauf hingewiesen. Bei der letzten Tour mit 20 tapferen Reisegefährten war es eher Zufall, daß unser Bus über die verrottete Bahnlinie humpelte. Enttäuscht von Tiahuanaco, war uns etwas Zeit geblieben, die Umgebung abzufahren. So gelangten wir verblüfft nach PUMA PUNKU.

An rätselhafte Bauten gewöhnt, hat mir PUMA PUNKU die Sprache verschlagen. Hier paßt das Wörtchen GRANDIOS. Mir sind zwei Stellen auf unserem Globus bekannt, zu denen unsere klugen Archäologen nichts wissen. Wo sie in Ehrfurcht schweigen sollten. (Sie tun's natürlich nicht.) Der eine Platz sind die phänomenalen Gesteinsverarbeitungen *oberhalb* der Inkafestung Sacsayhuaman, der zweite Ort ist PUMA PUNKU.

Schon im Juli des Jahres 1603 berichtete Pater Diego de Alvarez über PUMA PUNKU:

...Ich vermochte nur zu staunen, wie menschliche Kräfte diese Steine herbringen konnten, denn die Indios hatten weder Maultiere noch Ochsen... keine menschlichen Kräfte haben vermocht, diese Steine herzutragen noch zu setzen, sondern die Teufel müssen an diesem Werk geholfen haben. Die Überlieferung unter den Indios scheint dies zu bestätigen, denn sie sagen, daß der Zupay, wie sie den Teufel heißen, jene Steine brachte, und sie behaupten, daß die Steine über den See gelangten und durch die Lüfte gekommen seien.

Teilansicht von Puma-Punku. (Bolivien)

Auch der Spanier Antonio de Castro, 1651 Bischof von La Paz, berichtete in einem Beitrag für ein Buch von Gil Gonzalez Davila[*] über PUMA PUNKU:

... und obwohl man früher annahm, daß es ein Werk der Inkas sei, als Festung für ihre Kriege, hat man nun erkannt, daß es im Gegenteil ein Bauwerk von vor der Sintflut ist ... wie dem auch sei, ob das Bauwerk vor oder nach der Sintflut entstanden ist, was ich sehr bewundere, sind diese so genau angepaßten Steine. Nicht einmal die Spanier hätten ein so wunderbares Gebäude von solcher Kraft erstellen können.

Was ist zu sehen? Monolithen aus Andesit, Granit und Diorit, einem graugrünen Tiefengestein von enormer Resistenz und Härte. Die gewaltigen Brocken sind ungeheuer präzise gearbeitet, geschliffen, poliert, gestanzt. Haarscharfe Rillen von 6 Millimeter Breite und 13 Millimeter Tiefe laufen wie mit dem Lineal gezogen über 5 Meter lange Diorit-Monolithen. Zapfenlöcher und ihre Gegenstücke preßten die Ungetüme minuziös aneinander, Metallklammern verbanden einst die monumentalen Brocken zu einem gigantischen Gebilde, das heute nicht mehr rekonstruiert werden kann. In PUMA PUNKU ist exakt wie oberhalb Sacsayhuamans eine Technik angewandt worden, die den indianischen Vorfahren nicht untergeschoben werden kann. Angesichts des Bildmaterials versicherte mir ein Grabsteinhauer, er wisse trotz seiner elektrischen Fräsen, Feilen und Bohrer nicht, wie er gewisse Verarbeitungen aus dem Stein schneiden solle. Vom Transportproblem, das wir unseren emsigen Aymaras (= Indiostamm, der um 600 n. Chr. Tiahuanaco erbaut haben soll) zumuten, die ohne Holzrollen in 4000 Meter Höhe schufteten, ganz zu schweigen.

Nach dem ersten, oberflächlichen Besuch mit 20 Leuten wollte ich es anderntags genauer wissen. Drei AAS-Mitglieder und ich fuhren in einem altersschwachen Mietauto nochmals zum Ruinenfeld. Ziel war die exakte Vermessung einiger Monolithen, um daraus Rück-

---

[*] Gil Gonzalez Davila: »Teatro Eclesiastico de las Iglesias del Peru«.

schlüsse auf das Gewicht ziehen zu können. Kaum hatten wir unsere Meßbänder ausgepackt, erschienen Wächter und verbaten unser Treiben. Zu meiner Verblüffung kannten sie mich beim Namen. »Si, Señor von Däniken, wir kennen Sie, doch dürfen wir Sie nicht messen lassen.« Was war geschehen? Irgendein Archäologe hatte Wind von meiner Anwesenheit in La Paz bekommen und prompt untersagt, daß ich mein Wissen erweitere. Offenbar wurde befürchtet, ich könnte in meinem nächsten Buch auf das Rätsel von PUMA PUNKU aufmerksam machen und eine unliebsame Diskussion in Gang setzen. (Genau das habe ich auch, weit ausführlicher als an dieser Stelle, getan!)

Das Verbot konnte mich nicht hindern, an meine Maße zu kommen. Ein bolivianischer Freund beschaffte mir einige Wochen nach meinem Besuch das Versäumte. Nachfolgend einige exakte Daten über die Monolithen. Was jeweils fehlt, ist *die Tiefe* der einzelnen Blöcke. Diese war nicht zu ermitteln, da die Monolithen auch heute noch in unbekannter Tiefe im Erdreich stecken. Das geschätzte

Gewicht schwankt zwischen 22 Tonnen (für die kleineren) bis zu über 1000 Tonnen!

Monolith-Nr.	Länge	Breite	Monolith-Nr.	Länge	Breite
1	2,89 m	2,13 m	10	7,90 m	2,50 m
2	1,21 m	4,07 m	15	7,50 m	3,39 m
3	6,32 m	2,87 m	17	6,96 m	3,20 m
4	5,78 m	4,38 m	20	12,41 m	8,17 m
9	7,81 m	5,07 m	24	16,67 m	9,28 m

In Archäologenkreisen wird die Ansicht vertreten, es handle sich bei PUMA PUNKU um ein *unvollendetes* Bauwerk der Aymaras. Wer dort war, kann über diese Mär nur milde lächeln. PUMA PUNKU stand längst *vor* den Aymaras und ist durch eine gewaltige Katastrophe zerstört worden. Bau und Vernichtung übersteigen bei weitem die Mittel, welche prä-inkaischen Stämmen gemeinhin zugestanden werden.

Die Märchen des Hiram Bingham

von Reinhold Müller

In jeder Publikation über die grandiose Inkastadt Machu Picchu ist nachzulesen, der geheimnisvolle Ort in den Anden sei jahrhundertelang vergessen gewesen und erst im Jahre 1911 von Hiram Bingham entdeckt worden. Dies ist ein Märchen.

Auch die Behauptung, der wahre Name von Machu Picchu sei nicht bekannt gewesen, stimmt schlicht und einfach nicht. Der »Entdekker« der Götterresidenz der Sonnensöhne, Hiram Bingham, schreibt absichtlich zweideutig über die Ruinen. Er bezeichnete sie mit dem Namen »Machu Picchu«, weil angeblich »niemand wußte, wie man sie sonst nennen sollte«.

Die Tatsachen sind anders. In der interessanten Chronik des Don Antonio Altamirano, der an der Verteidigung Cuzcos gegen Manco Inka beteiligt war, ist nachzulesen, Altamirano sei mit dem Soldaten Miguel Rufino, gebürtig in Toledo in Spanien, befreundet gewesen. Dieser Rufino verabscheute die grausamen Metzeleien an den Indios und sah sich eines Tages veranlaßt, ein junges Indiomädchen, Aclla Gualca, vor einer Vergewaltigung zu retten. Er erschlug den aufdringlichen spanischen Söldner mit dem Schwert. Rufino fürchtete die Rache Pizarros und versteckte sich mit der Inkaschönheit in einem Haus in Cuzco. Aclla Gualca machte ihm das Angebot, ihn in eine Stadt zu führen, deren verschlungene Wege niemand kenne, »abgesehen von den Sonnenjungfrauen, denn diese Stadt war heilig seit alten Zeiten«.

Die beiden Flüchtlinge erreichten das Tal von Ollantaytambo,

Machu Picchu

Aus dem Fels geschnittenes Tempelchen von Machu Picchu.

marschierten drei Tage am Sonnen-Rio (Urubamba) entlang und verschwanden dann im dichten Dschungel. Sie erkletterten einen steilen Bergkamm und erreichten eine Stadt, die »wie auf der Schneide einer Schwertklinge« thronte. Rufino wunderte sich, daß diese Stadt bewohnt war. Er beschreibt den Ort so eingehend mit seinen Palästen, verlassenen Tempeln, Häusern mit geborstenen Dächern und berichtet zudem vom gegenüberliegenden Huayna Picchu (»wie ein gigantischer Finger aufgerichtet«), daß es keine Zweifel gibt: Es war Machu Picchu. Er und seine Gefährtin mußten schwören, »den Gesetzen des Intis zu gehorchen« und keinem Fremden etwas von diesem heiligen Ort zu verraten. Sie durften sich in einem verfallenen Palast niederlassen, lebten ein Jahr in Machu Picchu, und Aclla Gualca gebar Rufino ein Kind. Eines Tages kam ein Indio mit Knotenschnüren. Die Quipus des Manco Inka befahlen allen Männern der Berge, sich zu bewaffnen und nach Ollantaytambo zu kommen, wo ein geheimer Krieg gegen die Spanier seinen Ausgangspunkt haben sollte.

Diese Angaben des Chronisten stimmen mit der Geschichte des Aufstandes Mancos im Jahre 1535 überein. Miguel Rufino zog mit den Indios nach Ollantaytambo und kämpfte an der Seite der Inkakrieger. Sie eroberten die Vorstädte Cuzcos, und Rufino mußte mit ansehen, wie seine alten Waffenkameraden unter den Keulenhieben der Indios fielen. Als er versuchte, einem verwundeten Landsmann zu helfen, wurde er von wütenden Inkas in einen Abgrund gestoßen.

Die Chronik des Antonio Altamirano enthält den entscheidenden Hinweis, daß das vorinkaische Machu Picchu schon zu Beginn der spanischen Conquista im Verfall war.

Von Amerikanisten nicht ausgewertet ist auch folgende Urkunde aus dem Jahre 1562. In den Akten der Juicios de Limites erscheint eine »Anordnung des Vizekönigs Graf von Nieva an den Doktor Cuenca, hinsichtlich der Unterwerfung Tupac Amarus, in Vilcabamba im Aufstand befindlich«, mit diesem Text: »Uns ist berichtet worden, daß Tupac Amaru und sein Bruder Cusi Yupanqui, die anderen Hauptleute und kriegerischen Indianer, die sie im Tal von

Biticos gemeinsam gegen uns aufgewiegelt haben, besagten Sitz Vilcabamba schwer bewaffnet verlassen und alle indianischen Häuser der Repartimientos von Amaybamba und von Pichu geplündert und verbrannt haben.«

Die Inkas verwüsteten demnach alle Heiligtümer, um sie *vor* den Spaniern zu vernichten. Vermutlich haben sie bei dieser Aktion auch viele ihrer Goldschätze in sichere Verstecke gebracht. Einmal mehr ist von Machu Picchu die Rede. Die nächste geschichtliche Erwähnung findet die Stadt im Jahre 1614, als ein »Grenzkrieg zwischen den Besitzern der Ländereien des Salccantay ausbrach«, auf dessen Bergen Machu Picchu liegt.

Der erste Erforscher von Machu Picchu war Don Luis Bejar, der 1894 die antike vorkolumbianische Stadt wieder erblühen sah. Aber er hat die Stadt nicht lokalisiert, sondern wurde von einem jungen Mann, Augustin Lizarraga, dorthin geführt. Ein Führer, den Hiram Bingham 17 Jahre später ebenfalls einstellen sollte.

Diese beiden, Bejar und Lizarraga, entdeckten unter dem Flußbett des Urubamba einen inkaischen Tempel, dessen genaue Lage sie jedoch nicht bekanntgaben und dessen Einstieg in die Unterwelt der Inkas sie verbargen. Erst im Jahre 1930 wurde der Eingang von dem Ingenieur Oswaldo Paez Patino wieder aufgespürt und dann später von Senator Pancorbo bestätigt. Pancorbo war es, der sich »in die unterirdische Galerie mit den Steinmauern« wagte.

Als Hiram Bingham die Stadt 1911 »entdeckte«, muß er wohl sehr enttäuscht gewesen sein, denn in der Steinwand eines Palastes waren drei Namen geritzt mit der Jahreszahl 1901! Agustin Lizarraga, Don Enrique Palma und Gabino Sanchez. Sie hatten Machu Picchu am 14. Juli besucht und eine Mumie fortgetragen. In den Ruinen hatten die drei Abenteurer den Indio Anacleto Alvarez getroffen, der Machu Picchu seit acht Jahren für die lächerliche Summe von zwölf Soles jährlich in Pacht hatte.

Im Jahre 1906 unterhielt sich der Wächter der San-Miguel-Brücke am Fuße der Ruinen mit einem Maultiertreiber namens Rodriguez Carpio und berichtete ihm, Machu Picchu sei verpachtet. Dieser Carpio wurde später zu einem Gefährten Binghams.

Im Jahre 1911 machte der Amerikaner Alberto Giesecke in Begleitung des Abgeordneten Don Braulio Polo in Mandor Pampa Station. Sie wollten zur »verlorenen Stadt« aufsteigen, doch ein wolkenbruchartiger Regen hinderte sie daran. Giesecke war ein Landsmann Binghams und ein großer Freund von Melchor Artega, dem Besitzer der Maultierstation, von dem er alle Einzelheiten erfuhr, die es schließlich Hiram Bingham erlaubten, ohne große Forschermühen eine der phantastischsten »Entdeckungen« unseres Jahrhunderts auf dem Gebiet der Archäologie zu machen!

Charles Wiener, den das französische Unterrichtsministerium mit einer archäologischen Mission nach Peru geschickt hatte, beschrieb

Der Sonnenstein, Intihuatana genannt.

schon im Jahre 1875 die Touren, die er in den ungastlichen Höhen der Kordilleren unternahm. Er durchwanderte zwei Jahre lang das Inka-Gebiet, erforschte unbekannte Pfade, arbeitete an einer »damals wenig betriebenen Wissenschaft« und überreichte dem Musée de Paris eine Sammlung mit 4000 archäologischen Stücken. Er schreibt wörtlich: »In Ollantaytambo sprach man mir gegenüber von antiken Überresten, die auf dem östlichen Abhang der Kordilleren existierten und deren wichtigsten Namen ich kannte, Vilcabamba und Choquequirao ... und noch von anderen Städten, von Huaina Picchu und von Matscho Picchu.«

Wiener zeichnete eine Karte, die er in Paris 1875 veröffentlichte, und auf der er diese Namen mit den richtigen Standorten eingetragen hatte. Diese Karte war es schließlich, die Hiram Bingham auf die korrekte Spur brachte!

Woher aber hatte Charles Wiener die Information über Machu Picchu? Eingeweiht wurde er vom »König des Santa-Ana-Tals«, einem gewissen Don Martin de Concha, der damals Machu Picchu in Besitz hatte. Dieser hatte die Ruinenstätte von seinem Schwiegervater, dem Kommandanten Marcos Antonio de la Camara y Escudero geerbt, der mit einer echten Marquise von Cuzco verheiratet war. Der Schwiegervater seinerseits hatte die Ruinenanlagen käuflich erworben, wie aus einer notariellen Beglaubigung des Notars Ambrosio de Lira aus Cuzco hervorgeht. In dieser Urkunde aus dem Jahre 1776 ist klipp und klar die Rede von Machu Picchu, und damit dürfte der Unsinn über das von Bingham geschaffene Geheimnis um den wahren Namen »der verlorenen Stadt der Inkas« endgültig widerlegt sein.

In der Tat verblendete Hiram Bingham viele Jahrzehnte die Forscher, denn sie glaubten, die Quetschua-Indianer hätten den authentischen Namen der Stadt vergessen. In Wahrheit ist der wirkliche Name niemals aus deren Gedächtnis verschwunden, und für die Indios bestand überhaupt kein Grund, ihr einen anderen Namen zu geben. Die Stadt hieß zu allen Zeiten tatsächlich Machu Picchu.

Was aber geschah mit all den archäologischen Schätzen, den eventuell gefundenen Artefakten aus Silber und Gold? Ein peruanischer

Schriftsteller, Enrique Portugal, veröffentlichte vor einigen Jahren in der Presse von Buenos Aires eine Artikelserie über das Thema Bingham und Machu Picchu. Darin beschuldigte er Hiram Bingham, er habe »Machu Picchu in unbeschreiblicher Weise geplündert, verwüstet und beraubt, indem er eine riesige Ladung von goldenen Gegenständen und Kunstwerken wegschaffte«. Portugal griff mit diesem Artikel eine Denunziation einer argentinischen Intellektuellen, Ana de Cabrera, wieder auf, die schon 1938 in der Zeitung LA NACION von sich reden gemacht hatte: »Zum Unglück schaffte die Bingham-Expedition eine große Anzahl von Kisten aus Peru heraus, die ein Kapitel der tausendjährigen Geschichte der

Das steinerne »Boot«.

amerikanischen Menschheit enthielten. Als die Ladung mit einer so reichen Beute nach Mollendo gelangte, wollte die empörte Bevölkerung der Stadt mit Gewalt deren Verschiffung verbieten.«

Zu denken gibt dabei, daß Hiram Bingham keine Liste der Funde, die er während der Expeditionen 1912 und 1913 tätigte, veröffentlichte. Sind die Vorwürfe, die ihn heute treffen müssen, berechtigt? Nicht zu leugnen ist die Tatsache, daß kein peruanisches Museum – nicht einmal das Museum von Machu Picchu selbst – auch nur den geringsten inkaischen Gegenstand aus Machu Picchu vorweisen kann. Luis E. Valcarcel äußert sich dazu: »Wenn es den Spaniern nicht gelang, Machu Picchu zu schleifen, so taten das die Nordamerikaner an ihrer Stelle... Ich habe in Yale (Universitätsstadt der USA) alles gesehen, was Hiram Bingham von seinen Ausgrabungen fortschaffte... Bingham vergaß nicht einen einzigen Schädel!«

Dies ist festzuhalten:

a) Hiram Bingham darf nicht weiterhin als Entdecker von Machu Picchu genannt werden.
b) Der wahre Name des Ortes war stets bekannt.
c) Machu Picchu war nie eine »verlorene Stadt«.

Quellen:

Napoleon Polo: Machu Pijchu – Richtig erleben.
Simone Waisbard: Machu Picchu – Felsenfestung und Heilige Stadt der Inka, G. Lübbe-Verlag.

Entlarvung der »Entlarver«

VON ERICH VON DÄNIKEN

Am 19. Dezember 1984 war ich Gast bei RTL-TV in Luxemburg und wurde völlig überraschend und unvorbereitet mit einigen Studenten der Universität Aachen konfrontiert, die eben von einer Ecuadorreise zurückgekehrt waren. Die Geologiestudenten hatten ihre Reise mit meinem Buch AUSSAAT UND KOSMOS im Rucksack angetreten, wußten aber vorher schon, daß alles, was darin über ein unterirdisches Tunnelsystem und über Goldplatten mit rätselhaften Symbolen stand, nicht wahr sein durfte. Schließlich lag auch das neue Buch von Peter Kaufhold VON DEN GÖTTERN VERLASSEN auf dem Tisch, und darin hatte mich der rechthaberische Kaminfeger bekanntlich klipp und klar »widerlegt«, »überführt«, »entlarvt«.

Hat er das wirklich, oder ist die »Entlarvung« nur ein faules Ei, das polemische Gegner schon oft gegen mich schleuderten? Wie gewichtig, wie wahr sind diese hochgespielten »Gegenbeweise«?

Der Antwort möchte ich einige grundsätzliche Bemerkungen voranstellen. Seit 1966 – damals entstand ERINNERUNGEN AN DIE ZUKUNFT – schrieb ich elf Sachbücher mit insgesamt 3146 Textseiten. Ich war in jüngeren Jahren nicht so vorsichtig, nicht so kritisch meinen Informanten und mir selbst gegenüber, wie ich es als gebranntes Kind heute bin. Oft übernahm ich Mitteilungen von Drittpersonen als bare Münze, ließ mich von meiner eigenen Begeisterung mitreißen oder irrte mich in der Beurteilung irgendeines Indizes. Irren ist nun mal menschlich, dies einzugestehen keine

Schande. Es finden sich in den 3146 von mir beschriebenen Textseiten ganz sicher Fehler, ganz bestimmt Fälle von Indizien, die man aus heutigem Kenntnisstand anders beurteilen muß.

Daran ist gar nichts außergewöhnlich, denn dieselbe Feststellung gilt für alle anderen Autoren der Welt. In jedem Sachbuch und sehr oft auch in rein wissenschaftlichen Publikationen gibt es Irrtümer. Die Zeit steht nie still, die Ansichten ändern sich mit ihr. Gott sei Dank, müßte man beifügen, denn diesen neuen Betrachtungsweisen verdanken wir den Fortschritt.

Einige Gegner – und es sind sicherlich die dümmeren unter ihnen – benehmen sich gerade so, als sei ein nachgewiesener Irrtum die Widerlegung der gesamten AAS-Hypothese überhaupt. »Wenn ein Indiz in Ihrem Buch nicht stimmt«, vernehme ich oft, »dann muß ich annehmen, daß alle anderen Indizien auch nicht zutreffen.« Nach dieser eigenwilligen Logik kann man sämtliche Schul- und Lehrbücher wegwerfen, denn die Zeit hat doch längst bewiesen, daß manches von dem, was einst richtig war, falsch ist.

Eine andere Gruppe von Kontrahenten – diesmal die Wichtigtuer – läßt sich durch Oberflächlichkeiten blenden und benimmt sich wie selbstherrliche Richter. Dieser Menschentyp schreit ständig von »Entlarvung« und »Betrug«, gibt sich entrüstet und trägt die ganze Last der Ungerechtigkeiten dieser Welt auf seinen schwachen Schultern. Solche Leute sind zwar zu gut erzogen, um mit vollem Mund zu sprechen, aber sie haben keine Bedenken, es mit leerem Kopf zu tun.

Was wird behauptet?

Die unterirdischen Gänge in Ecuador gibt es nicht, und zudem sind sie längst bis zum letzten Zentimeter erforscht. Selbstverständlich liegt dort unten auch keine »Metallbibliothek«, und ein Nebeneingang, in dem Däniken gewesen sein will, existiert schon gar nicht. Die angeblichen Goldplatten bei Pater Crespi sind billiges, modernes Messingblech, Däniken hat seine Leser angelogen.

All dies und mehr fand der clevere Kaufhold heraus, der so »entrüstet« und »richtig erschrocken« ist, daß er darüber gleich zwei Bücher drucken ließ. Ja und überhaupt, Däniken hat lediglich eine

»Marktlücke« entdeckt und verkauft seine »Hirngespinste« nur des Geldes wegen.
Ich gestehe, daß ich überhaupt keine Lust verspüre, auf diese Tiefschläge einzugehen. Wenn ich die noble Zurückhaltung widerwillig aufgebe, dann deshalb, weil wohlwollende Freunde meinten, ich müßte doch mal Stellung nehmen.
Am 21. Juli 1969 setzte Rechtsanwalt und Notar Dr. Gustavo Falconi in Guayaquil, Ecuador, eine notarielle Urkunde auf, in welcher ein gewisser Juan Moricz, argentinischer Staatsbürger, Reisepaßnummer 4 36 16 89, folgendes bekanntgab: [1]
»... Ich habe in der östlichen Region, Provinz Morona-Santiago des Staates Ecuador, wertvolle Gegenstände von großem historischen und kulturellen Wert *entdeckt*... Diese Gegenstände befinden sich *in verschiedenen Höhlen* und sind zugleich von verschiedener Art... Die *von mir entdeckten* Objekte weisen folgende Eigenschaften auf: 1. Gegenstände aus Stein und Metall in diversen Größen und Farben. 2. Metallfolien mit eingravierten Zeichnungen und ideographischen Schriften, *eine wahre Metallbibliothek*...«
Die Urkunde wurde zu Händen des ecuadorianischen Staates aufgesetzt, denn Moricz wollte damit seine Besitzansprüche geltend machen. Im selben Dokument bat Moricz den Finanzminister, eine Kommission zu ernennen, welcher er die entdeckten Gegenstände an Ort und Stelle zeigen werde.
Drei Dinge sind festzuhalten:
a) Moricz sagt, er habe die wertvollen Objekte *entdeckt*. (Nicht etwa, er *vermute* ihre Existenz.)
b) Die Gegenstände liegen in *verschiedenen* Höhlen. (Mit keinem Wort spricht er von den Tayos-Höhlen.)
c) Er scheint seiner Entdeckung sicher zu sein, denn er fordert eine staatliche Untersuchungskommission.
Zwei Tage später, am 23. Juli 1969, hat Moricz die Teilnehmer einer Expedition beisammen. Jedes Mitglied verpflichtet sich schriftlich: »... keinerlei Kommentare an Zeitungen, Radio, Fernsehen oder andere ähnliche Einrichtungen zu geben. Über die Expedition zu schweigen und insbesondere über die geographischen Orte der

Eingänge und die wertvollen Objekte im Innern der Kavernen nichts verlauten zu lassen.« [2]

Das Dokument ist unterzeichnet von: Gaston Fernandez, Gerardo Pena M., Lilian Icaza, Hernan Fernandez, Mario Polit, Pedro Luna, José Rojas sowie von Hauptmann Carlos Guerrero Guerron und zwei Agenten der nationalen Polizei.

Im Herbst 1969 findet die Expedition tatsächlich statt. Die ecuadorianische Zeitung EL TELEGRAFO berichtete am 28. September 1969 auf einer ganzen Seite darüber. [3] Doch die Expedition war nicht zum eigentlichen Ziel gelangt. Zwar wurden zwei Eingänge der Tayos-Höhlen aufgesucht, doch traute Moricz seiner eigenen Mannschaft nicht mehr. Er und sein Rechtsanwalt Pena schilderten mir später, sie hätten damals zu wenig Nahrungsmittel bei sich gehabt, die Stimmung sei von Stunde zu Stunde gereizter geworden. Im Gegensatz zu den Polizisten und Sergeanten seien die Zivilisten unbewaffnet gewesen, und sie hätten ernsthaft befürchtet, angesichts irgendwelcher Schätze von den Uniformierten niedergemacht zu werden. Das ecuadorianische Magazin VISTAZO berichtete in der Dezember-Nummer 1969 in einem längeren Artikel [4] über derartige Schwierigkeiten der Expedition Moricz.

Ich selbst traf Moricz erstmals am 4. März 1972 im Hotel Atahualpa in Guayaquil. Er kannte meine ersten beiden Bücher und erzählte mir – erst zögernd, dann immer fließender – von seinen sagenhaften Entdeckungen. Ich blieb skeptisch. Zwar an Phantastisches gewöhnt, schien mir seine Schilderung *zu* phantastisch. »Ob ich denn«, so wollte ich nach einer langen Gesprächsnacht wissen, »nicht auch in eine dieser Höhlen einsteigen könne?«

Moricz meldete verschiedene Bedenken an, war dann aber nach langem Hin und Her bereit, mich in einen Nebeneingang zu führen. Allerdings mußte ich mich per Handschlag und Ehrenwort zu zwei Bedingungen bereit erklären. 1. Keine Fotografien im Innern der Höhle. 2. Ich durfte nichts von einem Nebeneingang verlauten lassen und mußte so tun, als sei ich in den Tayos-Höhlen gewesen. Moricz begründete diese Bedingungen damit, daß der Nebeneingang »relativ leicht« erreichbar sei und er verhindern müsse, daß

Erich von Däniken und Juan Morizc auf dem Anmarsch zum Seiteneingang. Man beachte das eingedruckte, winzige Datum am unteren Bildrand.

nachher alle möglichen Schatzsucher die Höhle plünderten. Zum Fotografierverbot sagte er, auch die damaligen Expeditionsteilnehmer hätten sich verpflichtet, nicht zu fotografieren (siehe zitierte Quelle Nr. 2).

Was hätte ich tun sollen? Ich war erpicht darauf, wenigstens einen kleinen Teil seiner Schilderung mit eigenen Augen bestätigt zu sehen, und ich hätte damals vermutlich noch ganz andere Bedingungen akzeptiert.

Ich hielt Wort. In AUSSAAT UND KOSMOS steht nichts von einem Seiteneingang, und der Leser gewinnt tatsächlich den (falschen) Eindruck, ich sei in den Tayos-Höhlen gewesen. So war es abgesprochen. Man hat mir dies zum Vorwurf gemacht. Zu Recht! Nur tun die unkorrekten Kritiker so, als hätten sie durch langwierige

Erich von Däniken und Juan Morizc. Kurz vor dem Einstieg in den Stollen entstand dieses Foto. Später bestritt Morizc, mit Erich von Däniken je an diesem Höhleneingang gewesen zu sein.

Recherchen dies erst jetzt entdeckt, Däniken »entlarvt«. In Tat und Wahrheit hatte ich schon am 17. September 1972, kurz nach der Veröffentlichung von AUSSAAT UND KOSMOS dem STERN geschrieben: »... Die Bilder sind von Moricz, und an den betreffenden Orten bin ich tatsächlich nie gewesen ...« [5] Und in: ERICH VON DÄNIKEN IM KREUZVERHÖR kann man die ganze Story gleich zweimal nachlesen. [6]
Und was ist mit dem Seiteneingang?
Wir fuhren im roten Toyota-Jeep von Moricz bis zur Stadt Cuenca. Von dort aus steuerte er den Wagen auf Nebenstraßen und Feldwegen in südöstlicher Richtung. Oft verpaßte er einen Weg, drehte wieder um, nahm an einer Kreuzung einen neuen Anlauf. Überraschend sagte er: »Dort oben ist es«, und wies schräg hinauf auf einen von Büschen bewachsenen Steilhang. Ein schmaler Eselspfad führte nach oben. Obschon keine Siedlung auszumachen war, begleitete uns plötzlich ein Indiohirt mit zwei Kindern in schwarzen Ponchos und Hüten. Moricz schien sie zu kennen. Vor dem Höhleneingang hockten sie sich alle auf den Boden. Ich benützte die Gelegenheit, stellte die Kamera auf einen Felsvorsprung und drückte den Knopf des Selbstauslösers. Während die Indios draußen blieben, kletterten wir im Schein von starken Taschenlampen ins Innere.
Als ich später vernahm, Moricz habe Journalisten gesagt, er sei nie mit mir in einem Seiteneingang gewesen, traute ich meinen Ohren nicht. Hatte er denn vergessen, daß ich nicht nur unterwegs, sondern auch in den ersten 20 Metern des Höhleneinstieges fotografiert hatte, bis er mich bat, die Kamera jetzt zurückzulassen?
Nachdem die Medien auf mich losgingen, schrieb ich mehrere Briefe an Moricz und seinen Rechtsanwalt Pena, bat um Auskunft für das mir unverständliche Verhalten. Als ich ohne Antwort blieb, schickte ich die Swissair-Stewardeß Fräulein Pia Buob, eine Bekannte von mir, als Kurier nach Guayaquil. Am 22. Oktober 1972 berichtete sie: [7]
»... Ich habe Herrn Dr. Pena in Guayaquil sofort nach meiner Landung aufgesucht und ihm den Brief, den Sie mir mitgegeben

haben, abgegeben. Herr Dr. Pena war äußerst nett zu mir, er hat mich sofort in sein Haus und zu seiner Familie eingeladen. Die ganze Familie wollte wissen, wie es Ihnen gehe, und alle haben begeistert von Ihnen und Ihren Besuchen in Guayaquil erzählt. Herr Dr. Pena war allerdings höchst entsetzt über den STERN-Artikel, den Sie dem Brief beigelegt haben. Wörtlich sagte er, der ganze Artikel sei erlogen, seine Aussagen den STERN-Reportern gegenüber seien verdreht und aus dem Zusammenhang gerissen worden.«

Damals glaubte ich noch, Rechtsanwalt Pena und Moricz stünden hinter mir und würden durch öffentliche Erklärungen bald zur Beruhigung der für mich peinlichen Lage beitragen. Dann kam der Hammer.

Am 26. Januar 1973 erreichte mich ein langer Brief von Pena, in dem er von mir US $ 200 000,– forderte, weil ich »... wider allen Rechts öffentlichen Gebrauch von Informationen« gemacht hätte, die Mo-

Dieses Bild der »Expedition Moricz 1969« zeigt die Bewaffnung der Begleitmannschaft und wirft die Frage nach der künstlichen Bearbeitung der Gesteinsbrocken auf. Wenn auch schlecht erkennbar, achte man doch auf den rechtwinkligen Einschnitt beim Stein in der Bildmitte.

ricz mir habe zukommen lassen. Pena warf mir vor, ich hätte aus der Entdeckung von Moricz »ein Geschäft gemacht«. [8]
Jetzt verstand ich überhaupt nichts mehr. Ich hatte in AUSSAAT UND KOSMOS exakt das weitergegeben, was mir von Moricz gestattet worden war, und alles, was er mir zusätzlich berichtete, verschwiegen. Bis heute übrigens. Noch eine Kuriosität ist hier zu vermerken. Als sich im Spätherbst 1972 Interessenten schriftlich an Rechtsanwalt Pena wandten und um Auskunft baten, ob ich mit Moricz im Seiteneingang gewesen sei, lautete die Antwort: JA. Ab Januar 1973 hingegen erhielten alle Schreiber einen vervielfältigten Brief mit der Antwort: NEIN. Was hat diesen Sinneswandel verursacht? Weshalb sollte ich ursprünglich benutzt werden, um über die Moricz-Entdeckung international zu berichten – was ich tat –, um dann plötzlich mit US $ 200 000,– zur Kasse gebeten zu werden? Ich hatte in AUSSAAT UND KOSMOS die Visitenkarte mit der Anschrift von Rechtsanwalt Pena abgedruckt. Glaubt denn ernsthaft jemand, ich wäre so dusselig gewesen, den Rechercheuren die Spur zu liefern, wenn ich auch nur den geringsten Zweifel an meiner Schilderung und der Loyalität von Pena und Moricz gehabt hätte?
Im Schreiben von Pena an mich vom 26. Januar 1973 stand auch, Moricz habe sich »von Anfang an« alle Rechte seiner Entdeckungen vorbehalten, »wie es das Ihnen bekannte Schriftstück beweist, das von allen Teilnehmern der Forschungsreise unterschrieben worden ist. Dieses finden Sie als Fotokopie beigefügt«.
Es handelte sich um das hier bereits zitierte Dokument, in dem sich die Teilnehmer zu absolutem Schweigen verpflichteten. Im Gegensatz zu Penas Behauptung war mir das Dokument vorher *nicht* bekannt gewesen. Aber mir dämmerte, weshalb man mich wie eine heiße Kartoffel fallenließ. Offensichtlich hatten Pena und Moricz in Ecuador von ihren eigenen, ehemaligen Kameraden Schwierigkeiten bekommen. Da ging das vom SPIEGEL und STERN verbreitete Gerücht um, Däniken verdiene mit seinen Büchern Millionen. Und aus diesem (angeblichen) Topf wollte man sich bedienen.
Am 31. Januar 1973 erhielt ich einen Brief der Filmgesellschaft NATIONAL LEISURE CORPORATION aus Hollywood, in welchem

mir mitgeteilt wurde, die Gesellschaft habe »die Exklusivrechte erworben, um in den Höhlen zu forschen und zu fotografieren«. Mit der Arbeit sei bereits begonnen worden. [9]
Einen Monat später, am 5. März 1973, schrieb mir James B. Mobley von der MEDIA ASSOCIATES COMPANY: [10]
»Nach ausgedehnten Nachforschungen sind wir zu dem Schluß gekommen, daß irgendwelche Maschinen, Platten aus fremdem Metall, Gegenstände aus Gold usw., die sich in den Höhlen befinden, nicht in den Kammern zu finden sind, in die Mr. Moricz ging, sondern in einer besonderen Kammer, die viele Meilen entfernt am oberen Flußlauf des Santiago-River liegt. Dieser Eingang kann nur erreicht werden, wenn man durch den Fluß schwimmt und innerhalb der Höhlen auftaucht.«
Und am 17. Juni 1973 bestätigte Ronald Nicholas, Präsident der NATIONAL LEISURE CORPORATION in seinem Büro an der North-Pine-Street in Hollywood dem Journalisten Ron Thompson: [11]
»Es ist wirklich unglaublich. Die Filmcrew hat in den Tunnels über tausend Fotos geschossen. Sie hat Kavernen entdeckt, die groß genug sind, um 5000 bis 6000 Leute zu fassen.«
Moricz behauptet Journalisten gegenüber nach wie vor, die von ihm geschilderten Schätze existierten. [12, 13, 14]
Seither sind 15 Jahre verstrichen. Alle Expeditionen, die nach 1973 in irgendwelche Höhlen Ecuadors kletterten, fanden nichts. Darf dies verwundern?
Es bieten sich zur Rätsellösung einige Möglichkeiten an, die mich aber offen gestanden allesamt nicht glücklich machen.

1. Moricz hat mich hereingelegt. *Wie* er dies getan haben könnte, ist mir trotz emsigen Brütens nicht klar geworden. Ich glaubte stets, Herr meiner Sinne zu sein.
2. Die unterirdischen Schätze sind von irgendeiner Interessengruppe gekapert worden.
3. Die eigentlichen Besitzer, die Indios, haben ihre Schätze umgeschichtet, in ein anderes Versteck gelegt, nachdem durch meine Veröffentlichungen der Fall publik geworden war.

Variante 3 hat einiges für sich und wäre menschlich sehr verständlich. Wie würen wir uns denn verhalten, wenn wir irgendwo etwas Wertvolles verbogen hätten und das Versteck würde plötzlich bekannt?
Der hier geschilderte und belegte Film der Ereignisse macht deutlich, wie schluderig und einseitig »Entlarver« à la Kaufhold werkelten. Nicht *sie* haben herausgefunden, daß ich nicht in den Tayos-Höhlen war, dies konnte man bei mir selbst nachlesen. (WELTPHÄNOMEN, eine Dokumentation des Econ-Verlages, und KREUZVERHÖR.) Die Behauptung, ich sei mit Moricz auch nie in einem Seiteneingang gewesen, ist durch Fotografien in diesem Artikel widerlegt. Bilder übrigens, die den Vorteil haben, am unteren Rand auch noch das Datum des Filmes eingedruckt zu haben: MAR 72 = March 72. Und übrigens: Wieviel Naivität gehört eigentlich dazu, auf einer zwölf Jahre alten Spur zu reiten und anzunehmen, der »Tatort« sei unverändert? (Seit AUSSAAT UND KOSMOS waren zwölf Jahre verstrichen!)
Allerdings gibt es auch unrichtige und zweifelhafte Feststellungen von mir, die ich heute nicht wiederholen würde. Ich schrieb damals von einem »künstlich angelegten Tunnelsystem« und bezog mich dabei auf die (von mir nicht besuchten) Tayos-Höhlen. Obschon das ecuadorianische Magazin VISTAZO in der Dezember-Nummer 1969 immer noch von teilweise künstlichen Bearbeitungen redete und dies durch Bilder belegte, glaube ich den Geologen, die versichern, all dies sei natürlich entstanden. Ferner sprach ich von einem Tunnelnetz, das sich über Hunderte von Kilometern unter dem südamerikanischen Kontinent hinziehe. Diese Information hatte ich von Moricz und nahm sie ihm – leider zu unkritisch – ab. Zweifel sind auch hier berechtigt, obwohl auch andere unabhängig von Moricz, von der Existenz eines derartigen Tunnelnetzes reden. [15]
Und was ist mit dem Gold von Pater Crespi? Hat Kaufhold mich nicht glänzend widerlegt, als er eine von mir bezeichnete Goldplatte mit zwei Fingern hochhob? Gold wäre doch viel zu schwer für diesen spielerischen Akt – oder?
Zum ersten Mal besuchte ich den alten Pater Carlo Crespi gemein-

sam mit Moricz und Pena im März 1972. Im August desselben Jahres war ich dann nochmals einige Tage in Cuenca in der Kirche Maria Auxiliadora, in welcher der Pater seine Schätze hütete, und schoß einige hundert Bilder, von denen ich nur den kleinsten Teil veröffentlichte.

Mir war bekannt, daß der Pater *Direktor des Goldmuseums* von Cuenca gewesen war, er mußte also wissen, was Gold ist und was nicht. (Das Goldmuseum war am 20. Juli 1962 abgebrannt.) Bei meinen beiden Besuchen schleppte der Alte Metallplatten vor die Kamera und sagte zu fast allem: »Oro ... oro ...« (Gold, Gold.) Gewitzt durch frühere, schlechte Erfahrungen hütete er seine Schätze eifersüchtig, offenbar hatten Besucher ihm Kunstwerke geklaut. Er ließ mich kaum an die Objekte heran, und wenn ich vereinzelt Maß nahm, hielt *er* die Platten oder stellte sie an eine Wand.

Gold oder nicht Gold, das war hier die Frage. (Crespi Collektion, Cuenca)

Pater Carlo Crespi präsentiert seine Schätze.

Was hätte ich tun sollen? Dem Pater – immerhin einem ehrwürdigen Geistlichen und Kenner von Gold – sagen: »Sie lügen!« Mir blieb gar nichts anderes übrig, als seine Worte vom »Gold« als bare Münze zu nehmen. Dies um so mehr, als ich die Goldmuseen von

Lima und Bogota kannte und die dort als Gold gezeigten Schaustücke nicht anders aussahen als diejenigen von Pater Crespi.
Elf Jahre später taucht Kaufhold in derselben Kirche auf, der alte Pater war inzwischen verstorben. Seine Nachfolger zeigten dem Touristen – so muß ich annehmen – bereitwillig allen möglichen Plunder aus Crespis Nachlaß, darunter auch von mir als »Gold« bezeichnete Platten. Der wertvollere Teil des Crespi-Schatzes war längst der Staatsbank von Ecuador übereignet worden. Es kann sich dabei kaum um modernes Messingblech gehandelt haben, wie heute behauptet wird, dafür braucht man keinen Banktresor. Ich kann mir auch gut vorstellen, daß verschiedene Objekte mehrfach vorhanden waren: einmal in der teureren und dann in der billigeren Ausführung. Dies sage ich nicht als Schutzbehauptung, man trifft in den Museen der Andenländer tatsächlich indianische Kopien und Nachahmungen irgendwelcher Goldobjekte.
Kaufhold bleibt eine Stunde im Hinterhof der Kirche, hält jedes Wort, das ihm Crespis Nachfolger sagen, für wahr. (Ich nehme ihm dies nicht übel, denn ich selbst hatte ja elf Jahre vorher Crespis Worte auch geglaubt.) Ob die mir unbekannten Crespi-Nachfolger die Wahrheit sprachen, ist eine andere Frage. Sie täten nämlich gut daran, Gold oder vergoldete Arbeiten als wertlos abzutun, weil man sie ihnen sonst von Amtes wegen wegnimmt!
Zum besseren Verständnis eine kleine Nebengeschichte. In Peru gibt es echte und gefälschte »Cabrera-Steine«. Einer der Fälscher, Basilo Uschuya, wohnt 26 Kilometer von Ica entfernt. Er zeigte mir bereitwillig seine Fälschungen *und* die echten Vorlagen, sagte aber in gleichem Atemzug: »Den Archäologen gegenüber bezeichne ich auch die echten Stücke als Fälschungen!«
»Wieso denn das?« wollte ich wissen.
»Weil niemand echte, archäologische Fundstücke besitzen und schon gar nicht mit ihnen Handel treiben darf«, war die verblüffende Antwort.
Vielleicht halten es Crespis Nachfolger gleich.
Jedenfalls konnte ich bei meinen Crespi-Besuchen nicht beurteilen, was Gold war und was nicht. Ich glaubte dem Geistlichen. Trotz-

dem schrieb ich in Aussaat und Kosmos von »... Gold, Silber, Kupfer, Messing...«, und in Meine Welt in Bildern präzisierte ich: »Messing, Kupfer, Blech, Zink, Stein- und Holzarbeiten... und in all diesem Wirrwar echtes Gold, Goldblech, Silber und Silberblech« (S. 149). Bei den abgelichteten Bildern kommentierte ich vorsichtig: »Metallplatte« (S. 152), »Goldblech« (S. 154), »Plastik« (S. 157), »Silber-Zink-Scheibe« (S. 158), »gravierte Silberfolien« (S. 160). Auf Seite 155 schrieb ich: »Eine Analyse der Metalllegierungen, in der sie (die Schriftzeichen) graviert wurden, halte ich neben dieser brennenden Frage für zweitrangig.« Das Buch erschien immerhin 1973! Ein Jahr nach Aussaat und Kosmos.
In seiner »Entlarvung« tut Kaufhold gerade so, als hätte ich stets nur von »Gold und nochmals Gold« gesprochen. Die Dokumentation Meine Welt in Bildern wird wohlweislich verschwiegen.
Kann man denn, wie Kaufhold dies auf die schnelle tat, durch Anheben »mit zwei Fingern« feststellen, ob eine Platte Gold oder kein Gold sei? Man kann nicht.
Dies wußte ich bereits aus einem Brief, den mir Herr Prof. Dr. Gebhardt, damals Direktor des Max-Planck-Institutes für Metallforschung, Stuttgart, am 29. 11. 1972 geschrieben hatte. Dr. Gebhardt befaßte sich jahrelang »... mit den metallurgischen Kenntnissen der Inkas... mit ihren Schmelz- und Legierungsmethoden, ihren raffinierten Gießtechniken und Gold-Beschichtungsverfahren von Kupfer und Messing.« [16] Gebhardt hatte unter anderem Mischlegierungen von 50% Kupfer, 25% Silber und 25% Gold festgestellt. Gewicht (Hochheben) und Farbe sagen dabei über den Goldanteil gar nichts aus. »Auch oberflächliche Säuretests helfen in den wenigsten Fällen weiter.« [16]
In neuerer Zeit befaßte sich Frau Prof. Dr. Heather Lechtman, Leiterin des interdisziplinären Center for Materials Research in Archaeology and Ethnology am Massachusetts Institute of Technology intensiv mit dem Problem des »falschen Inka-Goldes«.
Ich zitiere nachfolgend einige Sätze aus der wissenschaftlichen Arbeit von Frau Prof. Lechtman. Sätze, die klipp und klar belegen,

daß es für Laien ganz einfach unmöglich ist, Inka-Gold von Nicht-Gold zu unterscheiden: [17]

»In unserem Labor analysierten wir kleine Proben von Fundstükken. Dabei stellte sich heraus, daß der Überzug vielfach nur 0,5 bis 2 Mikrometer dünn und selbst in mikroskopischen Aufnahmen bis zu 500facher Vergrößerung kaum wahrzunehmen war.«

»Die Herrscher des Inka-Reiches nutzten Gegenstände, die wie aus purem Gold oder Silber aussahen...«

»...Methoden der Oberflächenveredlung, mit denen die Bewohner Amerikas in vorkolumbianischer Zeit unedlen Metallkörpern das Aussehen von Edelmetallen verliehen...«

»Genau wie beim Erhitzen eines Kupfer-Silber-Bleches reichert sich beim Anlassen eines Kupfer-Gold-Bleches das Edelmetall allmählich an der Oberfläche an, während immer mehr Kupfer durch Oxidation verlorengeht. Schließlich sieht die Oberfläche wie pures Gold aus. Enthält die Legierung jedoch auch Silber, reichern sich beide Edelmetalle an der Oberfläche an, die dann hell-silbrig bis blaßgelb glänzt. Wird aber ein leuchtend goldener Überzug gewünscht, muß das Silber entfernt werden.«

Wohlverstanden, ich behaupte heute nicht, die von Pater Crespi als »Gold« deklarierten Objekte seien tatsächlich Gold. Aber ich habe belegt, daß Kaufhold ohne Kenntnisse der Sachlage ein überflüssiges Entrüstungsgeschrei losließ. Er konnte nämlich so wenig wie ich beurteilen, was nun Gold war und was nicht. Übrigens bezeichnete auch der amerikanische Archäologe Manson Valentine, immerhin Ehrenkurator des Museum of Science von Miami und Forschungsmitglied des Bishop-Museum von Honolulu *dieselben* Crespi-Platten, die ich in AUSSAAT UND KOSMOS ablichtete, als »Gold«. [18] Warum unterstellen die lautstarken Schreier dem honorigen Archäologen nicht, er habe seine Klientel »betrogen«?

Letztlich wird noch behauptet, die Crespi-Schätze seien moderne, *heutige* Fälschungen.

Archäologen sind auch nur Menschen und können sich irren. Sie schauen auch gern mal weg oder urteilen vorlaut, wenn ihnen Kunstobjekte nicht ins Schema passen. Die Crespi-Kollektion paßt hinten und vorn nicht! Sie würde ein liebgewonnenes und in Büchern perpetuiertes Bild der vorkolumbianischen Indios zerstören. Am einfachsten ist es, dem Ärgernis das Etikett: »Fälschung« umzuhängen. Nun mag ja sein, daß einige Stücke der Crespi-Sammlung aus neuerer Zeit stammen, doch für den Großteil der Objekte kann dies nicht zutreffen.

Sie lagen ja bis zum 20. Juli 1962 im Goldmuseum von Cuenca, wurden also als archäologisch echt und wertvoll klassifiziert. Zudem bewies der indische Sanskritgelehrte Prof. Dr. Kanjilal, daß Schriftzeichen auf einer Crespi-Stele *alt-brahmanisch* sind. [19] Vielleicht erklärt man mir demnächst, heutige Indios hätten zuerst mal alt-brahmanisch studiert, bevor sie mit Messingblech und Hammer umgingen.

Ich habe nichts gegen vernünftige Kritik, auch wenn ich dabei Haare lassen muß. Doch habe ich etwas gegen die ewig Beleidigten, Entrüsteten, die nur den kleinsten Teil eines Lebenswerkes nicht begriffen haben müssen, um den Rest des Nicht-Begriffenen zuverlässig zu beurteilen.

Quellen:

1 Escritura vom 21. Juli 1969. (Archiv Nr. 0095)
2 Dokument der Expeditionsteilnehmer vom 23. Juli 1969. (Archiv Nr. 232)
3 EL TELEGRAFO vom 28. September 1969, Guayaquil
4 VISTAZO, Dezember 1969, Guayaquil
5 Brief Erich von Däniken an Herrn Haaf vom STERN vom 17. 9. 1972 (ECON-Dokumentation)
6 Erich von Däniken IM KREUZVERHÖR, S. 113–115 und 131–133
7 Brief Pia Buob an Erich von Däniken vom 22. Oktober 1972 (ECON-Dokumentation)
8 Brief R. A. Pena an Erich von Däniken vom 26. 1. 1973 (ECON-Dokumentation)
9 Brief der NATIONAL LEISURE CORPORATION an Erich von Däniken vom 31. 1. 1973 (ECON-Dokumentation)
10 Brief der MEDIA ASSOCIATES COMPANY an Erich von Däniken vom 5. 3. 73 (ECON-Dokumentation)

11 Zeitungsartikel von Ron Thompson: MYSTERY OF ECUADOR'S SECRET TREASURE vom 17. 6. 1973 (Archiv Nr. 0095)
12 Zeitungsartikel vom 3. 8. 1976 in EL UNIVERSO, Guayaquil
13 Zeitungsartikel vom 6. 8. 1976 in EL UNIVERSO, Guayaquil
14 Zeitungsartikel von Jaime Diaz Marmolejo: MORICZ INSISTE EN QUE BAJO LOS ANDES HAY UN MUNDO SUBTERRANEO (ARCHIV NR. 0095)
15 Brugger, Karl: DIE CHRONIK VON AKAKOR, Düsseldorf 1976
16 Brief von Prof. Dr. Gebhardt an Erich von Däniken vom 29. 11. 1972 (ECON-Dokumentation)
17 Artikel von Frau Prof. Dr. Heather Lechtman in SPEKTRUM DER WISSENSCHAFT, August 1984
18 Berlitz, Charles: GEHEIMNISSE VERSUNKENER WELTEN, Frankfurt 1973
19 Artikel von Prof. Dr. Dileep Kumar Kanjilal in ANCIENT SKIES, Vol. 9, Nr. 3, Juli/August 1982

... und Spekulationen

Eine Botschaft von Alpha Centauri?

Die Große Pyramide von Gizeh und die Sonnenpyramide
von Teotihuacán als Träger kosmolinguistischer Daten

von Dr. Wolfgang Feix

Sind die Große Pyramide von Gizeh und die Sonnenpyramide von Teotihuacán Monumente, die eine kosmische Botschaft tragen? In der vorliegenden Arbeit wird eine Interpretation der Baupläne beider Pyramiden vorgenommen, die als Botschaft verstanden werden kann: Kommunikation in Richtung des Sternsystems Alpha Centauri auf 1,42 Gigahertz. Die Mitteilung ist in drei Bestandteile gegliedert: Rufsignal, Einheitendefinition und Objektkoordinaten. Basiskonstanten der Mathematik (π = 3,1415..), des Wasserstoffs (l_O = 21,11 cm) und unseres Planeten (t_O = 365,2422 Tage/Jahr) dienen als Rufsignal. Größe, Form und Gliederung der Pyramiden können als Träger des Zeichensystems verstanden werden. Dabei fällt die hohe Präzision der Übereinstimmung von architektonischen Baumaßen und ihren theoretischen Abbildern auf.

In der Nachfolge der Feldzüge Napoleons in Nordafrika gewannen die Pyramiden Ägyptens unter französischen und englischen Ingenieuren und Gelehrten ein stürmisches Interesse. Schon bald zeigte sich eine Sonderstellung der Großen Pyramide von Gizeh, die Cheops zugeschrieben wird. Die Entdeckung dieser Besonderheiten [1, 2, 3] veranlaßte zahllose Vermutungen und Entwürfe, die jedoch zumeist einer Nachprüfung der Dimensionen des Monuments und seiner inneren Struktur nicht standhielten. In jüngster Zeit hat eine erneute interessante Diskussion zur Großen Pyramide eingesetzt [4, 5].

Die Große Pyramide ist diejenige, die am sorgfältigsten und präzisesten konstruiert worden ist. Die Blöcke schließen fast fugenlos aneinander, die Verkleidung war tadellos glatt poliert. Die Kalksteinblöcke haben eine Kantenlänge von 1 oder 2 Ägyptischen Ellen (ÄE), dem aus vielen Überlieferungen gegebenen Maßstab von 52,36 cm Länge. Die Präzision der Kantenlängen ist besser als 1 mm.

Die Pyramidenhöhe und der Pyramidenumfang verhalten sich wie $1:2\pi$. π mit dem Wert 3,1415... ist die Zahl, welche die Kreissymmetrie kennzeichnet. Das Verhältnis kann allein durch Abzählen der Pyramidenquader bestimmt werden, da die ursprüngliche Höhe 280 ÄE, die ursprüngliche Basis 440 ÄE betragen hat. Demnach ergibt sich Höhe und Umfang wie 280:1760, woraus sich die Zahl π in der Näherung 22:7 (= 3,1429) ergibt.

Auf die Pyramide bezogen ist die Abweichung dieses Verhältnisses geringer als 0,5 %. Diese Genauigkeit ist zu groß, um bloßer Zufall zu sein.

Insbesondere zur benachbarten Pyramide des Chephren zeigen sich deutliche Kontraste: Die Chephrenpyramide ist weit weniger präzise gearbeitet, die Zahl π spielt hier keine bestimmende Rolle.

Von den Besonderheiten der Großen Pyramide ist die Einprägung der Zahl π die spektakulärste. Hier sollen zwei derzeit diskutierte Deutungsversuche aufgegriffen werden. Sie besagen [6, 7,]:

- Die Ägypter der alten Kultur haben durch Zufall die sehr präzise Näherung 22:7 gefunden und angewandt.
- Die Baumeister haben zwei unterschiedliche Meßverfahren für vertikale und horizontale Strecken gehabt: die Ägyptische Elle mit dem linearen Maßstab von 52,36 cm und die hypothetische Roll-Elle von $\pi \cdot 52{,}36$ cm Länge. Die letztere sei durch Abrollen einer Meßtrommel von 52,36 cm Durchmesser abgetragen worden. Dadurch wäre π ohne bewußte Planung in die handwerkliche Konstruktion eingegangen.

Der erste Deutungsversuch überzeugt nicht, da die ägyptische Numerik nur sehr schwach entwickelt war und Operationen wie

22:7 einen sehr großen Aufwand erforderten. Aus der altägyptischen Praxis ist vielmehr die sehr grobe Näherung $\pi \approx 3$ überliefert. Sie ist als ausreichend angesehen worden.

Der zweite Deutungsversuch soll hier ebenfalls nicht weiterverfolgt werden. Für eine große Zahl von Objekten ist die Skalierung in Einheiten der Ägyptischen Elle sehr wohl bekannt. Doch sind von der Roll-Elle bisher keine weiteren Auswirkungen mitgeteilt worden. Weder sind Abbildungen, die den Gebrauch der Roll-Elle in der Handwerkspraxis zeigen, bekannt, noch wurde das Meßtrommelverfahren bei nachfolgenden Pyramiden, insbesondere der Chephrenpyramide, angewandt. Auch ist nicht ersichtlich, warum zwei verschiedene Meßverfahren im Horizontalen und Vertikalen große Vorteile erbringen sollten. Eine Hypothese, die allein den zu explizierenden Gegenstand beschreibt, darf einer Kritik durch Wechsel der Grundannahmen ausgesetzt werden.

Der Deutungsversuch dieser Arbeit nimmt die Hypothese auf, daß die in der Großen Pyramide eingeprägte Zahl π als demonstratives Signal einer Intelligenz, welche die Fähigkeiten der ägyptischen Hochkultur übertraf, aufgefaßt werden könnte. Damit besteht die Aufgabe, die Reichweite dieser Hypothese zu studieren und ihre Grenzen auszuloten.

Als Instrumente hierfür sollen Basisstrukturen einer schon in Umrissen definierten Kosmolinguistik benutzt werden. In einer Pilotstudie ist das Monument von Stonehenge derart studiert worden [8]. Elemente einer Kosmolinguistik für interstellaren Informationsaustausch sind schon seit langem vorgeschlagen, diskutiert und angewendet worden [9, 10, 11]. Sie basieren auf Prinzipien der Informations- und Kommunikationstheorie und der Nachrichtenübertragung. Dabei haben sich zahlreiche Grundstrukturen, Sende- und Horchprinzipien herausgeformt. Folgende sollen hier Beachtung finden:

1. Der eigentlichen Botschaft wird ein Rufsignal hinzugefügt, um die Künstlichkeit, Intelligenz oder Technizität der Nachricht zu demonstrieren.

Tabelle: Stonehenge-Daten, Megalithische Masse

Objekt	Grösse	Wert
Sarsenkreis	Lichter Durchmesser	$D = 137\ lo$
Zentralachse Altar–Heelstein	Abstand	$L = 365\ lo$
Sarsenkreis	Winkeleinheit	$q_o = 360° / 30 = 12°$
Trilithen	Mittlere Höhe Mittlere Masse	$h = 32\ lo$ $m = 2{,}5$ Blöcke
Avenue	Radiale Länge	$A = 32\ L$
Megalithische Steinsetzungen	Megalithisches Yard (MY)	$li = 4\ lo$

Das Monument von Stonehenge (England)

2. Die Kodierungsgrammatik der Botschaft sollte mathematische Struktur haben; natürliche Zahlen, Dualzahlen und Primzahlstrukturen stehen im Mittelpunkt.
3. Frequenzstrategien für einen Kontakt konzentrieren sich auf das »Wasserloch«, einen Bereich, in dem die Frequenz des Hyperfeinübergangs im Wasserstoff (1,420 GHz entsprechend einer Wellenlänge von 21,106 cm) die prominenteste ist. Die 21 cm-Strahlung ist im Kosmos universell vertreten. Sie definiert eine kosmische Längenskala.
4. Entfernungs- und Richtungsstrategien für eine Kontaktaufnahme sind von größtem Interesse. Sie beeinflussen die Methoden und Medien des Informationsaustausches.
5. Um die Entdeckbarkeit einer Botschaft auch bei partiellen Zerstörungen der Träger zu ermöglichen, ist eine redundante Formulierung der Inhalte angeraten.
6. Als wesentliche Inhalte von Botschaften sind die Adressenangaben von Sender-Empfänger anzusehen, z. B. in Form von Sternkoordinaten. Unter der Annahme, daß sich die Urheber einer vermuteten interstellaren Botschaft von ähnlichen Prinzipien leiten ließen, sollen nun die Monumente betrachtet werden. Insbesondere können die Längen der Objekte in Einheiten von $l_0 = 21{,}106$ cm angegeben werden.

Dieser ausgezeichnete Maßstab kann dazu dienen, Zahlen auf der Längenachse zu speichern. Eine einfache Art der Speicherung ist es, diejenigen Vielfachen von l_0, die der gewählten Zahl entsprechen, im Monument zu markieren, z. B. durch die Wahl von Längen und Höhen des Bauwerks.

Um Entfernungen und Richtungen mitteilen zu können, sind zwei Angaben erforderlich: Einerseits muß die Einheit der Größen festgelegt werden, andererseits ist der Zahlenwert der Größen in den so definierten Einheiten bekanntzugeben. In dieser Arbeit wird folgender Ansatz vorgeschlagen:
Die Zahl $t_0 = 365{,}2422$ (Verhältnis der terrestrischen Umlaufdauer der Erde um die Sonne zur Dauer der Eigenrotation des Planeten)

sei das numerisch-symbolische Abbild der Einheit »1 Jahr« und »1 Lichtjahr«. Um diese Einheit auf der Längenachse zu speichern und darzustellen, bietet es sich an, das 365,2422fache der Längeneinheit $l_0 = 21{,}106$ cm zu markieren. Dies führt auf die Symbollänge $L_0 = l_0 \cdot t_0 = 77{,}09$ m.

Charakteristische Relativzahlen des Monuments können als Vielfache der festgelegten Einheiten dienen und legen somit die Endwerte von Entfernungen etc. fest.

Aufgrund dieses Annahmesystems ergeben sich folgende Interpretationen zur Großen Pyramide von Gizeh:

- 2π beschreibt das Verhältnis von Pyramidenumfang zu Pyramidenhöhe und stellt das Rufsignal dar.
- $3\,L_0 = 231{,}26$ m ist mit der Basislänge a der Cheopspyramide in Idealform identisch. Sie ist die symbolische Darstellung der Längeneinheit »3 Lichtjahre (3 ly)«.
- Die Basis der Großen Pyramide von Gizeh trägt demnach ein doppeltes symbolisches Abbild sowohl für die Relativzahl $\pi/2$ als auch für die Einheit 3 ly.

Damit sind die geometrischen Freiheitsgrade der äußeren Form erschöpft, weitere Informationseinheiten lassen sich in ihr nicht

Tabelle 2: Stonehenge und die Grosse Pyramide als Datenträger

	Stonehenge	Grosse Pyramide
Dominantes Rufsignal	137.036 21.11 cm 365.24 Tage/Jahr	3.14159 (22/7) 21.11 cm 365.24 Tage/Jahr
Einheit der Längenkoordinaten	$L_0 = 1$ ly	$3\,L_0 = 3$ ly
Einheit für Winkelkoordinaten	12°	–
Multiplizitäten	5 und 2^5	$\pi/2$ und 2, 3, 4, ...
Angesprochene Objekte	Beta Virginis	Alpha Centauri AB Sirius AB

speichern. Zur Stützung der Interpretation soll nun die Basislänge der Pyramide im Detail untersucht werden. Die Ergebnisse sind in Tabelle 1 auf Seite 199 zusammengefaßt.

Höhe und Basislänge der ursprünglichen Pyramide können nur in Rekonstruktion erschlossen werden, da die Außenschicht von Verkleidungsquadern fast vollständig abgetragen worden ist. Wegen der präzisen Bauweise der Pyramide, der exakten Herstellung der Kalkquader und der noch vorhandenen Spuren der abgetragenen Quader läßt sich die ursprüngliche Masse mit großer Genauigkeit angeben: Basislänge 230,38 m und Höhe 146,60 m.

Durch die stufenförmige Quaderstruktur auch der Verkleidung weicht die Große Pyramide minimal von der idealen Geometrie einer Pyramide ab. Wird die Idealform auch über die letzte Stufe hinaus extrapoliert, so ergibt sich eine leicht vergrößerte Basislänge von 231,20 m und eine Höhe von 146,94 m.

Die Basislänge des Idealkörpers ist auf 6 cm Genauigkeit gleich der theoretischen Symbollänge $3 L_0 = 231,26$ m. An dieser Stelle sei bemerkt, daß die Relativzahl 3 in das Gutdünken der Urheber gestellt ist; die Möglichkeit zu entdecken, daß Lo das 365,2422-fache von 21,106 cm ist, wird durch die Vervielfachung um eine natürliche Zahl nicht gefährdet.

Zur Konstruktion einer Entfernungsangabe liegt es nahe, die Rufzahl $\pi/2$ auch als Relativzahl einer Distanz in Einheit von 3 ly anzusehen. Durch Multiplikation der Relativzahl mit der Längeneinheit ergibt sich die Distanz 4,712 ly.

Es sei bemerkt, daß zur Identifizierung von Objekten in unserer Nachbarschaft allein Entfernungsangaben ausreichen. Durch die geringe Zahl von Nachbarsternen erübrigen sich weitere Koordinaten (siehe Abb. Seite 195).

Die Entfernung 4,712 ly weist auf das Dreifachsystem Alpha Centauri, bestehend aus den A und B genannten Komponenten und Proxima hin. Es ist unser Nachbarsystem und hat von der Sonne die Entfernung 4,34 ly (Komponenten A und B) und 4,27 ly (Proxima) [12].

Bezieht man die Relativbewegung von $-24,4$ km/s zur Sonne ein, so hatte das System AB 2600 v. Chr., zur geschätzten Zeit des Pyramidenbaus, eine Entfernung von 4,712 ly.

Die Einprägung der Skala 21,11 cm in die Maße des Monuments läßt sich über den Rufcharakter hinaus als Vorschlag für die Frequenz 1,42 GHz bei interstellarer Kommunikation deuten.

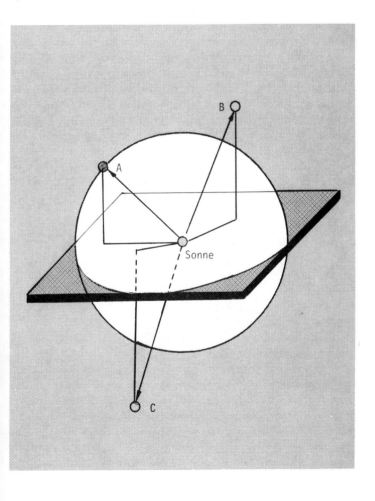

Im zweiten Teil der Erörterungen steht ein weiterer gewaltiger Monumentalbau im Mittelpunkt, dem es nicht an einer ganzen Reihe von Berührungen zu den kolossalen Bauwerken am Nil fehlt: die Sonnenpyramide von Teotihuacán (siehe Abb. unten). Die rätselhafte Stadt Teotihuacán hat bisher nur wenig Aufschlüsse zur Rekonstruktion ihrer Kultur, ihrer Historie und ihres Wachstums gegeben.

Ansätze, Teotihuacán als Informationsspeicher, Signalgeber und »kosmische Universität« anzusehen, hat es schon sehr zahlreich gegeben. Das Buch von P. Tompkins gibt darüber vorzügliche Auskünfte [13]. Der Vorschlag dieser Arbeit unterscheidet sich von den bisherigen Versuchen. Es wird allein das herausragendste Objekt, die Sonnenpyramide, betrachtet. Es hat sich im Fall der Großen Pyramide von Gizeh und des Nachbarmonuments, der Chefren-Pyramide, gezeigt, daß Nachbarschaft eben nicht gleiche

Urheberschaft impliziert; es zeigten sich vielmehr Abgrenzungen, Brüche und Unterschiede. Daher wird hier davon ausgegangen, daß eine Botschaft so konzentriert entworfen werden kann, daß ein Träger allein ausreichend ist.
Die Sonnenpyramide von Teotihuacán – und mit ihr zahlreiche Pyramiden im mexikanischen Stil – unterscheidet sich von der altägyptischen Idealform zu allererst durch die terrassenförmige Gliederung, die in einem Plateau endet. Es fällt auf, daß die vierte Stufe sehr speziell konstruiert worden ist; sie ist in der Höhe stark reduziert und besitzt ein besonderes Profil. Vor Jahrzehnten wurden Vorwürfe erhoben, daß bei den Freilegungsarbeiten hier Verfälschungen vorgenommen worden seien; diese Vorwürfe konnten jedoch nicht aufrechterhalten werden [13].
An dieser Stelle soll die Auszeichnung der vierten Stufe bewußt aufgegriffen und als Signal gedeutet werden. Hierzu wird folgende

Die Sonnenpyramide von Teotihuacan, Mexico.

Sichtweise vorgeschlagen. Die Terrassenstufen lassen sich in einfacher Weise durchnumerieren und damit auf die natürlichen Zahlen abbilden. Da jedoch die Höhe der vierten Stufe augenfällig verkürzt ist, bietet es sich an, über die Stufennummern hinaus auch Zwischenwerte einzuführen und damit auf eine Wertigkeitsskala überzugehen. Die naheliegende Möglichkeit ist, sowohl ganzzahlige als auch halbzahlige Werte zuzulassen; damit sind die Zahlensprünge immer noch digital und symmetrisch. Der Übergang von der dritten zur vierten Stufe (und umgekehrt) wird also durch einen Sprung von ½ in der Wertigkeit abgebildet. Dabei ist es unerheblich, ob die vierte Stufe architektonisch auch gerade den halben Höhenwert der übrigen Stufen aufweist. – Folgende Abb. linke Hälfte zeigt schematisch die hier vorgestellte Zählweise.

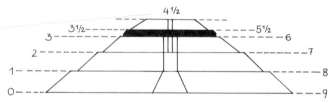

SCHEMATISCHE DARSTELLUNG DER TERRASSENSTUFEN UND DER ZUGEORDNETEN WERTIGKEITEN. DIE AUSGEZEICHNETE VIERTE STUFE IST HERVORGEHOBEN.

Darüber hinaus ist ein Betrachter des Monuments sicher nicht überfordert, das geschilderte Abzählen über das obere Plateau hinaus fortzusetzen und die Zahlenreihe beim gedachten Abstieg von der Pyramide zu verlängern: Abb. rechte Hälfte.
Auf diese Weise werden der vierten Terrassenstufe zwei Wertigkeiten zugeordnet: 3½ und 5½. Durch die Besonderheit der vierten Stufe haben diese Zahlen ebenfalls Signalcharakter. Ihr Quotient stellt mit hoher Präzision im Promillebereich die Hälfte der Symmetriekonstanten des Kreises $\pi = 3{,}14159\ldots$ dar:

$$5\tfrac{1}{2} : 3\tfrac{1}{2} \cong \pi/2$$

Damit ist die Zahl π in analoger Weise wie bei der Großen Pyramide von Gizeh (dort gilt die Näherung 440:280 · ≅ π/2) präsentiert. In beiden Fällen wird das präzise Rufsignal allein durch Abzählen von Quaderschichten oder Terrassenstufen konstruiert. Es scheint also, als ob die seltene Möglichkeit, ein komplexes intelligentes Zeichen π in elementaren digitalen Darstellungen festhalten zu können, zweifach genutzt worden ist.

Im folgenden Teil der Untersuchung werden die Dimensionen der Sonnenpyramide betrachtet. Schon seit langem [13, 14] ist bemerkt worden, daß die Basislängen der Sonnenpyramide und der Großen Pyramide von Gizeh einander erstaunlich nahe kommen. Die Sonnenpyramide hat auf der Frontseite eine Länge von 221 m [15, 16,

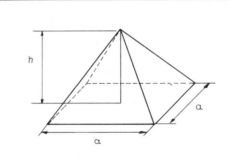

Werte von Konstanten

Wasserstoffwellenlänge	lo = 21,106 cm
Ägyptische Elle	ÄE = 52,36 cm
Zeitkonstante	to = 365,2422

Tabelle 1: Daten zur Grossen Pyramide

* Korrektur π/2 ÄE

Basislänge a der Pyramide

Heutige Basislänge	a = 227,24 m = 434 ÄE
Rekonstruierte Basislänge	a = 230,38 m = 440 ÄE
Ideale Basislänge*	a = 231,20 m
Theoretische Basislänge	a = 231,26 m

Höhe h der Pyramide

Heutige Höhe	h = 137,18 m = 262 ÄE
Rekonstruierte Höhe	h = 146,16 m = 280 ÄE
Ideale Höhe*	h = 146,94 m
Theoretische Höhe	h = 147,17 m

17, 18], die Große Pyramide besitzt 231 m Basislänge. Diese Übereinstimmung soll hier weiter präzisiert werden.

R. Millon hat 1967/1970 ausführliche kartographische Untersuchungen zu Teotihuacán veröffentlicht [15, 16], die hier herangezogen werden. Die Präzision seiner Angaben dürfte bei 1% liegen, so daß sich obige Basislänge in Nord-Süd-Richtung mit einem Fehler von 2 m ergibt: $B_O = (221 \pm 2)$. In Ost-West-Richtung hat die Pyramide eine um 3 m vergrößerte Basis, da die zweite Terrassenstufe aus unbekannten Gründen um diesen Wert vergrößert worden ist. Diese Arbeit stützt sich allein auf die Länge der Frontseite, die durch die zentrale Treppe und durch die Symmetrie des Körpers ausgezeichnet ist.

Weiterhin ist hier das obere Plateau von Interesse. Es hat eine Seitenlänge von $l = 42$ m und liegt $h = 63$ m über dem Boden. Schließlich soll die gedachte Tangentengerade, die die äußeren Kanten der Terrassenstufen in Nord-Süd-Richtung berührt, betrachtet werden. Sie hat einen Steigungswinkel von $\alpha = 33°$ bis $34°$ [14, 19].

Diese Daten sollen in folgender Version betrachtet werden:

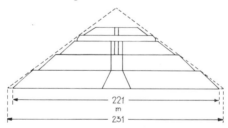

BASISLÄNGEN DER TERRASSENPYRAMIDE UND DER ANGEPASSTEN IDEALPYRAMIDE AUF DER FRONTSEITE. DER STEIGUNGSWINKEL BETRÄGT $33{,}7°$

1. Der reale Terrassenkörper hat eine Basis von $B_0 = 221$ m.
2. Der ideale Pyramidenkörper hat eine Basis von $L_0 = 231$ m. Diese Größe wird durch Projektion entlang der oben angesprochenen, die Terrassenkanten berührenden Tangentengeraden über die letzte Stufe hinaus auf den Erdboden berechnet (siehe Abb.).

3. Der Steigungswinkel des Idealkörpers ist sehr nahe beim charakteristischen Winkel 33,7°, der die Steigung in einem Dreieck mit Seitenverhältnis 3:2 beschreibt. Das Verhältnis 3:2 ist demnach kennzeichnend für die Maße des Idealkörpers.

Es fällt auf, daß die Terrassenpyramide zwar explizit eine Basis von 221 m hat, die wichtige Basisgröße von 231 m jedoch auch implizit durch die Projektion markiert ist. Damit ist der Fall der Cheopspyramide wiederum in Erinnerung gerufen, bei der die Länge von 231,26 m exakt die Längeneinheit »3 Lichtjahre« repräsentiert, wenn man die Symbolzahl 365,2422 für ein Jahr in Einheiten von 21,11 cm abträgt.

Wird hier $B_0 = 221$ m in entsprechender Weise umgerechnet, so

Tabelle 1: Längeneinheiten und Relativzahlen für die Sonnenpyramide

	Realer Terrassenkörper	Idealer Pyramidenkörper
Basislänge	221 m	231 m
Symbollänge	2.87 Lj	3.00 Lj
Relativzahl	5 1/2 : 3 1/2	3 : 2
Koordinatenlänge	4.50 Lj	4.50 Lj

Tabelle 2: Gespeicherte Daten in Teotihuacan und Gizeh

	Sonnenpyramide	Grosse Pyramide
Rufsignal $\pi/2$	5 1/2 : 3 1/2	440 : 280
Längeneinheit	3 Lichtjahre	3 Lichtjahre
Längenkoordinate	4,500 Lj	4,714 Lj
theoretischer Bauzeitpunkt	~ 10 n.Chr	~ 2640 v.Chr.
Angesprochenes Objekt	Alpha Centauri	Alpha Centauri

Tabelle 2 zeigt die Übereinstimmung und die gegenseitigen Bezüge der Dateninhalte von Teotihuacan und Gizeh. Dabei fällt die Kontinuität der Aussage auf, welche die Vermutung auf eine gemeinsame Urheberschaft nahelegt.

stellt B_0 das Symbol für eine etwas kürzere Einheit dar, nämlich 2,87 Lichtjahre. Die Tabellen auf Seite 201 geben eine Übersicht über die Einheiten und Relativzahlen für die Sonnenpyramide. Wird nun sowohl für den Terrassenkörper als auch für die Idealpyramide das mathematische Produkt aus Relativzahl und Symbollänge gebildet, so ergibt sich in beiden Fällen eine Distanz von 4,50 Lichtjahren. Dies wird hier als Botschaft angesehen.

Das Verfahren hat sehr starke Bezüge zum Vorgehen in Gizeh. Dort ergibt sich die Botschaft ebenfalls aus einem Produkt, dem der Relativzahl $\pi/2$ und der Symboleinheit 3 Lichtjahre. Geht man nun von jener Botschaft auf eine neue Mitteilung über, so kann es zwei Möglichkeiten geben:

a) die Relativzahl $\pi/2$ wird beibehalten, und die Symboleinheit wird modifiziert,

b) die Relativzahl wird geändert, und die Symboleinheit 3 Lichtjahre wird beibehalten.

Beide Möglichkeiten scheinen in der Sonnenpyramide genutzt worden zu sein, Fall a im realen Terrassenkörper, Fall b in der projizierten idealen Pyramide.

Schließlich sei auf eine letzte mögliche Querverbindung hingewiesen. Sie betrifft die Höhen der Terrassen- und der Idealpyramide. Die oberste Stufe der Sonnenpyramide hat eine Wertigkeit von 4½ (siehe Abb. Seite 198). Die Spitze der gedachten Idealpyramide hat eine Höhe von 77 m, entsprechend einer Symbollänge von 1 Lichtjahr. Das Produkt ergibt auch diesmal 4,50 Lichtjahre.

Die Entfernungsangabe 4,50 Lichtjahre weist erneut auf das Nachbarsystem der Sonne, Alpha Centauri, hin. Die bekannte Relativgeschwindigkeit kann genutzt werden, um den Zeitpunkt der Entfernungskodierung aus den heutigen Daten zurückzurechnen. Für die Sonnenpyramide ergibt sich ein Zeitpunkt von 10 n. Chr. Er befindet sich in Übereinstimmung zum historischen Wissen über Teotihuacán. Es wird angenommen, daß die Gesellschaft von Teotihuacán etwa 100 v. Chr. aus einer Frühzeit in eine Hochkulturepoche überging und daß es in dieser Phase zu den Monumentalbauten gekommen ist [13, 14, 15, 16, 20].

Die Genauigkeit des theoretischen Zeitpunkts hängt von der Präzision der Geschwindigkeitsangabe ab und dürfte bei 50 Jahren liegen. Die Frage nach der Urheberschaft einer intelligenten Botschaft mit technischen Inhalten führt unmittelbar zum Problem der Suche nach extraterrestrischen technischen Intelligenzen (SETI). Die Möglichkeit, daß technisches Spezialwissen durch altägyptische oder uramerikanische Gelehrte generiert worden ist, soll hier nicht weiter verfolgt werden, da man davon ausgehen kann, daß Relikte einer technischen Infrastruktur in der Frühzeit – z. B. Bergwerke, Industrieanlagen –, die man als Voraussetzung eines solchen Wissens ansehen dürfte, nicht zu finden sind [22]. Andererseits ist das hier angesprochene Objekt Alpha Centauri kein klassischer SETI-Kandidat, da es sich um ein Mehrfachsystem handelt [23–29]. Doch hat sich in der Vergangenheit C. Sagan vehement dafür eingesetzt, die Kriterien für die Auswahl von SETI-Objekten neu zu überdenken [10]. In der Tat hat S. H. Dole 1970 darauf hingewiesen, daß Alpha Centauri bewohnbare Planeten besitzen dürfte [21]. Darüber hinaus hätte Alpha Centauri für technische Intelligenzen mit Herkunft aus anderen Systemen eine besondere Bedeutung: im Falle einer gesättigten, doch für uns verborgenen Kolonisierung der Galaxis könnte Alpha Centauri eine Signalstation möglichst nahe zum Sonnensystem tragen; im Falle eines direkten Besuchs aus Bereichen des Alls über weiten Teilen der südlichen Hemisphäre wäre Alpha Centauri die letzte Station vor der Ankunft im Sonnensystem.

Quellen:

1 K. Michalowski: Ägypten, Kunst und Kultur, Herder (1976)
2 K. Lange: Ägypten, Hirmer (1985)
3 Encyclopaedia Universalis, Paris (1980)
4 E. v. Däniken: Ancient Skies, Nr. 3, (1987), S. 3 ff
5 E. v. Däniken: Wir alle sind Kinder der Götter, Bertelsmann (1987)

6 K. Mendelssohn: Physik in unserer Zeit, Nr. 2 (1972)
7 K. Mendelssohn: Das Rätsel der Pyramiden, Lübbe, Bergisch Gladbach
8 W. Feix: Ancient Skies, Nr. 4, (1987), S. 8 ff
9 Breuer, R.: Kontakt mit den Sternen, Frankfurt 1981
10 Sagan, C.: The Cosmic Connection, New York 1975
11 Hoyle, F., Wickramasinghe, C.: Die Lebenswolke, Frankfurt 1979
12 dtv Atlas zur Astronomie, München (1972)
13 P. Tompkins, Die Wiege der Sonne, Knaur-Taschenbuch 3620 (o. J.)
14 K. Mendelssohn, Das Rätsel der Pyramiden, G. Lübbe Verlag (o. J.)
15 R. Millon, Sci. Amer. 216 (1967) 38
16 R. Millon, Science 170 (1970) 1077
17 Enciclopedia de México, Mexico City (1971)
18 La Grande Encyclopedie, Larousse, Paris (1975)
19 G. S. Stuart, M. Godfrey, L. S. Glanzman, The Mighty Aztecs, Washington (1981)
20 E. v. Däniken, Der Tag, an dem die Götter kamen, Goldmann (1986)
21 S. H. Dole, Habitable Planets for Man, Elsevier, New York (1970); zitiert nach Ref. 11
22 H. H. Beyer, Kronzeuge Ezechiel, München (1985)
23 D. R. Soderblom, Icarus 67 (1986) 184
24 B. Zuckerman, Sterne 60 (1984) 214
25 N. S. Kardashev, Nature 278 (1979) 28
26 B. Murray et al., Science 199 (1978) 485
27 M. W. Saunders, Journal of British Interplanetary Society, 34 (1981) 239 und 30 (1977) 349
28 G. L. Verschuur, Icarus 19 (1973) 329
29 F. Valdes, R. A. Freitas, Icarus 65 (1986) 152

Die Externsteine –
ein geometrisches Zentrum

von Michael Hesemann

Eine ganze Reihe von Buchneuerscheinungen der letzten Jahre befaßt sich mit alten Kultstätten und ihrer Anordnung auf »geraden Linien«, die nicht selten eine astronomische oder geophysikalische Bedeutung haben. Dabei stammt der Großteil der Autoren aus England, wo die Erforschung der »heiligen Geographie« und der »Ley-Linien« (benannt nach einer geraden Linie von Ortschaften, deren Namen stets mit der Silbe «-ley« endete) bereits eine lange Tradition hat. Hier war es zuerst William Henry Black, ein angesehenes Mitglied der Britischen Archäologischen Gesellschaft, der 1870 die interessante Theorie der »Großen Geometrischen Linien« entwickelte, die sich durch Länder und Kontinente zögen und auf denen die alten heiligen Stätten angeordnet seien.[5]

Im ersten Jahrzehnt dieses Jahrhunderts untersuchte der britische Astrophysiker Sir Norman Lockyer dann einige Gerüchte und Legenden um die geheimnisvolle megalithische Anlage von Stonehenge in Südengland. Dort sollte, so hieß es, die Sonne regelmäßig zur Sommersonnenwende vom Steinkreis aus gesehen exakt über dem »Fersenstein«, einem Monolithen im Zentrum der »Avenue«, die zur Anlage führt, aufgehen. Lockyer konnte sich von der Richtigkeit dieser Behauptung überzeugen und sie fotografisch dokumentieren. Als er die Anlage von Stonehenge vermaß, erklärte ihm der Direktor der lokalen Landvermessungsbehörde, Col. Johnston, daß drei weitere bekannte prähistorische Stätten in einer Linie mit dem Steinkreis standen: Castle Ditches, Groverly Castle und

Sidbury Hill. Diese Linie wies exakt in Richtung des Sonnenaufganges zur Sommersonnenwende – und die Plazierung der Stätten in einer Entfernung von 33,4 Kilometern war so genau, daß sich lokale Landvermesser danach ausrichten konnten.

Das Erscheinen von Lockyers Buch »Stonehenge« (1909) regte die Untersuchung anderer Steinsetzungen in anderen Teilen des Landes an. Es wurden Arbeiten über die Steinreihen von Irland, Schottland und England veröffentlicht, und schließlich interessierten sich auch deutsche Astronomen für die Beziehung zwischen den alten Steinen und den Sternen. Während des 1. Weltkrieges schrieb ein deutscher Landvermessungsingenieur namens Albrecht über Lockyers Forschungen in der Zeitschrift »Das Weltall«. Albrecht fiel im Krieg, aber seine Idee wurde von Pater Johannes Leugering aufgenommen. 1920 wandte Leugering Albrechts Interpretation von Lockyers Entdeckungen auf seine eigene Heimat Westfalen an. Er fand heraus, daß eine gewisse Anordnung alter Stätten auch hier bestand und daß sie in einem bestimmten, festen Abstand voneinander angelegt waren.[5]

Im selben Zeitraum, zwischen 1920 und 1935, beschäftigte sich Wilhelm Teudt, ein sonderbarer nationaler Chauvinist, mit den germanischen Heiligtümern seiner westfälischen Heimat. Im Zentrum des Teutoburger Waldes, dort, wo der germanische Heerführer Arminius die römischen Truppen geschlagen haben soll und acht Jahrhunderte später Karl der Große das sächsische Nationalheiligtum, die Weltsäule »Irminsul«, zerstörte, liegen die geheimnisvollen Externsteine. Diese rund 30 Meter hohen, verwitterten Felstürme mit ihren in den Fels geschlagenen Gängen und Höhlenkapellen, sind ein Pilgerziel seit undenklichen Zeiten, und noch heute ziehen sie jährlich bis zu 500 000 Besucher an. Eine dieser Felskapellen, das »Sacellum« auf der Spitze des höchsten Felsens, weist als Besonderheit ein kreisrundes Fenster auf, das in nordöstliche Richtung zeigt. Schon 1823 hatte der Heimatforscher von Benningsen festgestellt, daß man durch dieses Fenster, wenn man es von der Mitte einer gegenüberliegenden Nische aus betrachtet, den Mond in seiner nördlichsten Position (zur Wintersonnenwende) sieht. Teudt bemerkte, daß ein Gnomon oder Zeiger, der in die rechteckige Einkerbung auf dem Altar unter dem Sacellum-Fenster gesteckt wurde, exakt den Stand der aufgehenden Sonne bei der Sommersonnenwende bestimmt. Daraus zog Teudt den Schluß, daß die Externsteine ein Heiligtum des germanischen Sonnenkultes seien und nicht – wie andere Heimatforscher vermuteten – ein christliches Heiligtum, der Sitz von Klausnern. Tatsächlich erbrachten die Ausgrabungen von 1934/35 eine Bestätigung der Teudtschen Deutung: Eine Schicht mit Abraumschutt, Spuren also einer Ausarbeitung der Felsen, fand man unter einer eindeutig von Menschenhand aufgetragenen Lehmschicht und der ersten »Kulturschicht« mit vorgeschichtlichen Scherben aus dem 4.–8. Jahrhundert. Wie Grabungsleiter Prof. Dr. Julius Andree von der Universität Münster 1936 in seinem Grabungsbericht erklärte, beweist dies, daß die Höhlenkammern lange vor der »ältesten Scherbe«, also in germanischer oder keltischer Zeit, angelegt wurden [1]. Wenn heutige Heimatforscher dies erneut in Frage stellen, dann hat das wohl mehr mit Vergangenheitsbewältigung zu tun. Im Dritten Reich mißbrauchte die oberste SS-Führung nämlich die Externsteine als »Weihestätte«.

Wie Teudt richtig bemerkte, weist schon der Name der Steine – in ihrer ersten urkundlichen Erwähnung 1366/67 noch »Eggesternensteine« genannt – auf ihre Funktion als Sternenheiligtum hin, und eine Reihe von Forschern führt vernünftige Argumente dafür an, daß hier auch die »Weltsäule« Irminsul, die axis mundi der Sachsen, gestanden haben könnte. Tatsächlich befindet sich eine ganze Reihe germanischer Kultstätten rund um die Externsteine, deren astronomischen Bezug wir bestätigen konnten, so daß Teudts Behauptung, »der Sonnenkult war nur ein kleiner Teil eines astronomischen Kultes, der zentralisiert war und der auf tiefgehenden wissenschaftlichen Grundlagen beruhte«, unseren Eindruck ziemlich klar wiedergibt. [6]

Wie aus alten Überlieferungen hervorgeht, waren die Externsteine das Zentralheiligtum der germanischen Stämme. Der Teutoburger Wald, der seinen Namen erst im 18. Jahrhundert erhielt, trug zuvor den Namen »Osninghain«, »Hain der Götter (Asen)«. In einer Kaufurkunde des Klosters Abdinghof aus dem Jahre 1093 wird das Gebiet um die Steine das »Idafeld« genannt, und »Idafeld« heißt in der Edda das Gebiet um die Götterburg Asgard. Dabei lagen sie im Grenzgebiet von neun germanischen Stämmen, und Flurnamen wie »Bente« und »in den Bangern« deuten darauf hin, daß hier eine Tabuzone, ein Banngebiet, existierte.

Nun entdeckte Teudt in den zwanziger Jahren eher zufällig, daß die

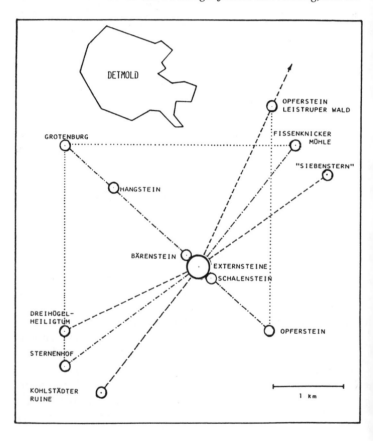

Sonne am 21. Juni, dem Tag der Sommersonnenwende, vom »Sacellum« der Externsteine aus betrachtet über einem turmförmigen Bauwerk aufging, das am Horizont die bewaldeten Höhen oberhalb des Nachbarortes Bad Meinberg überragte: die Fissenknicker Windmühle, wie er später herausfand. Ein Zufall klang zumindest unwahrscheinlich, und es liegt nahe, hier eine gezielte Markierung wie den »Fersenstein« von Stonehenge zu vermuten. Die Mühle selbst wurde zwar erst im 18. Jahrhundert erbaut, doch fand Teudt heraus, daß hier schon vorher ein Turm gestanden hatte. Ein bronzezeitlicher Grabhügel, den wir auf dem Feld hinter der Mühle entdeckten, zeugt davon, daß hier schon vor 3500 Jahren ein »heiliger Ort« lag. Rückwärts verlängert trifft die Linie *Externsteine – Fissenknicker Mühle* auf die *Kohlstädter Ruine*, ein rätselhaftes Bauwerk, das im Volksmund »Heidenkirche« genannt wird. Während die Archäologie lange spekulierte, es könnte eine »Wohnburg« aus dem 10. Jahrhundert gewesen sein, wies ein eisenzeitlicher Axtfund auf eine frühere Erbauung hin. Die Mauern sind bis zu 2 Meter dick und 10 Meter hoch, der innere, jetzt mit Schutt angefüllte Raum hat nur etwa 25 Quadratmeter Fläche. Fenster oder Türöffnungen finden sich erst in 5 Metern Höhe, und man wird unwillkürlich an den Turm der Jungfrau Maleen im Grimmschen Märchen oder an Tacitus' Hinweis auf den Turm der germanischen Seherin Veleda »an der Lippe« erinnert. Neben dieser von Teudt entdeckten »heiligen Linie« *Kohlstädter Ruine – Externsteine – Fissenknicker Mühle* gibt es noch eine zweite, die von den Externsteinen aus die Richtung des Sonnenunterganges in der Nacht vor der Sonnenwende – angezeigt durch das zweite Fenster im Sacellum – und in der anderen Richtung den Sonnenaufgang zur Wintersonnenwende (21. Dez.) anzeigt. Sie beginnt im Südosten mit einem *Opferstein*, führt über einen *Grabhügel* auf dem Knickenhagen zum *Schalenstein* oberhalb der Externsteine, den wir als bemerkenswerten Mondkalender identifizieren konnten, über die *Externsteine* bis

Von den Externsteinen aus berühren mehrere heilige Linien vorgeschichtliche Kultorte.

zu jenem heute überwucherten *Steinkreis* auf dem Bärenstein, über den *Hangstein* bis hin zur *Grotenburg*, in deren Zentrum heute das Hermannsdenkmal steht. Diese Grotenburg (»Große Burg«) war zusammen mit dem benachbarten »kleinen Hünenring« und dem »Altarstein« nicht etwa, wie allgemein angenommen, eine »germanische Volksburg« aus der Zeit des Kampfes gegen die vorrückenden römischen Truppen. Viel wahrscheinlicher ist, daß es sich hier – wie bei allen germanischen »Wallburgen« – um ein Heiligtum handelte. Die »Wälle«, deren Höhe oft nur zwischen 40 cm und einem Meter lag, dienten dabei eher der Abgrenzung und dem »Schutz vor Dämonen«. Tatsächlich sind sämtliche megalithischen Anlagen in England einschließlich Stonehenge und Avebury von ähnlichen »Wallburgen« umgeben. [4]

Exakt im Osten der *Grotenburg* liegt die *Fissenknicker Mühle*, exakt im Süden – auf einer weiteren »heiligen Linie« – das *»Dreihügelheiligtum«* nördlich von Österholz, eine Gruppe bronzezeitlicher *Grabhügel* und schließlich der *Sternhof,* das *»Haus Gierke«* in Österholz. Schon der Name des Ortes weist auf ein Heiligtum der germanischen Frühlingsgöttin Ostera (von der das Osterfest seinen Namen hat) hin. Für Teudt war der »Sternenhof« eine alte Priesterschule, wie sie Caesar in seinem »Gallischen Krieg« beschreibt. Dabei fand er heraus, daß die merkwürdige sechseckige Umwallung des Gutshofes eine astronomische Bedeutung hat. Während zwei der Umgebungsmauern nach dem nördlichen und südlichen Mondextrem ausgerichtet waren, zeigten die übrigen vier Wälle wichtige Positionen von Fixsternen an: Den Aufgangspunkt von Castor und Pollux, den Untergangspunkt von Sirius, Kapella und dem Delta im Orion, sämtliche in ihrer Position im Jahre 1850 v. Chr., wie die Professoren Neugebauer und Riem vom astronomischen Recheninstitut der Universität Berlin 1926 bestätigten. Da gerade diese vier Fixsterne resp. Sternbilder in der germanischen Mythologie eine besondere Rolle spielen und die Hügelgräber von einer Besiedlung vor rund 4000 Jahren zeugen, erscheint Teudts Theorie akzeptabel, auch wenn Ausgrabungen keinen Beweis für das hohe Alter der Umwallung erbrachten. Funde römischer Terra Sigillata, aber auch bronzezeitlicher Scherben und einer Anzahl Feuerstein-Werkzeuge auf dem Gelände des »Sternenhofes« lassen zumindest auf die frühe Besiedlung der Anlage schließen. [6]

Eine letzte »heilige Linie« führt von den *Externsteinen* in Richtung des nördlichen Mondextrems in den *Leistruper Wald*, zum »Opferstein«. Verlängert man diese Linie, so führt sie 24 Kilometer (!) weiter exakt zur *Uffeburg* in der Gemeinde Extertal, 6 Kilometer weiter schließlich zur *Hünenburg* an der Weser. Beides waren »Wallburgen« aus germanischer Zeit. Weiter liegt der Leistruper *Opferstein* exakt nördlich des *Opfersteines* bei Leopoldstal, der uns schon wegen seiner Position auf der Wintersonnenwendlinie der Externsteine aufgefallen ist.

Ebenfalls im Leistruper Wald finden sich Steinreihen und Steinkreise in sinnvoller Anordnung. So konnten wir eine Reihe von zwölf Steinen und drei »Medizinräder« mit neun, sechs und drei Steinen nebeneinander feststellen. Teudt entdeckte hier zudem eine zerfallene Zyklopenmauer, ganze Steinreihen (»Avenues« und »Alignments« wie in Carnac) und eine spiralige Anordnung, die zu einem Steinlabyrinth, einer »Trojaburg«, gehört haben könnte. Hier soll nach Schierenberg das alte Theotmalli (Volksmalstätte oder Gerichtsstätte) gelegen haben, von dem das nur sechs Kilometer westlich gelegene Detmold seinen Namen hat.

Die präzise Anordnung all dieser Stätten in astronomischer Ausrichtung läßt unweigerlich an die megalithischen Anlagen Englands und der Bretagne denken. Was britische Forscher für das Gebiet um Stonehenge feststellen konnten, läßt sich auch in Deutschland rings um den Externstein, den »Sternenstein an der Egge«, nachweisen.

Eine gründliche Überprüfung dieser Anordnungen auf topographischen Karten im Maßstab 1:25000 bestätigte diese Ergebnisse. Tatsächlich sind sämtliche prähistorischen Stätten dieser Gegend in diesem Netz erfaßt, ein Zufall ist ausgeschlossen. Bleibt nur die Frage, wie unsere Vorfahren diesen riesigen, auf die Erde projizierten Kalender ohne Landvermessung und Kartographie so präzise anlegen konnten – und zu welchem Zweck.

Quellen:

1 Andree, Julius, Die Externsteine – Eine germanische Kultstätte, Münster (1936); fotomechan. Nachdruck, Bremen (1984)
2 Hawkins, Gerald S., Merlin, Märchen und Computer – Das Rätsel Stonehenge gelöst?, Berlin (1983)
3 Hesemann, Michael, Das geomantische Zentrum Deutschlands, MAGAZIN 2000 Nr. 70, Göttingen (1987)
4 Michell, John, Die Geomantie von Atlantis – Wissenschaft und Mythos der Erdenergien, München (1984)
5 Pennick, Nigel, Das Geheimnis der heiligen Linien, MAGAZIN 2000 Nr. 70, Göttingen (1987)
6 Teudt, Wilhelm, Germanische Heiligtümer, Jena (1936); fotomech. Nachdruck, Bremen (1982)

Geometrische Virenbotschaft von den Sternen?

Kontaktversuch außerirdischer Intelligenzen – oder Zufall?

von Bernhard Kletzenbauer

Es gibt Vermutungen, daß in einem bestimmten Virus eine Nachricht außerirdischer Lebewesen gespeichert ist. Dieses Virus mit der Bezeichnung Phi Chi 174 ist 25millionstel Millimeter klein und somit einer der winzigsten unter den 500 bis 600 bekannten Virenarten. Unter dem Elektronenmikroskop sieht das Virus einmal wie ein regelmäßiges Ikosaeder oder – je nach Blickwinkel – wie ein Dodekaeder aus (Skizzen 1 u. 2).

SKIZZE 1: IKOSAEDER
(OBERFLÄCHE AUS 20 DREIECKEN)

12 kugelförmige Capsomere

SKIZZE 2: DODEKAEDER
(OBERFLÄCHE AUS 12 FÜNFECKEN)

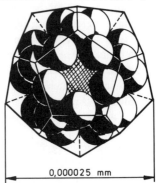

0,000025 mm

Das Virus wird durch Temperaturen von über 37 °C und UV-Licht zerstört. Man nennt diese Viren auch Bakteriophagen, also Bakterienfresser. Phi Chi 174 befällt Kolibakterien, die praktisch überall zu finden sind.
Was sind nun eigentlich Viren, und wie kann man in ihnen Nachrichten speichern?
Eigentlich sind Viren nur Kapseln, die eine Anweisung enthalten, Viren herzustellen. Dieses Kommando könnte man mit einem verdrehten und verknäuelten Lochstreifen in einem Briefumschlag vergleichen (Skizze 3). Bei den Viren besteht dieser »Lochstreifen«, die Erbsubstanz, aus der Desoxyribonukleinsäure (DNS).

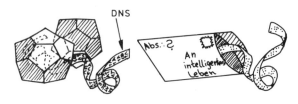

SKIZZE 3: GENETISCHE BOTSCHAFT FÜR DIE ERDE ?

Normalerweise ist die DNS ein Doppelstrang; bei Phi Chi 174 allerdings nur ein einfacher Strang, der zu einem Kreis geschlossen ist. Einsträngige DNS kommt auch bei anderen Viren vor. Das Programm zur Herstellung neuer Viren ist nach einem bestimmten Code mit Tripletts aus vier Basen (im folgenden mit A, C, G, T abgekürzt) in der DNS gespeichert. An einer auffälligen Stelle dieser DNS von Phi Chi 174 befinden sich nun 121 Tripletts, die sich wie ein Fernsehbild in einem 11 × 11-Quadrat anordnen lassen (Skizze 4).
In diesem Quadrat sind 52 verschiedene Tripletts enthalten, von denen einige mehrfach vorkommen. In dem folgenden Bild sind nur diejenigen Tripletts zu sehen, die nur einmal vorkommen (Skizze 5). Etwas näher betrachtet, sind nun verschiedene, meist symmetrische Muster erkennbar (Skizze 6). Ist das nun Zufall oder eine Nachricht aus dem All?

Wenn diese Muster eine Nachricht darstellen und von intelligentem Leben erdacht und auf die Reise geschickt wurden, sind die Außerirdischen nach einem durchdachten Plan vorgegangen.

1. Aufgrund ihrer geringen Größe haben Viren bessere Chancen, einen fernen Planeten unbeschadet zu erreichen, als zum Beispiel gravierte Metallplatten oder Bild- und Tonträger, die eher durch

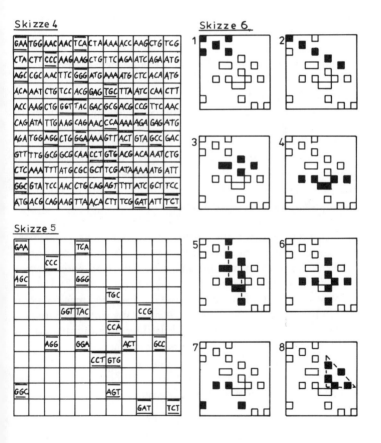

Mikrometeoriten, Reibungshitze oder Erosion zerstört werden können. Außerdem wird kaum Transportenergie benötigt.
2. Unter günstigen Voraussetzungen vermehren sich die gelandeten Viren und können theoretisch auf einem ganzen Planeten und nicht nur an der Absturzstelle aufgefunden werden.
3. Sie stehen dann, im Gegensatz zu Botschaften aus Radiosignalen, jederzeit für Untersuchungen zur Verfügung. Selbst wenn es ihre Absender nicht mehr gibt.
4. Die Anordnung der Triplets in einem Quadrat ist narrensicher. In welcher Ecke man auch immer mit der Eintragung beginnt, das Bild ist am Ende stets das gleiche.
5. Die äußere Form von Phi Chi 174, das Dodekaeder, ist auffallend, da vergleichbare Viren stets wie Ikosaeder aussehen.

Es spricht einiges dafür, daß Viren eine Nachricht von den Sternen enthalten könnten, denn sie sind von Natur aus nichts anderes als Informationsspeicher.
Vielleicht läßt sich eines Tages die Botschaft entschlüsseln. Schön wäre es, wenn ein genkundiger Leser dieser Gedankengänge dazu angeregt würde, sich des Problems anzunehmen.
Wie aber kam die codierte Botschaft mit Phi Chi 174 zur Erde? Verschiedene Varianten bieten sich an.

a) Die Viren wurden von einem Linearbeschleuniger in einem Planetenorbit als »Schrotladung« zu fernen Sternen geschossen.
b) Die Viren wurden mit unbemannten oder bemannten Raumschiffen gezielt ausgestreut.
c) Außerirdische fanden das Virus auf der Erde und manipulierten lediglich die DNS. Da Phi Chi 174 ein relativ einfaches Virus ist, war die DNS-Manipulation auch leichter durchführbar als bei der DNS einer komplizierten Lebensform.
d) Die Viren wurden durch Meteore durchs Weltall transportiert.
e) Der sogenannte »Sonnenwind« (das ist der Druck der Lichtwellen) trieb die Viren durch das Universum.

Die Möglichkeit, daß Viren und speziell das Virus Phi Chi 174 Botschaften von fernen Lebensformen enthalten, ist prinzipiell gegeben. Was fehlt, ist vorerst die Entschlüsselung derartiger Botschaften.

Quellen:

1 ICARUS 38 (1979)
2 NATURE 265 (1977)
3 DAS BUCH DER GESUNDHEIT (Band 15)
4 ANCIENT SKIES Nr. 5/1984

Das Geschoß aus dem Weltraum

VON PETER KRASSA

»Es war ein außerirdisches Raumschiff, und ich werde es beweisen«, sagte der sowjetische Geophysiker Alexej Solotow im Oktober des Vorjahres, kurz nach seiner Rückkehr von einer ausgedehnten Expedition in die steinige Tunguska in der sibirischen Taiga. Alexej Solotow ist nicht irgendwer. Er ist Mitglied der Sowjetischen Akademie der Wissenschaften in Moskau, und er hat sich seit nunmehr 17 Jahren die Aufgabe gestellt, die Ursache jener rätselhaften Explosion vom 30. Juni 1908 endlich zu finden. Acht Expeditionen hatte der anerkannte Geophysiker im Verlauf seiner Forschungsarbeit in die unbewohnte Taiga geleitet – um so ungewöhnlicher mutet deshalb Solotows Feststellung an, die noch dazu von der offiziellen Sowjetischen Nachrichtenagentur TASS weltweit verbreitet wurde.

Ungewöhnlich in zweierlei Hinsicht:
1. Weil Alexej Solotow über jeden Verdacht erhaben ist, mit seiner Aussage billige Spekulation betreiben zu wollen und er – als renommierter Wissenschaftler seines Landes – einen guten Ruf zu verlieren hat; und 2. weil man im Westen nur zu gut weiß, wie verpönt in der Sowjetunion jede Publikation zu den Themen Prä-Astronautik und UFO-Forschung ist. Derartige Schriften, dies wurde unlängst bekannt, kursieren in der UdSSR lediglich im Untergrund. Solotows Aussage hingegen wurde offiziell veröffentlicht.
Was aber war vor genau achtzig Jahren in jener unbewohnten

Gegend der sibirischen Taiga geschehen? Wie kam es damals zu jenem spektakulären Ereignis – der Tunguska-Katastrophe?
Reisende der Transsibirischen Eisenbahn sahen am Morgen des 30. Juni 1908, um 7.15 Uhr, plötzlich einen gleißenden Feuerball über den Himmel ziehen und am nördlichen Horizont verschwinden. Unmittelbar darauf wurde der Zug durch einen Donnerschlag dermaßen erschüttert, daß der erschrockene Lokomotivführer den Zug augenblicklich zum Halten brachte, in der Annahme, in einem der Waggons sei etwas explodiert.
Schon nach der ersten Detonation des Feuerballs, der bei seinem Flug heller gestrahlt hatte als die Sonne am blauen Himmel Sibiriens, sahen die entsetzten Augenzeugen eine Feuersäule emporsteigen, und danach eine riesige pilzförmige Wolke. Dies alles geschah innerhalb von zwei Minuten – die Uhr zeigte 7.17 Uhr – und es gab mehrere nacheinander folgende Explosionen. Der Krach war im Umkreis von 1000 Kilometern vernehmbar. Die Zugpassagiere waren, wie man später rekonstruierte, zu jenem Zeitpunkt rund 600 Kilometer von dem eigentlichen »Tatort« entfernt.
Ganz anders hingegen die Einwohner der Faktorei Wanawara, damals eine Handelsstation an der Steinigen Tunguska, einem Nebenfluß des Jenissei. Wanawara liegt nur etwa 65 Kilometer vom Explosionszentrum entfernt, und für die damals dort Ansässigen schien in jenen Minuten die Welt unterzugehen. Kurz nachdem die blendendhelle Feuersäule am nördlichen Horizont zum Himmel schoß und sich unmittelbar darauf ein riesiger Rauchpilz erhob, setzte ein Orkan von so gewaltiger Stärke – die Druckwelle – ein, daß im Umkreis von etlichen 100 Kilometern Häuser abgedeckt, Bäume entwurzelt, Zäune umgerissen und Fensterscheiben eingedrückt wurden. Ein Mann, der vor seinem Haus die Morgenkühle genießen wollte, verspürte plötzlich eine sengende Hitzewelle, wurde im gleichen Augenblick von einem Luftwirbel gepackt und mehrere Meter davongeschleudert, ehe er auf der Straße besinnungslos liegenblieb. Anderswo im Wanawara wurden Reiter von ihren Pferden gerissen.
Zweimal raste die ungeheure Druckwelle der Explosion um die

Erde und versetzte die Bewohner der umliegenden sibirischen Ortschaften in Angst und Schrecken. Sie glaubten zunächst an ein Erdbeben, so stark waren die Schwingungen der Erdoberfläche; sie wurden von den seismographischen Stationen in Irkutsk, Taschkent und sogar in Jena registriert. Auch die Barographen in London reagierten auf diese Erschütterungen. Noch drei Tage nach dem spektakulären Ereignis wurden in Europa und Nordafrika leuchtende Wolken am Himmel beobachtet. Auf den Pariser Boulevards war es in jenen Nächten möglich, Zeitung zu lesen, obschon Neumond war. Ebenso in Berlin und Kopenhagen. In Moskau gaben jene leuchtenden Nachtwolken sogar so viel Licht, daß man anstandslos fotografieren konnte. Überall diskutierte man über die Ursachen dieses Phänomens, Zeitungen veröffentlichten verschiedene Theorien – doch sonst ereignete sich gar nichts. Auch in der wissenschaftlichen Welt machte man sich keine weiteren Gedanken – es war wohl ein Meteorit gewesen, mutmaßte man, der da irgendwo in der unbewohnten sibirischen Einöde aufgeschlagen war.

So vergingen 13 Jahre, ehe sich ein Mann, Leonid Kulik, Mitarbeiter des Mineralogischen Museums, 1921 aufmachte, um die Ursachen des spektakulären Ereignisses vom 30. Juni 1908 zu ergründen.

Unter schwierigen Voraussetzungen drang er mit einigen Begleitern ins Katastrophengebiet vor, kam aber nicht sehr weit. Die in dieser Gegend ansässigen Ewenken machten nur zögernd Angaben über die einzuschlagende Reiseroute. Sie fürchteten sich vor dem »Gott Ogdy, der vom Himmel auf die Erde niedergefahren war und jeden, der sich dem verborgenen Gebiete näherte, mit unsichtbarem Feuer verbrannte«, wie sie ängstlich flüsterten. Kulik erfuhr damals, daß 1908 zahlreiches Wild, Rentierherden, unter mysteriösen Umständen verendet war und sogar Bewohner im Umkreis sterben mußten, nachdem sich ihre Haut ins Rötliche verfärbt hatte. Das unsichtbare Feuer des Gottes Ogdy – heute wissen wir, daß es radioaktive Strahlung war.

Kulik drang später, 1927, und dann noch mehrere Male zum

Explosionsherd vor. Vergeblich suchte er nach einem Krater, nach irgendeiner Spur des vermeintlichen Meteoriten. Er fand nichts. Das Ausmaß der Explosion jedoch beeindruckte ihn tief. Der Urwald rings um den Schachorm-Berg, von dem aus er das Ausmaß der Katastrophe überschauen konnte, war in nördlicher Richtung total abrasiert. Die Wipfel der am Boden liegenden Bäume wiesen ausschließlich nach Südwesten.
Spätere Untersuchungen zeigten, daß der Flugkörper den Erdboden gar nicht erreicht hatte. Er muß in einer Höhe von etwa fünf Kilometern atomisiert worden sein. Dies im wörtlichen Sinn, denn die nachgewiesene Radioaktivität im Explosionsgebiet sowie die

Der Luftdruck der Tunguska Explosion riß die Bäume kilometerweit um.

damit zusammenhängende Beschleunigung des Pflanzenwuchses, aber auch die zahlreichen Augenzeugenberichte bezüglich der Flugrichtung der Feuerkugel haben diese Annahme bestätigt. Umstritten ist heute nur noch, was damals explodierte.

Die verschiedenen wissenschaftlichen Hypothesen reichen von jener, es habe sich um einen Meteoriten gehandelt, zur Behauptung der beiden Akademiemitglieder Prof. Georgij Petrow und Prof. Wladimir Stulow, eine riesige lockere Wolke aus Schnee, die den Kopf eines Kometen bildete, sei von der Erde eingefangen worden

Alexej Solotow, Geophysiker, an der Arbeit.

und habe mit 40 000 Kilometer Stundengeschwindigkeit die obere Lufthülle durchstoßen. Etwa 50 Kilometer über dem Erdboden habe sich die Spitze des Kometenkopfes infolge der Reibung in überhitztes Gas aufgelöst, das eine ungeheure Druckwelle vor sich hertrieb. Davon sei der Erdboden mit der Wucht mehrerer Atombomben getroffen worden.

Der amerikanische Nobelpreisträger Libby hingegen vertrat die Ansicht, ein Stück Antimaterie habe sich aus kosmischen Tiefen in die Erdatmosphäre »verirrt« und sei durch den Zusammenprall mit Materie explodiert. Andere Wissenschaftler haben wiederum behauptet, ein sogenanntes »Schwarzes Loch«, also ein Stern mit einer ungeheuren Gravitationsdichte und winzig klein, habe in der steinigen Tunguska die Erde durchschlagen und dabei die Explosion ausgelöst.

Dem steht nunmehr die Aussage des Geophysikers Alexej Solotow gegenüber, der nach eingehenden Untersuchungen und acht Expeditionen in die sibirische Taiga zur Überzeugung gelangte: »Es war ein außerirdisches Raumschiff – und ich werde es beweisen!«

Quelle:

P. Krassa: FEUER FIEL VOM HIMMEL, Luxemburg

Fischmensch oder Außerirdischer?

VON HUGO KREUZER

In der sumerischen und babylonischen Mythologie wird an verschiedenen Stellen über OANNES berichtet, einem Wesen, das dem Meer entstiegen sei. Die ausführlichste Schilderung darüber findet sich auf zwei Keilschrifttafeln, die vom Bel-Priester »Berossos« (ca. 2100 v. Chr.) eingeritzt wurden. Die Tafeln sind von Alfred Jeremias und Prof. Dr. Hugo Gressmann ins Deutsche übersetzt worden. Sinngemäß lautet der Inhalt:

In Babylonien hat sich eine große Masse stammesverschiedener Menschen, welche Chaldäa bevölkern, zusammengefunden. Sie leben ordnungslos wie Tiere. Im ersten Jahre ist aus dem Meer, das an Babylonien grenzt, ein vernunftbegabtes, furchtbares Untier mit dem Namen Oannes erschienen. Es hatte einen vollständigen Fischkörper. Unter dem Fischkopf aber war ein anderer, menschlicher Kopf hervorgewachsen, sodann Menschenfüße, die aus dem Schwanz hervorwuchsen, und es konnte mit den Menschen reden. Sein Bild wird bis heute aufbewahrt. Dieses Wesen verkehrte den Tag über mit den Menschen, ohne Speise zu sich zu nehmen, und überlieferte ihnen die Kenntnis von Schriftzeichen und Wissenschaften sowie mannigfache Künste. Es lehrte sie, wie man Städte baut und Tempel errichtet, wie man Gesetze einführt und das Land vermißt. Auch zeigte es ihnen das Säen und Ernten der Früchte, wie überhaupt alles, was zur Befriedigung der täglichen Lebensbedürfnisse gehört. Mit Sonnenuntergang ist dieses Lebewesen wieder in das Wasser hinabgetaucht und hat die Nächte in der See verbracht.

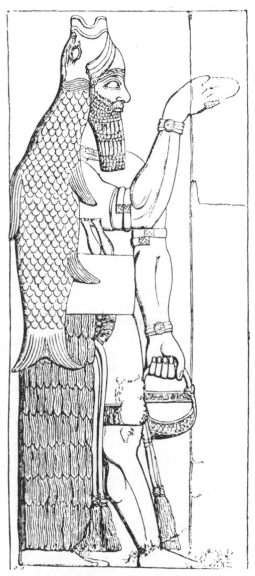

*Oannes Darstellung, ca. 2600 v. Chr.
Irakisches Museum, Bagdad.*

Damals gab es auch eine Zeit, wo das All Finsternis und Wasser war und wo sich darin merkwürdige und sonderbar gestaltete Lebewesen befanden: nämlich zweiflügelige Menschen, Menschen mit vier Flügeln und zwei Gesichtern, solche, die nur einen Körper, aber zwei Köpfe hatten, einen Männer- und einen Frauenkopf mit zweifachen Geschlechtsteilen, ferner Menschen mit Ziegenschenkeln und Hörnern, solche mit Pferdefüßen und solche die hinten Pferd, vorne

Tiermenschliche Darstellungen auf sumerischen Rollsiegeln.

Geflügelte Menschenkörper mit Adlerkopf. (Türkisches Museum, Ankara)

Mensch waren. Es sind auch Stiere mit Menschenköpfen, Löwengestalten mit Frauen- und Männerköpfen, Hunde mit vier Leibern, die hinten Fischschwänze haben, entstanden. Sogar Pferde mit Hundeköpfen und Pferdeleibern und Fischschwänzen sowie mannigfache andere Lebewesen. Dazu Fische, Kriechtiere, Schlangen und wunderbare Lebewesen mit untereinander vertauschten Gestalten.

Aus einer Inschrift des König Agum II. (um 1650 v. Chr.) wissen wir, daß solche »Chaosungeheuer« im Tempel des Bel und des Marduk in Babylon aufgestellt worden sind. Darstellungen von menschenköpfigen Flügelstieren, Meerjungfrauen, Skorpionmenschen, Vogelmenschen, Zentauren und mehrköpfigen Monstern sind bildhaft überliefert worden. Es gibt Berichte von gezüchteten Zwitterwesen, die als »Tempeltiere« ihr Dasein fristeten und verhätschelte Lieblinge der Bevölkerung gewesen zu sein scheinen.

Auf den Reliefs des schwarzen Obelisken Salmanassars II. im Britischen Museum sind eigenartige tiermenschliche Wesen zu erkennen. Auch im Louvre in Paris sowie im Museum von Bagdad sind solche merkwürdigen Lebewesen zu bewundern. Die Begleittexte berichten dann jeweils von »gefangenen Menschentieren«.
Die moderne Wissenschaft erkennt in solchen Beschreibungen und Darstellungen nur Kulte. Unsere Vorfahren hätten sich – so heißt es – Tiermasken übergezogen, weil sie glaubten, auf diese Weise einige Fähigkeiten der betreffenden Tiere zu übernehmen. Selbst heute noch würden sich primitive Stämme Tierfelle und Köpfe überstülpen und in dieser Maskerade Ritualtänze absolvieren. Mag sein – muß nicht sein.
Wieso erwähnt dann BEROSSOS diese »Chaostiere« ausführlich? Warum schreibt Herodot in seinen »Ägyptischen Geschichten« von seltsamen schwarzen Tauben, die »Menschentierweibchen« gewe-

Vogelmensch. (Britisches Museum, London)

*Geflügelter Genius. Wurden außerirdische Besucher so dargestellt?
(Louvre, Paris)*

sen seien? (II, 57) Warum steht im Gilgamesch-Epos, daß Enkidu »von den Tieren entfremdet« werden mußte? Warum vergreifen sich bei der Hochzeit des Peirithos die Zentauren, halbtierische Wesen mit Pferdeleibern und menschlichen Oberkörpern, an den Frauen der Lapithen? Warum mußten dem stierköpfigen Minotaurus sechs Jünglinge und sechs Jungfrauen »geopfert« werden, wenn es sich nur um Tanz und Ritual handelte? Weshalb schreibt Platon in seinem »Gastmahl«: »Ursprünglich gab es neben dem männlichen und dem weiblichen Geschlecht noch ein drittes, dieser Mensch hatte vier Hände und vier Füße... Groß war die Stärke dieser Menschen, ihr Sinn war verwegen, sie planten, den Himmel zu stürmen und sich an den Göttern zu vergreifen...« Weshalb beschreibt Tacitus (Annalen XV, 37) eine abendliche Orgie im Hause des Tigellinus, bei der »unter Mitwirkung von Menschentieren gebuhlt« wurde?

Nach bisheriger Lehrmeinung waren derartige Kreuzungen vollständiger Unsinn. Lebewesen können sich untereinander nur vermehren, wenn beide Teile eines Geschlechtspaares dieselbe Chromosomenzahl aufweisen. Seit neuestem ist auch dieses »biologische Gesetz» erschüttert. Im Grant Park Zoo von Atlanta, Georgia (USA), wurde vor einigen Monaten ein sogenannter »Hybrid-Affe« geboren. Er entstammte einer Kreuzung eines Siamang-Weibchens und einem männlichen Gibbon, die stark unterschiedliche Chromosomenzahlen aufweisen. Durch diese Geburt ist zudem bewiesen, daß Darwins Evolutionslehre nicht richtig sein muß: Die Entwicklung einer neuen Spezies muß nicht Jahrmillionen dauern und durch Mutationen ausgelöst werden, es geht auch anders.

Unterstellt man, OANNES sei außerirdisch gewesen, denn als Irdischer hätte er wohl kaum seine Fähigkeiten als Lehrmeister besessen, dann wird auch Berossos Schilderung bezüglich der unmöglichen Tierkreuzungen verständlich: künstliche Mutation.

Unterwasser- und Weltraumstädte in altindischen Texten

VON PROF. DR. DILEEP KUMAR KANJILAL

In den Kapiteln 168, 169 und 173 des Vanaparvan (Bestandteil des Mahabharata) wird die Schlacht zwischen dem göttlichen Arjuna und den Asuras (auch: Dämonen) folgendermaßen beschrieben:
»*Arjuna ging hinauf in den Himmel, um sich von den himmlischen Wesen göttliche Waffen zu besorgen und deren Handhabung zu erlernen. Während dieses Aufenthaltes verlangte Indra, der Herr des Himmels, von Arjuna, er müsse das ganze Heer der mächtigen Asuras (Dämonen) zerstören. Die 30 Millionen Dämonen lebten in Festungen in den Tiefen der Meere. Indra, der Herr des Himmels, überließ Arjuna dazu sein eigenes Luftschiff, welches von seinem fähigen Begleiter Matali gesteuert wurde. Dieses Fahrzeug konnte sich auch unter Wasser bewegen. In der unerbittlichen Schlacht, die nun folgte, ließen die Asuras sintflutartige Regenfälle niederprasseln, aber Arjuna setzte ihnen eine göttliche Waffe entgegen, die alles Wasser trocknen ließ. Die Asuras wurden besiegt, und nach der Schlacht stieg Arjuna hinab in die Städte der besiegten Dämonen. Er war überwältigt von der Schönheit und dem Luxus der Unterwasserstädte. Arjuna befragte Matali über die Geschichte dieser Städte und erfuhr, sie seien ursprünglich von den Göttern für ihren persönlichen Gebrauch gebaut worden.*«
Im Kapitel 102 des Vanaparvan ist ferner nachzulesen, diese Asuras seien aus ihren Unterwasserverstecken aufgestiegen und hätten Götter und Menschen gleichermaßen belästigt. Als Arjuna, der Held der Geschichte, mit seinem unzerstörbaren Amphibienflug-

körper in den Himmel zurückkehrte, habe er eine wunderbare, sich um die eigene Achse drehende Stadt mitten im Weltraum erblickt. Es muß ein phantastischer Anblick gewesen sein: *Die Stadt war leuchtend und schön und voller Häuser, Bäume und Wasserfälle. Sie hatte vier Eingänge, die alle von Wächtern bewacht wurden, welche mit den verschiedensten Waffen ausgerüstet waren.*

Arjuna erkundigte sich nach dem Ursprung dieses wunderbaren himmlischen Gebildes, und Matali berichtete, Brahma persönlich habe diese rotierende Luftstadt, Hiranyapura (die goldene Stadt) erbaut. Weil zwei einflußreiche Dämoninnen mit Namen Puloma und Kalaka tausend Jahre lang Buße getan hätten, habe der allmächtige Schöpfer Brahma diesen Dämonen erlaubt, in der Stadt zu wohnen. Doch die Dämonen (Asuras) hätten sich darin breitgemacht und die Götter ferngehalten.

Da Arjuna gegen diese Dämonen kämpfte, bedrängte Matali ihn, er möge diese rotierende Stadt zerstören. Als sich Arjuna dem Weltraumgebilde näherte, verteidigten sich die Dämonen mit mächtigen Waffen: *Eine fürchterliche Schlacht entbrannte, während derer die Luftstadt hoch in den Himmel geschleudert wurde, dann wieder beinahe auf die Erde hinabfiel, von einer Seite zur anderen getrieben wurde und sogar tief ins Meer hinabtauchte. Nachdem der Kampf lange hin und her getobt hatte, feuerte Arjuna ein tödliches Geschoß ab, das die ganze Stadt in Stücke riß und sie auf die Erde fallen ließ. Die überlebenden Asuras erhoben sich aus den Trümmern und kämpften hartnäckig weiter. Arjuna aber setzte der Schlacht mit Hilfe der mächtigen Pasupata ein Ende. Alle Asuras wurden vernichtet. Indra und die anderen Götter priesen Arjuna als Helden.*

Auch im 3. Kapitel (Vers 6–10) des Sabhaparvan (Bestandteil des Mahabharata) werden Weltraumstädte behandelt. Im Sabhaparvan ist nämlich überliefert, Maya, der Architekt der Asuras, habe für Yudhisthira, den ältesten der Pandavas, einen herrlichen Versammlungssaal aus Gold, Silber und anderen Metallen entworfen, der mit 8000 Arbeitern bemannt in den Himmel gebracht wurde. Als Yudhisthira den Weisen und Gelehrten Narada frug, ob je zuvor ein derartig wunderbarer Saal gebaut worden sei, berichtete Narada, ähnliche Himmelshallen gebe es für jeden der Götter, Indra, Yama, Varuna, Kuvera und Brahma. Indras Versammlungssaal, so der weise Narada, sei (umgerechnet auf heutige Maße) 16 Kilometer hoch, 8 Kilometer breit und 1200 Kilometer lang.

Erstaunlich, was dieser Narada, der übrigens der Gelehrte »der alten Überlieferungen« war, zu erzählen wußte:

Indras Weltraumstadt befand sich immer im All. Sie bestand aus Metall und war mit Häusern, Wohnstätten und Pflanzen ausgestattet. Die Eingänge waren so breit, daß kleine Flugkörper hindurchfliegen konnten.

Yamas Versammlungshalle war (umgerechnet auf heutige Maße) 150 Kilometer lang, ähnlich konstruiert und mit allen Vorrichtungen für ein bequemes Leben ausgestattet. Sie war umgeben von einer weißen Wand, die strahlend glitzerte, wenn das Gebilde am Himmel entlangzog.

Varunas Halle lag unter Wasser und bewegte sich frei in den Tiefen der Ozeane. Auch dieser Versammlungsort entbehrte nicht der Annehmlichkeiten eines prunkvollen Lebens.

Kuveras Versammlungssaal war der schönste im ganzen Universum. Er maß (umgerechnet) 550 mal 800 Kilometer, hing frei in der Luft und war mit goldenen Palästen angefüllt.

Die einzigartigste Versammlungshalle aber war diejenige von Brahma. Sie war am schwersten zugänglich und entwarf ein wahres Panorama, wenn sie sich durch den Weltraum fortbewegte. Sogar Sonne und Mond verblaßten neben ihr.

Während Erzählungen von Unterwasserstädten angesichts der heutigen Technik durchaus realistisch erscheinen, scheint die Beschreibung von gigantischen Weltraumstädten phantastisch. Vom Standpunkt des Wissenschaftlers aus betrachtet kann ich nur festhalten, daß in den erwähnten Büchern des Mahabharata mindestens fünf solcher fliegender Städte beschrieben werden. Sie waren alle fachmännisch und kunstvoll gebaut und konnten jahrelang am Himmel bleiben. Sie waren mit allen Annehmlichkeiten, aber auch mit schrecklichen Waffen ausgestattet. Es gibt für mich und meine Fachkollegen gar keinen Zweifel, daß das Sanskritwort »sabha«

eindeutig eine »Versammlung von Menschen« ausdrückt. Nun wird in den heiligen Texten diese »Versammlung von Menschen« aber ins Weltall verlegt und mit den himmlischen Größen in Zusammenhang gebracht. Diese rotierenden Versammlungshallen befanden sich nicht auf der Erde.

Läßt man alle Übertreibungen in der epischen Erzählung weg, so bleibt die Tatsache, daß im Mahabharata außer den fliegenden Maschinen (Vimana) noch andere künstliche und zwar riesige fliegende Gebilde erwähnt werden.

Unsere heutige Technologie beginnt gerade erst, sich theoretisch dem Niveau der alten Welten zu nähern. So untersucht die Abteilung für Weltraumforschung an der Stanford University zur Zeit die Möglichkeit, eine Weltraumstadt in einer Umlaufbahn entstehen zu lassen. Prof. Gerard O'Neill vom Physikalischen Institut der Princeton University hat zudem errechnet, daß eine derartige Satellitenstadt von 30 Kilometern Länge bei einem Fassungsvermögen von einer Million Menschen keineswegs unrealistischen Erwartungen entspricht.

Die Beschreibungen derartiger fliegender Städte sind seit Urgedenken fester Bestandteil altindischer Epen, deren Echtheit nicht angezweifelt werden kann. Die Schwierigkeit lag nur darin, daß wir erst in neuerer Zeit die genaue Bedeutung von Ausdrücken wie »vaihayasi« (= fliegen), »gaganacara« (= Luft) oder »vimana« (= fliegender Apparat) erfassen konnten. Erst die moderne Technik erlaubte eine vernünftige Übersetzung.

Die logische Folgerung, welche daraus gezogen werden kann, ist die: in fernen Vorzeiten muß die Erde blühende Zivilisationen gekannt haben, die genügend wissenschaftliche Kenntnisse besaßen, um Flugkörper zu konstruieren und Satellitenstädte ins Weltall zu schießen. Diese Zivilisationen müssen von irgendeiner unvorstellbaren Katastrophe vernichtet worden sein. Nur Legenden erinnern an die vergangenen, ruhmvollen Zeiten.

Quellen:

Däniken, E. v.: Beweise; Econ-Verlag, Düsseldorf 1975
Däniken, E. v.: Habe ich mich geirrt? Bertelsmann Verlag, München 1987
Gentes, L.: Zur Frage der Tatsächlichkeit von Kontakten zu Außerirdischen in Altertum und Vorzeit; MUFON-Ergänzungsband, Ottobrunn 1977
Heppenheimer, T. A.: Eine Arche auf dem Sternenmeer; Schweizer Verlagshaus, Zürich 1980
Kanjilal, D. K.: Fliegende Maschinen und Weltraumstädte im antiken Indien; in: J. u. P. Fiebag (Hrsg.): Aus den Tiefen des Alls; Hohenrain-Verlag, Tübingen 1985
O'Neill, G.: Unsere Zukunft im Raum; Hallwag-Verlag, Bern 1978

Marienerscheinungen – Direktkontakte mit extraterrestrischen Intelligenzen?

VON DR. JOHANNES FIEBAG

»Jede weit genug entwickelte Technologie ist von Magie nicht zu unterscheiden.«
Arthur C. Clarke

Seit die von uns »Prä-Astronautik« genannte Forschungsrichtung existiert, hat sich deutlich gezeigt, daß vermeintlich religiöse Ereignisse des Altertums einen offensichtlich realen, technisch zu interpretierenden Hintergrund haben [1–4]. Eine Abgrenzung zu sogenannten »mystischen Gotteserfahrungen« scheint mir durch folgende Punkte gegeben:

1. Mystische Erfahrungen brechen nicht völlig unvorbereitet auf die jeweilige Person ein, sie finden meist nach langjährigen Meditationen und mit Entbehrungen verbundenen Übungen statt;
2. sie betreffen üblicherweise Einzelpersonen (Ausnahmen in Form von Gruppenerfahrungen finden nur unter Berücksichtigung von Punkt 1 statt);
3. sie besitzen keinen technisch interpretierbaren Kern.

Wenn wir die zahlreichen im Alten Testament niedergelegten Gottesbegegnungen analysieren, müssen wir zu unserem Erstaunen feststellen, daß die wenigsten von ihnen diesen Kriterien gehorchen. Im Gegenteil: »Gottesbegegnungen« finden meist unvermutet statt (es sei denn in Erscheinungsserien), sie setzen keine speziellen Übungen voraus, finden nicht selten vor mehreren Personen statt und weisen häufig einen technischen Kern auf [1–4].

Es soll zu Beginn dieses Beitrages ganz deutlich auf die Unterschiede zwischen diesen beiden Typen von »Gotteserfahrungen« hingewiesen werden. »Mystische« Erlebnisse, die es zweifellos gibt, verhalten sich wesentlich anders als jene »Begegnungen« des Alten Testaments, bei denen die Betreffenden aufgrund der sich ihnen offenbarenden überlegenen Technik lediglich dazu gezwungen werden, an eine »Gotteserfahrung« zu glauben. Wir kennen dieses Phänomen in Form der Cargo-Kulte [5, 6] auch aus jüngster Zeit.
Wenn ich mich hier ein wenig vom eigentlichen Kernpunkt unserer Forschungarbeiten entferne, so hat dies Gründe: Es wird immer deutlicher, daß die Kontakthäufigkeit zwischen außerirdischen Kulturen und uns seit der Antike offenbar nicht nachgelassen hat. »Gottesbegegnungen«, wie sie im Alten Testament beschrieben werden, gab es auch später und gibt es sogar noch in unserem Jahrhundert. Ich möchte deutlich machen, daß Kontakte damals und Kontakte heute *im Grunde* noch immer nach dem gleichen Muster vollzogen werden und wir dadurch in der Lage sind, sowohl aus dem aktuellen Geschehen Schlüsse auf die Vorfälle in älterer Zeit als auch umgekehrt von damals zu heutigen Ereignissen zu ziehen. Wie manifestieren sich »moderne« Gottesbegegnungen? In alttestamentarischer Zeit zeigte sich ein Wesen, das »aussah wie ein Mensch« (Ezechiel 1,26) und in einem rauchenden, blitzenden, donnernden Gefährt vom Himmel herab zur Erde kam. Heute ist dieser Kontaktmodus der christlichen Vorstellungswelt angepaßt und zeigt sich in Form sogenannter Marienerscheinungen.
In meinem neuesten Buch [7] habe ich insbesondere auf die Marienerscheinungen in Fatima (Portugal) aufmerksam gemacht. Dort hatten 1917, also vor nunmehr 71 Jahren, die drei Hirtenkinder Lucia dos Santos, Jacinta Marto und ihr Bruder Francisco insgesamt sechsmal die Begegnung mit einer hell leuchtenden Frauengestalt, die sie für die Mutter Gottes hielten. Vorausgegangen waren drei Erscheinungen eines Engels im Jahr 1916, in deren Verlauf die Kinder auf das eigentliche Hauptereignis vorbereitet wurden.
Es soll an dieser Stelle nicht detailliert auf die Vorgänge in Fatima eingegangen werden, einige Punkte möchte ich jedoch herausgrei-

fen, die eine technische Interpretation der Erscheinungen nahelegen. Während der fünften Vision am 13. September 1917 beobachteten der damalige Generalvikar von Leiria, Jean Quaresma, und ein ihn begleitender Priester folgendes Phänomen [8]: »Und siehe, zu meiner größten Überraschung erblicke ich klar und deutlich eine leuchtende Kugel, die sich von Osten her nach Westen nähert, indem sie langsam und majestätisch durch den Raum gleitet... Dann verschwanden diese leuchtende Kugel und das von ihr ausströmende Licht ganz plötzlich wieder vor meinen Augen, und auch der neben mir stehende Priester sah es nicht mehr... Die Hirtenkinder hatten in einer himmlischen Vision die Mutter Gottes sehen dürfen, uns war nur der Anblick des ›Gefährts‹ gewährt worden – wenn man so sagen darf –, das sie vom Himmel zu der unwirtlichen Sierra de Aire getragen hatte.«

Der Theologe Barthas [8] geht noch näher auf dieses Phänomen ein: »Nach anderen Berichten hatte der Lichtball sogar eine längliche Form, die Breitseite der Erde zugekehrt. Alle, die ihn sahen, hatten denselben Eindruck wie die schon erwähnten Geistlichen, daß er nämlich eine Art ›himmlisches Flugzeug‹ war, das die Mutter Gottes zu der Zusammenkunft mit den Hirtenkindern brachte, um sie danach wieder ins Paradies zurückzuholen... Dieses Flugzeug aus Licht war unmittelbar vor und nach der Erscheinung zu sehen.« Und an anderer Stelle: »Am 13. September bewunderten aus der schon erwähnten Gruppe dreier Priester die beiden ersten das Lichtoval, das beim Volk ›Das Flugzeug unserer lieben Frau‹ hieß...« Auch folgendes Zitat bei Barthas [8] soll hier kurz angefügt werden, die zweite Erscheinung betreffend: »Schließlich versichern die Anwesenden, sie hätten im Augenblick des Scheidens der Erscheinung von der Steineiche her ein Geräusch gehört wie bei einer aufsteigenden Rakete.«

Besonders beeindruckend freilich ist jenes Geschehen, das sich am 13. Oktober 1917 vor über 70 000 Menschen in Fatima abspielte. Für dieses Datum hatte die Lichtgestalt ein »großes Wunder« angekündigt, das als »Sonnenwunder« von Fatima in die Geschichte eingegangen ist. Tatsächlich jedoch kann sehr schnell festgestellt werden, daß der Begriff »Sonnenwunder« das eigentliche Geschehen nicht umschreiben kann, denn es handelte sich dabei weder um ein »Wunder« noch um die »Sonne«.

70000 Menschen beobachteten damals ein Objekt, das sie mangels besseren Wissens für die Sonne halten mußten. Diese Sonne begann sich plötzlich zu bewegen, sie »zitterte«, drehte sich im Kreise und sprühte farbige Lichtkaskaden. Barthas [8] schreibt dazu: »Plötzlich hörte es auf zu regnen, die dunklen Wolken, die seit dem Morgen den Himmel bedeckt hatten, zerstreuten sich. Die Sonne erschien am Zenit *wie eine silberne Scheibe,* auf die man den Blick heften kann, ohne geblendet zu werden.« Andere sprechen von einer »Scheibe mit scharf umrissenen Rändern« oder einer »flachen, polierten Scheibe«. Das ganze Phänomen dauerte an die 15 Minuten und zeigt in seinen Details einen unzweideutig technischen und nicht mystischen Hintergrund.

Über 70000 Menschen beobachteten am 13. Oktober 1917 das Sonnenwunder von Fatima. (Portugal)

Fatima ist ein Beispiel von vielen. In den Jahren 1949–1952 erlebten mehrere Kinder in Heroldsbach (Franken) Marienerscheinungen, die denen in Portugal um nichts nachstehen. Auch hier gab es ein Sonnenwunder, das nicht minder spektakulär ablief und ebenfalls als reales Ereignis gewertet werden muß. Ich hatte Gelegenheit, mit Augenzeugen dieses Vorfalles zu sprechen, Menschen, die noch heute tief bewegt sind von dem, was sich damals abspielte: »Zuerst erschien ein großer leuchtender Stern. Er flog immer über den Baumwipfeln hin und her und auf und nieder. Er strahlte ganz ungemein.« [9] Dann ereignete sich das eigentliche Sonnenwunder: »Als ich ins Freie kam, sah ich eine große rote Sonne, wie eine ganz große Kugel... Diese Sonne drehte sich schnell um sich selbst und färbte sich nacheinander in allen Farben... Dann stand sie wieder still, um von neuem anzufangen, sich zu drehen, zu zittern, zu zucken und sich zu verfärben. Sie spaltete sich auch zuckend auseinander, so daß ich in der Mitte einen etwas dunkleren Spalt sehen konnte. Was das war, weiß ich nicht.« [10]

Auch der anwesende Theologe Prof. J. B. Walz schreibt: »Da fing die Sonne sich zu drehen an, ganz schnell im Kreise herum, und die Drehungen waren so deutlich erkennbar, so schnell, daß ich die Vorstellung hatte, wie wenn ein Motor die Sonnenscheibe in gleichmäßiger Geschwindigkeit rasch drehen würde.« [11] Dieses ganze Phänomen dauerte nahezu eine Viertelstunde, dann wurde die Aufmerksamkeit wieder auf den leuchtenden Stern gelenkt. Walz [11]: »Ich selbst wollte nicht an einen wunderbaren Stern glauben und ihn für einen Abendstern halten. Da sah ich die ganz unerhörte und auffallende Bewegung des Sternes nach rechts in einer wunderschönen geraden Linie ohne jegliche Krümmung, vorwärts, immer gleichmäßig vorwärts hinziehend, unbeirrt... Der Stern wandelte ruhig in einer geraden Linie weiter, auch hinter Wölkchen, wenn solche dazwischen kamen, in ganz deutlich erkennbar voranschreitender und ruhiger Bewegung, bis er nach ca. 15 Minuten, gegen 16 Uhr, ganz drüben im Westen in einer dichten Wolkendecke sich verbarg und nimmer sichtbar wurde.«

Solche sich bewegenden »Sterne« – wir kennen sie aus antiken

Überlieferungen, etwa der Orejana-Mythe, Peru, der Dogonüberlieferung, Sudan, oder aus Maori-Legenden, Neuseeland [12] – sind auch in Fatima beobachtet worden. Barthas [8] zitiert den damaligen Pfarrer von Fatima mit folgenden Worten: »Ich möchte hier noch sagen, daß an diesem 13. gegen drei Uhr nachmittags der hochwürdige Herr Antonio de Figueiredo zu mir ins Pfarrhaus kam, der ein sehr verdienter Professor des Seminars von Santarem ist, und mir erklärte, daß er Sterne in einer niedrigeren Region als der der Sternenbahn gesehen habe und er einzig deshalb zu mir gekommen sei, um diese Feststellung zu machen.« Und auch bei der zur Zeit noch andauernden Erscheinungsserie von Medjugorje (Jugoslawien) sind solche Beobachtungen nichts Ungewöhnliches: »Am 25. Juni wurde die im Gebet verharrende Menge zwischen Mitternacht und 2 Uhr früh durch einen großen Stern in Staunen versetzt, der über dem Hügel von Krizevac erschien und wieder verschwand.« [13]

Besonders eindrucksvoll sind jedoch jene Ereignisse, die sich im Jahr 1969 nahe der kleinen oberitalienischen Stadt Montichiari abgespielt haben. Auch dort war von einer »Marien«-Gestalt ein »Sonnenwunder« angekündigt worden. Am 20. April hatten sich gegen 16 Uhr 19 Gläubige versammelt, die zu Zeugen einer »himmlischen Manifestation« werden sollten: Über ihnen rissen plötzlich die Wolken auseinander, und in der dunkleren Stelle dahinter wurden zwölf leuchtende Sterne sichtbar, die einen Kranz bildeten: »Nun erschien in weiter Ferne eine kleine fahle Scheibe, die sich zusehends vergrößerte und waagrecht auf uns zukam. Sie verfärbte sich rot mit wunderschönen Nuancen und wurde dann hin und her geschleudert wie eine Laterne, als wüte ein furchtbarer Sturm. Dann ging sie an den Rand der Wolken und schien auf die Erde herunterzufallen.« [14]

Wiederum waren es etwa 15 Minuten, während derer dieses Phänomen beobachtet werden konnte. Sie waren aber nur Auftakt für ein noch grandioseres Spektakel am 8. Dezember des gleichen Jahres. Gegen 14.30 Uhr begann sich die »Sonne« vor über 120 Personen plötzlich zu verfärben [14]: »An beiden Seiten, rechts und links, brachen drei Lichtstrahlen hervor. In der Mitte war ein kleinerer, der rhythmische Blinkzeichen gab. Es war wie bei einem Leuchtturm inmitten des Meeres. Dabei drehte sich die Sonne langsam um die eigene Achse.« Kurz darauf erschien innerhalb dieser Scheibe ein leuchtender blauer Punkt, der »links und rechts zahlreiche blaue Stangen ausstieß, die an einem Ende eine blaue Kugel hatten.« Diese Stangen schwebten zur Erde nieder, bildeten dort geometrische Muster und versanken in der Erde: »In den schneebedeckten Feldern sah man auch diesmal deutlich ihre Schatten und wie sie in der Erde versanken. Die Felder wurden ganz blau.« [14]

All dies sind keine Zitate aus ominösen UFO-Schriften, sondern aus Büchern, die mit kirchlicher Druckerlaubnis erschienen sind. Es fällt schwer, angesichts der z. T. sehr detaillierten Schilderungen hier nicht eine Parallele zu jenen Ereignissen zu sehen, die sich durch die gesamte Geschichte der Menschheit ziehen. Eine Über-

Dieses Bild entstand am 12. April 1968 über der koptischen Kirche von Kairo. Viele Betrachter erkannten in dem Lichtfleck eine Gestalt.

prüfung aller Einzelheiten macht ihre Interpretation als Eingriffe außerirdischer Intelligenzen wahrscheinlich.
Die Frage lautet: Warum auf diese Weise, d. h. in einer religiösmagischen Ummantelung? Was wollen »sie« damit erreichen? Wir wissen es nicht. Der bekannte amerikanische Astronom Carl Sagan schrieb 1973: »Außerirdische Gesellschaften werden Naturgesetze entdeckt und Technologien entwickelt haben, deren Anwendung für uns von Magie nicht mehr zu unterscheiden ist.« Dr. T. Kuiper vom Jet Propulsion Laboratory in Pasadena (USA) und Dr. M. Morris vom Owens Valley Radio Observatory in Pasadena hatten 1977 zusammengefaßt: »Es bleibt die Möglichkeit, daß Angehörige einer außerirdischen Zivilisation einen begrenzten Kontakt mit uns anstreben, ohne dabei etwas von ihrem Wissen preiszugeben. Sie könnten dieses Vorgehen gewählt haben, um gewisse Informationen in unser Bewußtsein zu implantieren und unsere Entwicklung so in eine bestimmte Richtung zu steuern.« [16]
Prof. James Deardorff, Physiker an der Oregon State University, weist darauf hin, daß außerirdische Intelligenzen möglicherweise eine Strategie verfolgen, die uns dazu führen soll, einen Kulturschock bei einer offiziellen Begegnung zu überleben. Die Kontakte seien mit »magischen Handlungen« angereichert, um Wissenschaftler, Militärs und Politiker zunächst von einer näheren Beschäftigung mit dem Thema abzuhalten und lediglich die allgemeine Öffentlichkeit über Generationen hinweg auf das bevorstehende Ereignis vorzubereiten [17]. Sogenannte »Marienerscheinungen« könnten nach seiner Auffassung in diese Kategorie fallen [18].
Unter diesen Aspekten und im Hinblick auf die deutlich technisch verifizierbaren Details von »Erscheinungen« werden wir auch diese »übernatürlichen Manifestationen« in den großen Komplex möglicher Kontakte mit extraterrestrischen Intelligenzen einbeziehen müssen. Nicht nur Theologen, auch und gerade Naturwissenschaftler und Techniker sollten sich mit dem Phänomen der Marienerscheinungen beschäftigen. Die gerade stattfindende Erscheinungsserie von Medjugorje wäre ein erster Ansatzpunkt. Doch auch

Untersuchungen auf den Feldern bei Montichiari sollten durchgeführt werden. Es würde mich nicht überraschen, wenn man dort auf recht ungewöhnliche Dinge stieße ...

Quellen:

1 Blumrich, J. F.: Da tat sich der Himmel auf, Düsseldorf 1973
2 Beier, H. H.: Kronzeuge Ezechiel, München 1985
3 Sassoon, G. u. Dale, R.: Die Manna-Maschine, München 1979
4 Fiebag, J. u. P.: Die Entdeckung des Heiligen Grals, Verlag 2000, Luxemburg 1984/erscheint im Feb. 89 bei Goldmann-Tb
5 Gentes, L.: Zur Frage der Tatsächlichkeit von Kontakten zu Außerirdischen in Altertum und Vorzeit; MUFON-CES-Ergänzungsband, Ottobrunn 1977
6 Däniken, E. v.: Habe ich mich geirrt?, München 1985
7 Fiebag, J.: Die geheime Botschaft von Fatima; Hohenrain-Verlag, Tübingen 1986
8 Barthas, C.: Fatima – ein Wunder des zwanzigsten Jahrhunderts, Verlag Herder, Freiburg 1955
9 Persönl. Mitteilung, 29. 5. 1987
10 Gang durch den Herrengarten; Eigenverlag Fr. Heyder, Regensburg 1983
11 Altgott, C.: Heroldsbach – Eine mütterliche Mahnung Mariens; Eigenverlag C. Altgott, Mönchengladbach 1979
12 Dopatka, U.: Lexikon der Prä-Astronautik, Düsseldorf 1979
13 Laurentin, R. und Joyeux, H.: Medizinische Untersuchungen in Medjugorje; Styria-Verlag, Graz/Köln 1986
14 Weigl, A.: Maria, Rosa Mystica; St. Grignion-Verlag, Altötting 1976
15 Sagan, C.: On the Detectivity of Advanced Galactic Civilizations; Icarus 19, S. 350–352 (1973)
16 Kuiper, T. B. H. u. Morris, M.: Searching for Extraterrestrial Civilizations; Science, 196, S. 616–621, May 1977
17 Deardorff, J.: Possible Extraterrestrial Strategy for Earth; Quarterly Journal of the Royal Astronomical Society, 27, S. 94–101 (1986)
18 Persönl. Korrespondenz J. Deardorff, 4. Febr. 1987

Der Gral –
ein außerirdisches Gerät?

VON DR. JOHANNES UND PETER FIEBAG

Vor einigen Jahren erschien das Buch DIE MANNA-MASCHINE von George Sassoon und Rodney Dale. Die beiden britischen Forscher legten darin erstmals die Rekonstruktion einer Maschine vor, die im altjüdischen Kabbala-Text beschrieben wird und die – so die Überlieferung – das biblische Manna herstellte. Das Gerät wurde den Israeliten offensichtlich zu Beginn ihrer Wüstenwanderung von den »Sternengöttern« übergeben und während des 40jährigen Marsches durch das Sinai-Gebiet in der Bundeslade aufbewahrt. Später fand es einen würdigeren Platz im eigens zu diesem Zweck erbauten Salomonischen Tempel. Der letzte Hinweis auf die Manna-Maschine findet sich im Makkabäer-Buch, wo der Prophet Jeremias 587 v. Chr. das Gerät am Nebo versteckte. Dann schweigt die Bibel sich aus, und nirgendwo findet sich eine weitere Spur.
Vor gut sechs Jahren begannen wir beide, uns intensiver mit der Geschichte der Manna-Maschine zu befassen. Wir fragten uns, ob ein derart wichtiger und außergewöhnlicher Gegenstand tasächlich ohne weiteres verschwinden kann, oder ob er nicht – gewissermaßen als »heiliges Gerät« – irgendwann im Laufe der folgenden 2500 Jahre wieder aufgetaucht sein könnte.
Unsere Vermutung stützt sich insbesondere auf die Parzivallegende des Hochmittelalters, auf die Sage vom »Heiligen Gral«. Die Legende wurde erstmals im 12. und 13. Jahrhundert schriftlich niedergelegt, und zwar zunächst von den beiden französischen Dichtern Christian de Troyes und Robert de Boron sowie dem deutschen

Erzähler Wolfram von Eschenbach. Ähnlich wie andere Sagen auch, setzt sich die Parzivallegende aus mehreren Komponenten zusammen, insbesondere aus der älteren keltischen Peredurüberlieferung, anderen heidnischen Mythen, christlichen Einflüssen und der eigentlichen Gralsüberlieferung selbst, die, was den Ursprung betrifft, von den anderen völlig isoliert zu betrachten ist.

Was nun war dieser Gral eigentlich? Die Autoren des Mittelalters gehen in ihrer Beschreibung sehr vorsichtig vor, sie haben das »heilige Gerät« offensichtlich nie gesehen. Für Wolfram von Eschenbach beispielsweise ist es ein »Ding«, zuweilen spricht er auch von einem »Stein«.

Wenn man den Grals-Begriff etymologisch betrachtet, stößt man auf die verschiedensten Herleitungsformen: »Becher«, »Napf«, »Brot«, aber auch – und das erscheint uns von besonderer Bedeutung – von »gangandi greidi«: »Gerät der umherwandelnden Wegzehrung«. Wie bereits angedeutet, spricht Wolfram zuweilen von einem Stein, den er »lapsit exillis« nennt, und auch hier gibt es in der umfassenden Sekundärliteratur eine Vielzahl von Übersetzungsmöglichkeiten: »Stein des Exils«, »Stein der Weisen« oder – aus »lapis lapsus ex illis stellis«: »Stein, der von jenen Sternen herabgekommen ist«, wie es Prof. Bodo Mergell übersetzt.

Wie wird der Gral beschrieben? Einig sind sich die Autoren insofern, als sie von einem wie auch immer gearteten Gerät aus Metall ausgehen, das mit leuchtenden Steinen besetzt war, die »den Glanz von Sonne und Mond« übertrafen, wie Christian schreibt. Zahlreiche wissenschaftliche Interpreten, etwa Emma Jung, sehen im Gral eine Art Tragaltar, der Parallelen zeigt zu »jenem Stein, der nach arabischen Legenden mit den Kindern Israels durch die Wüste gezogen und ihnen Wasser gespendet hatte«. Andere Autoren bringen den Gral in Verbindung mit dem legendären Wunderstein »Schamir« des König Salomo.

Was sagt die Kabbala über die Manna-Maschine? »Und von diesem Tau mahlen sie das Manna der Gerechten für die kommende Welt. Damals ernährte der Alte der Tage sie von dieser Stelle aus. Und es

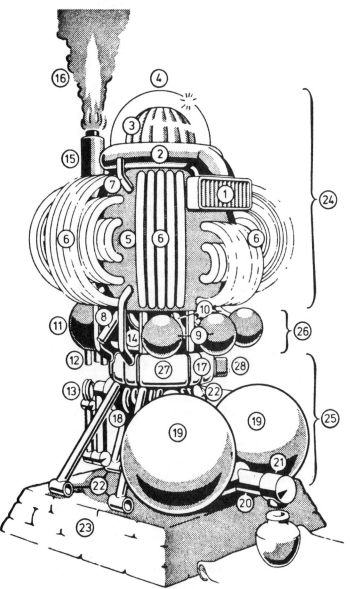

Die von Georg Sassoon und Rodney Dale rekonstruierte Manna-Maschine.

wird gesagt: Seht, ich will euch Brot vom Himmel regnen lassen. Und auch: Gott gebe dir vom Tau des Himmels.
Eine sehr ähnliche Aussage trifft Wolfram von Eschenbach über den Gral. Er schreibt: »Nun vernehmet eine andere Kunde. Hundert Knappen wurden aufgeboten, die nahmen auf weißen Linnen Brot ehrfürchtig von dem Gral. Man sagte mir, und ich sage es auch euch, daß vor dem Grale bereit lag, wonach ein jeder die Hand ausstreckte. Etwas Derartiges hat es nie gegeben, möchte mancher wohl sprechen. Aber er irrt. Denn der Gral war die Frucht der Seligen, eine solche Fülle irdischer Süßigkeit, daß er fast all dem glich, was man sagt vom Himmelreich.«
Der Schluß drängt sich geradezu auf: Der Gral des Mittelalters war nichts anderes als die Manna-Maschine der Israeliten!
Eine bedeutende Frage ist, ob das Brot, von dem Wolfram und die anderen Dichter sprechen, tatsächlich zu vergleichen ist mit dem biblischen Manna. Zu unserer eigenen Überraschung fanden wir eine solche Verbindung in der wissenschaftlichen Literatur. So schreibt beispielsweise Bodo Mergell 1952: »Für Wolfram ist festzuhalten, daß für ihn das Motiv der Speisung durch den Gral durch die Erinnerung an die biblische Speisung mit Manna nahelag.« Noch eindeutiger drückt es Emma Jung aus, die eine Verbindung sieht mit »Hagelsteinen und Reif, die als vom Himmel kommende weiße Steine die Vorstellung von Manna erwecken«.
Woher aber kam dieser Gral eigentlich? Wolfram von Eschenbach gibt in seiner Niederschrift, entstanden zu Beginn des 13. Jahrhunderts, eine derart frappierende Antwort, daß jeder Zweifel an der tatsächlichen Identität des Grals schwindet: »Ihn (den Gral) brachte einstmals eine Schar, die wieder zu den hohen Sternen flog, weil ihre Unschuld sie heimwärts zog.«
Manna-Maschine und Gral waren miteinander identisch, es handelt sich lediglich um zwei verschiedene Namen für ein und dasselbe Objekt.
Wie aber geriet die Überlieferung von der Manna-Maschine in ein Sagenepos des Mittelalters? Wieder ist es Wolfram, der entscheidende Hinweise gibt. Er bezieht sich bei der Niederlegung der

Gralslegende auf ein älteres, von einem gewissen Flegetanis verfaßtes »heidnisches« Buch, das in Toledo/Spanien gefunden wurde. Wolfram beschreibt diesen Flegetanis als Sohn einer Jüdin und eines Mannes, der ein Kalb anbetete. In der Tat kennt die Bibel diesen Mann. Er war Berater, Astrologe und Architekt des phönizischen Königs, sein Lebenswerk aber war die Erbauung des salomonischen Tempels, also jenes Gebäudes, dessen Zweck die Aufbewahrung von Bundeslade und Manna-Maschine war. Es gibt Hinweise darauf, daß dieser Mann den ursprünglichen Grals-Bericht verfaßte, der dann zunächst in die phönizische, später moslemische Welt und nach Einnahme Spaniens durch die Sarazenen ins dortige Zentrum des Wissens, nach Toledo, gelangte.

In der Parzivallegende wird der Gral von einer sogenannten Gralsritterschaft bewacht, Wolfram gibt ihr den Namen Templeisen. Dieser Name erinnert an den 1127 offiziell gegründeten und 1312 aufgelösten Orden der Templer, und tatsächlich wird aufgrund verschiedenster Übereinstimmungen auch in der Literaturwissenschaft diese Verbindung angenommen. – Besaßen die Templer die Manna-Maschine, waren sie die »Hüter des Grals«?

Um die eigentliche Ordensgründung ranken sich bis heute nicht geklärte Ereignisse. So ließen die neun Gründungsmitglieder des Ordens nicht nur in mühseliger jahrelanger Arbeit alte jüdische Texte übersetzen, sie hielten sich in den Jahren 1105 bis 1127 mehrmals in Jerusalem auf und nahmen dort Ausgrabungen im Bereich der Tempelruinen vor bzw. streiften wochenlang durch Palästina. Bis heute weiß niemand, wohin. Dann, 1127, scheinen sie gefunden zu haben, wonach sie suchten. Sie kehren nach Frankreich zurück, der Orden wird gegründet, aber in der Präambel der Ordensregel findet sich bereits der Satz: »Mit Gottes Hilfe ist das große Werk vollendet worden.«

Hatten die Templer den Gral entdeckt, besaßen sie die Manna-Maschine? Wir meinen, diese Frage positiv beantworten zu können. Bei der Verurteilung des Templerordens wurde den Mitgliedern 200 Jahre später u. a. vorgeworfen, ein Idol namens »Baphomet« verehrt zu haben. Liest man nun die in den Anklageschriften und den

Verhören zum Ausdruck gekommenen Beschreibungen dieses »Idols«, so sind diese nahezu identisch mit der Charakterisierung der Manna-Maschine im Sohar. Zugang zu diesem »Baphomet« hatten jedoch nur die Ordensführer und Großmeister.
Während der Zerschlagung des Ordens wurde das Gerät nicht gefunden. Doch existiert eine Aussage, derzufolge unmittelbar in der Nacht vor der Verhaftung ein Wagenkonvoi vom Tempel in Paris in Richtung Küste rollte. Möglicherweise war die Maschine hier verladen worden und konnte rechtzeitig in Sicherheit geschafft werden. Wohin? Die Klärung dieser Frage ist unsere nächste Aufgabe.
Die ausführliche Behandlung dieses Themas finden Sie in dem Taschenbuch: Dr. Johannes und Peter Fiebag, Die Entdeckung des Grals. Goldmann 1989

Literaturverzeichnis (Auswahl):

Boron, R. de: DIE GESCHICHTE VOM HEILIGEN GRAL, Stuttgart 1958
Charpentier, J.: DIE TEMPLER, Stuttgart 1956
Charpentier, L.: MACHT UND GEHEIMNIS DER TEMPLER, Olten 1978
Golther, W.: PARZIVAL UND DER GRAL, Stuttgart 1925
Hauck, A.: REAL-ENCYCLOPÄDIE FÜR PROTESTANTISCHE THEOLOGIE UND KIRCHE, Band 17, Leipzig 1906
Hertz, W.: PARZIVAL VON WOLFRAM VON ESCHENBACH, Stuttgart 1960
Jung, E.: DIE GRALSSAGE IN PSYCHOLOGISCHER SICHT, Zürich 1960
Kühmel, J.: WOLFRAM VON ESCHENBACH – PARZIVAL, Göppingen 1971
Mergell, B.: DER GRAL IN WOLFRAMS PARZIVAL, München 1952
Piper, P.: WOLFRAM VON ESCHENBACH – PARZIVAL (I und II), Stuttgart 1890
Sandkühler, K.: CHRISTIAN DE TROYES – PERCEVAL ODER DIE GESCHICHTE VOM GRAL, Rastatt 1963
Sassoon, G. und Dale, R.: DIE MANNA-MASCHINE, Rastatt 1979
Simrock, K.: PARZIVAL VON WOLFRAM VON ESCHENBACH, Stuttgart 1861
Stapel, W.: PARZIVAL, München 1977

Das »Eisberg-Paradoxon«

VON ULRICH DOPATKA

Dozent Dr. Nikolaus Vogt, Universität München, Sternwarte: Bei der »... *Frage nach der Existenz von außerirdischen Lebewesen, vor allem intelligenten Lebewesen*... *handelt es sich um eine naturwissenschaftliche Frage, die allerdings eine enge, interdisziplinäre Zusammenarbeit erfordert. Aspekte der Astronomie, der Physik, Informationstheorie und Kybernetik müssen berücksichtigt werden, aber auch solche aus der Biologie, Biochemie und Neurophysiologie, der Paläontologie, Anthropologie und Archäologie, der Geschichtsforschung und der Soziologie*... [1]«

Es rumort unter der Oberfläche, hinter den versiegelten Türen von Instituten und Seminaren. Das Thema »außerirdische Intelligenzen« in seiner ganzen Bandbreite ist seit einigen Jahren von der Wissenschaft okkupiert, hat Einlaß gefunden in die Sachlichkeit dieser Kreise. Dabei sind die Debatten um prinzipielle Grundfragen, ja sogar die Diskussion um die Methodik der Forschung, um »Strategie und Taktik«, zum guten Teil abgehakt. Interdisziplinär wurde in Theorie *und* Evidenz das heiße Eisen bereits geschmiedet. Das ist gut so! Nur – der interessierte *Laie* hat von diesen Aktivitäten keine blasse Ahnung. Wem ist bekannt, daß sogar Symposien über Aspekte der Forschung nach außerirdischem Leben, interstellarer Raumfahrt etc. stattfinden? Welcher Autor, der bei der Verlagssuche für sein populärwissenschaftliches Sachbuch sich die Knie blutig rutscht, weiß, daß namhafte Verlage wie *Pergamon Press, Oxford; University Science Books; University College Press; MIT-*

Press, Cambridge; Reidel, Dordrecht etc. Bücher von Wissenschaftlern auf den (Insider-)Markt werfen, die das ganze Panorama des Themas behandeln?

Wer weiß schon, daß bereits Resultate vorliegen – von möglichen extraterrestrischen Mikroorganismenproben in Meteoriten bis zu neuartigen Kalkulationen über die Geschichte außerirdischer Superzivilisationen und ihre Verbreitung in einer Galaxis?

Wie, beim Barte des alten Sokrates, fragt sich an dieser Stelle der Leser, ist diese Diskrepanz, dieser eiserne Vorhang im Reich der Information, möglich?

Welcher Art sind die Resultate, die in Kongressen und Forschungsprogrammen erarbeitet werden?

Und vielleicht die bedeutendste, hintergründigste Frage: Warum wird bewußt oder unbewußt von einer Vielzahl namhafter Wissenschafter Wert auf die Beibehaltung des Status quo zwischen Fach- und Populärwissenschaft gelegt?

Vorwürfe der genannten Art kontert ein Insider der Bildungsfront mit mitleidigem Lächeln: Wozu die Aufregung? Man könne doch jederzeit beziehen und lesen, was veröffentlicht sei. Nehmen wir ihn beim Wort und sehen uns einige Beispiele an:

- *The quest for extraterrestrial life / by Donald Goldsmith et al. University Science Books, cop. 1980.* DM 46,50.
- *Life in the universe / by William A. Gale et al. Westview Press – Symposia series, cop. 1979.* DM 63,40.
- *Extraterrestrials – where are they / by M. H. Hart and B. Zuckerman. Pergamon Press, cop. 1982.* DM 69,20.
- *Proceedings of the open meeting of the working group on space biology / by R. Holmquist, Committee on Space Research et al. Pergamon Press, 1980.* DM 72,45.
- *Proceedings of the conference »Life in the universe« / by John Billingham, NASA Aimes Research Center et al. MIT Press, cop. 1981.* DM 80,80.
- *Comets and the origin of life / by Cyril Ponnamperuma et al. Reidel, cop. 1981.* DM 92,25.

- *Strategies for the search for life in the universe / by Michael D. Papagiannis, International Astronomical Union, Commissions 16,40,44. Reidel, 1980.* DM 92,40.
- *Communication with extraterrestrial intelligence / by John Billingham and Rudolf Pesek. Pergamon Press, cop. 1979.* DM 130,–.
- *Origin of life / by Yecheskel Wolman et al. Reidel, cop. 1981.* DM 152,15.
- *Interstellar molecules / by Brian H. Andrew, International Astronomical Union, Commissions 14,34,40. Reidel, cop. 1980.* DM 170,40.

Sind dem Leser die Preise dieser »jedermann zugänglichen« Publikationen aufgefallen, bedingt durch die bei wissenschaftlichen Werken üblichen geringen Auflagequoten? Und selbst wenn sich Otto Normalverbraucher einmal ein solches Werk leistet oder über den Leihverkehr der nächsten Bibliothek zukommen lassen würde: Nichts wäre gewonnen. Inhalt und Form lassen ihn andächtig erschauern. Wissenschaftliche Vorbildung erst ist der Schlüssel zum Verständnis einer derartigen Schrift. Das gilt oft selbst für die z. T. vorhandenen »abstracts«, die Kurzfassungen; und daß die Quellen in der Regel in Englisch sind, versteht sich von selbst.

Für jeden, der sich dennoch nicht abschrecken läßt oder die Probe aufs Exempel machen möchte, seien hier einige erstaunliche Erkenntnisse und Projekte kurz umrissen.

Eine Reihe von Veröffentlichungen von Biologen, Biochemikern und Astronomen tendieren zu einer Sanktionierung der vor kurzem als revolutionär geltenden Idee des britischen Astronomen Fred Hoyle (ehem. Leiter des Institutes für theoretische Astronomie, Cambridge): Ein Großteil der Masse unserer Galaxis besteht aus organischem Material von mikroskopischer Dimension. Allein durch Lichtdruck können diese »Sporen« Planeten verlassen [2], und wenn die Keime nicht größer als 10^{-4} cm sind, auch unbeschadet vom Weltall aus Planetenoberflächen infizieren [3]. Sie verglühen demnach nicht wie Meteoriten. Geologen wie H. D. Pflug, Universität Gießen, fanden Bestätigungen durch zweifellos hoch entwickelte, zellartige Strukturen in präkambrischen Erdschichten, Strukturen, denen fossile Stammformen fehlen [4], die aber Parallelen aufweisen zu Einschlüssen in Meteoriten. Wem ist bekannt, daß nicht nur Aminosäurenspuren in Meteoriten und die frappant biochemische Zusammensetzung von Kometen nachgewiesen wurde, sondern wie im Falle des Murchinson-Meteoriten (niedergegangen am 28. September 1969 in Australien, Gewicht 82,7 kg) perfekte, mikroorganismenähnliche Zellkörper freigelegt werden konnten [5]? Die vorliegenden Resultate verblüffen aber noch mehr, wenn man vernimmt, daß selbst Mondbodenproben Aminosäurenspuren aufwiesen, welche die kosmische Verbreitung und *Einheitlichkeit* des Lebens bestätigen [6]. Nicht nur diese Schlußfolgerungen ziehen sich neuerdings durch die Veröffentlichungen [7, 8, 9], sondern sogar eines der größten Rätsel irdischen Lebens, die sogenannte optische Aktivität der Moleküle, scheint ihre Prägung durch kosmische Strahlung in den galaktischen, organischen Staubwolken zu erlangen [10].

Auch wenn die galaktische Kommunikation nicht an die Technologie unserer Radioteleskope gebunden sein dürfte, beweisen doch die jüngst entwickelten Techniken das gesteigerte Interesse, auf diesem Sektor Resultate zu erzielen. Unter der Leitung des Physikers Paul Horowitz (Cambridge, Mass.) kreierte die NASA das Projekt einer computergesteuerten Suche und Dechiffrierung kosmischer Frequenzen, die alle bisherigen Lauschprogramme in den Schatten stellt. Leider hat der US-Senat die erforderlichen zwölf Millionen Dollar für das neue, 128 000 Frequenzen parallel analysierende SETI-Projekt [11, 12] vorerst auf Eis gelegt. 1000 Sternregionen im Radius von 80 Lichtjahren wären dabei speziell unter die Lupe genommen worden – zusätzlich zur Durchmusterung des gesamten Himmels. Die Zurückhaltung der Politiker wird nicht endgültig sein.

In der populären Literatur, in Presse und Funk wird nur gelegentlich von diesem oder jenem Projekt verlautbart – wußten Sie aber, daß es allein bis 1978 schon 13 dieser dollarschwangeren Unternehmen gab? Hier eine Zusammenstellung [13]:

Datum	Beobachter	Radio-teleskop (m)	λ (cm)	Anzahl der Sterne	Nachweisgrenze (Watt m^{-2})
1960	Drake	26	21	2	10^{-21}
1968	Troiskii und Mitarb.	14	32	12	$2 \cdot 10^{-21}$
seit 1970	Troiskii	Dipol	16, 30, 50	gesamter Himmel	?
1972	Verschuur	43	21	10	$1{,}7 \cdot 10^{-23}$
1972	Verschuur	91	21	3	$5 \cdot 10^{-24}$
1972–76	Zuckermann und Palmer	91	21	670	$5 \cdot 10^{-24}$
seit 1972	Bowyer u. Mitarb.	26	variabel	zufällige Richtungsauswahl	10^{-21}
seit 1972	Kardashev	Dipol	?	gesamter Himmel	?
seit 1973	Dixon und Cole	53	21	gesamter Himmel	$1{,}5 \cdot 10^{-21}$
seit 1974	Bridle u. Feldmann	46	1,3	70	10^{-22}
1975–76	Drake und Sagan	305	12, 18, 21	mehrere Galaxien	10^{-24}
1977	Tarter und Friends	91	18	200	10^{-24}
1978	Horowitz	305	21	185	10^{-27}

Ein intellektueller Umbruch von viel größerer Tragweite zeichnet sich in der Beurteilung der sogenannten »Konzeption einer interstellaren Kolonisation« ab. Salopp gesagt, ist eine Besiedlung unserer Galaxis selbst mit »dampfgetriebenen Raumfregatten« möglich. Die Logik, die sich hinter dieser (»evidenttheoretischen«) Feststellung verbirgt, ist von einer Explosivkraft, die das Fernsehprofessoren-Gestammel von der Isolation *unserer* Zivilisation in Raum und Zeit demaskiert und *außerdem den Spieß umdreht:* Die der Philosophie zugedachten *fremden* Zivilisationen, in ihrer Entstehungszeit unserer Welt voraus, werden plötzlich flügge. Sie könnten sich längst, als *eine einzige* Art, galaktisch verbreitet haben und die Milchstraße physiognomisch und *noologisch* geprägt haben.

Die vorliegenden Werte basieren auf einem naheliegenden Modell:

Mutterplanet A besiedelt B, von B (und ebenfalls A) wird C besiedelt – während C Planet D in Angriff nimmt, hat Planet B vielleicht schon G und H angepeilt... Schneeballeffekt nennt Erich von Däniken diese plausible Methode; vielen ist sie als »Schachbrettsyndrom« bekannt (das Märchen von den Weizenkörnern...), anderen als Exponentialfunktion aus der Mathematik. Im Radius von 10 Lichtjahren finden sich 40 Sterne, bei 20 Lichtjahren sind es schon deren 280, bei 30 schon 760, in 40 Lichtjahren 1480 Sterne, viele von ihnen Ziele für Expeditionen, bei denen die Geschwindigkeit der Raumschiffe sekundär ist. Die Zahl wächst mit dem Quadrat des Radius jeder Schicht: in 5 bis 10 Millionen Jahren wäre die Galaxis besiedelt [13, 14, 15].

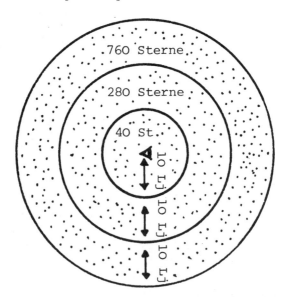

Selbstverständlich gibt es die Fremden, selbstverständlich werden sich schon *vor* der irdischen andere Zivilisationen entwickelt haben, selbstverständlich betreibt eine technologische Kultur früher oder

später Raumfahrt – ergo... selbstverständlich gilt der oben genannte Effekt. Was 1976 vorsichtig theoretisiert wurde, etabliert sich heute als Grundstimmung: In Abständen von rund $7,5 \times 10^6$ Jahren könnten statistisch Außerirdische die Erde betreten haben – 650 Besuche auf Planet Nr. 3, System Solar, oder wie immer sie es nannten [16]!
Scheuklappen scheinen aus der Mode gekommen zu sein; das gilt nicht allein für »bewußtseinserweiternde Theorien«, sondern auch für die Überprüfung sichergeglaubter Forschungsresultate, z. B. den mit der C-14-Methode gewonnenen Wert. Es ist kein Sakrileg mehr, an dieser Methode zu zweifeln. Das Modell unserer Vorgeschichte, die Kulturenfolge etc. könnte zeitlich völlig neu gestuft werden. Das Schlachten der heiligen Kühe archäologischer Lehrbücher, Datierungen und Zahlenwerte hat schon begonnen [17]. Von der Pyramide zur Sphinx war noch nie ein weiter Weg.
Entdeckungen im Bereich der subatomaren Welt warfen Licht auf Zusammenhänge und Wechselwirkungen in ganz anderen kosmischen Dimensionen. Im Reich der Quanten (nicht weiter teilbare Energieteilchen) gilt das überkommene Prinzip der isolierten Betrachtung und Analyse nicht mehr: Teilchen, auch wenn sie durch den Durchmesser des Universums voneinander getrennt wären, reagieren miteinander wie ein einziges System. Ein Paradoxon, das als »Einstein-Podolsky-Rosen«-Phänomen in der einschlägigen Literatur auftaucht [18, 19, 20]. Hier könnte auch die Erklärung für das Fehlen des kosmischen Funkfeuers liegen, nach dem unsere Radioastronomen spähen. Kein archäologisches Artefakt, keine Epoche – um das Zentralthema der Prä-Astronautik aufzugreifen – kann isoliert betrachtet und katalogisiert werden: Es *gibt* Einflüsse, die räumlich und zeitlich die Vorstellungskraft braver Historiker sprengen. Wir denken dabei nicht allein an plastisch gut auszumalende Besuche außerirdischer Intelligenzen, sondern vor allem an die – so seltsam das klingt – auf Schwankungen zurückgehende, biologisch-zivilisatorische Evolution bewußtseinsfähiger Wesen [21]. Wie die Forschung an eineiigen Zwillingen beweist, sind wohl nicht allein Einzelpersonen, sondern auch Zivilisationen in ihren

Intentionen derart determiniert und vorausbestimmt, daß auch in dem allzu irdischen Denken unserer Archäologen der Aspekt vom kosmischen Einfluß Einlaß finden muß und wird. Denn hier, wie an jedem Punkt des Kosmos, gründet sich die Evolution auf »den Geist der Materie«. Eine Freude zu beobachten, wie diese fast mystische Sicht der Dinge auch von wahrhaften Kapazitäten in den Naturwissenschaften akzeptiert wird und Jean E. Charon [22] plötzlich zitierwürdig wird [23]! Den Naturwissenschaften werden Sozialwissenschaften, Politik, Ethik und Religion folgen.

Kosmische Distanzen zählen nicht, die Geschehnisse im Universum sind ineinander verwoben wie der Naturkreislauf im Biotop eines Schrebergartens. Kurz: Sie waren nicht nur da, sondern es gibt einen (wechselseitigen) Einfluß. Die Prä-Astronautik tastete sich ursprünglich anhand von Indizien zu diesem Schluß vor. Seit einigen Jahren macht die nobelpreisverdächtige Theorie der Synergetik (Wissenschaft der Selbstorganisation und des Zusammenhanges in allen Bereichen der Natur und Soziologie) durch das Dogma der Nicht-Isolation von Systemen aller Art Furore [24, 25, 26, 27]. Wohlgemerkt: Wir haben es bei der Synergetik mit einer evidenten, auf Mathematik und Experiment basierenden Disziplin zu tun, nicht mit Geistesakrobatik [30]. Es würde mich nicht wundern, wenn die Prä-Astronautik als ein Aspekt der Synergetik etabliert würde – es gibt sogar Hochrechnungen der im Kosmos entstandenen »Negentropie-Quantitäten«, also der Zahl von Wesen mit ähnlich komplexer Struktur (besonders was das Gehirn betrifft) wie die des Menschen. Das Ergebnis pulverisiert geradezu die alten Skeptiker: Der Kosmos wimmelt nicht nur von menschenähnlichen Wesen, sondern beherbergt wahrscheinlich noch höherstrukturierte Wesenheiten, wobei man nicht nur an gehirnähnliche Strukturen denken sollte [31].

In die gleiche Kerbe schlägt auch das von Zeit zu Zeit laut werdende Schlagwort vom »anthropischen Prinzip«. Alle physikalischen Konstanten, von der Gravitation bis zum Elektromagnetismus, sind so »dosiert«, daß Strukturen *wie wir Menschen* entstehen *müssen* [32, 33]. Nur sind wir wahrscheinlich nicht die ersten...

Der Gedanke, (»überlegenen«) Extraterrestriern »hautnah« zu sein, liegt *wissenschaftlichen* Insidern schwer im Magen. Sie werden aber nicht allein von den gleichen Verdauungsschwierigkeiten gequält wie der Mann von der Straße, sondern im Falle eines allzu rasanten Paradigmawechsels auch noch gezwungen, über den Schatten ihres Studiums und des Inhalts ihrer Vorlesungen zu springen – denn *sie* waren es, die paradigmabildend wirkten. Die Unvermeidbarkeit des Bewußtseinswandels einsehend, ist man intuitiv froh über Verzögerungen einer (vor)schnellen Popularisierung neuer Erkenntnisse. Eine Zeitlupenphilosophie, die zwar kaum aktiv von Koryphäen und Patriarchen verordnet, jedoch durch die Passivität bei der Öffentlichkeitsarbeit gefördert wird. Hinzu stößt ein psychologisches Moment: Reden wir nicht um den heißen Brei herum – es wäre für viele allzu lautstarke Protagonisten schmachvoll, gegen Outsider und einige Kasten tiefer eingestufte Personen wie Erich von Däniken zurückstecken zu müssen. Offiziell gilt ja noch das Axiom von der Unnahbarkeit der ETs; doch sind sie schon längst von einer philosophischen zur physikalischen Größe avanciert. Gerade so, als ob plötzlich ein zentrales Thema von Gruselgeschichten faßbar geworden wäre.

Nun, auf wissenschaftlichem Parkett wird man mit rhetorischen Kniffen die 180°-Drehung durchziehen. Das Gewitter des anschließenden, gegenseitigen Schulterklopfens wird jedoch außerhalb des Campus kaum Trommelfelle verletzen. Denn außerhalb der akademischen Bannmeile personifiziert die Öffentlichkeit diese folgenschwere Horizonterweiterung mit den verpönten, ach so pseudowissenschaftlichen Populärliteraten, die in Wahrheit den *eigentlichen* Stapellauf in neue Denkkategorien vollzogen. Ihre Theorien, Spekulationen und Interpretationen werden nicht nur aus dem Ozean der Phantasie gehievt und vom Schlamm der Lächerlichkeit befreit, sondern ihre mutige Denkweise wird ganz allgemein Aufwind erhalten.

Wir sollten jedoch nicht verallgemeinern und der Wissenschaft einen elitären Beigeschmack von Publikumsfeindlichkeit zuteilen. Dem ist keinesfalls so. Es sind Ausnahmeerscheinungen anzuprangern, die im Falle von Exobiologie und Prä-Astronautik vermehrt auftreten. Unter den modernen Forschern gibt es auch solche, die möglicherweise eine akzeptable Motivation für ihre Zurückhaltung haben. Könnte es nicht sein, daß der Kulturschock einer ET-Konfrontation (der alte »Götter-Schock« aus den Mythen) durch eine bedächtige, dosierte Informationspolitik gemildert wird? Auf jeden Fall wird sich die Wahrheit letztlich Bahn brechen, das Thema ist nicht »out« [34]. In einem umfassenden Werk, dessen Autor systematisch allen Pseudowissenschaftlern vom Schlage Uri Gellers an den Kragen gehen will [35], sucht man von Däniken vergeblich: Vermutlich, weil sachlich die Aussage seiner Theorie nicht ad absurdum geführt werden kann. Ganze Bibliographien [36] bestärken unsere Vermutung: Wir sitzen auf dem richtigen Schiff und ... es kommt eine starke Brise auf.

Quellen:

1 Vogt, N.: Gibt es außerirdische Intelligenz? In: Naturwissenschaftliche Rundschau, 36. Jg., H. 5, 1983, S. 201
2 Hoyle, F.: Wickramasinghe, C.: Wie das Leben auf die Erde kam. In: Bild der Wissenschaft, H. 1, 1982, S. 41, 43
3 Holzmüller, W.: Unsere Umwelt – ihre Entwicklung und Erhaltung. Leipzig 1981
4 Furtmayr-Schuh, A.: Strukturen im Sternenstaub. In: Die Zeit, 13. Mai 1983, S. 62
5 Tschimmel, U.: Kosmische »Bomben« brachten das Leben. In: Medizin heute, H. 5, 1982, S. 8
6 Schriefers, H.: Was ist Leben? Stuttgart 1982, S. 22
7 Meteorites. In: McGraw-Hill Encyclopedia of Science and Technology, New York 1982, S. 714
8 Wasson, J. T.: Meteorites: classification and properties. Berlin 1974, S. 164 ff
9 Taube, M.: Evolution of matter and energy. Würenlingen 1982, S. 4.14 ff
10 Khasanov, M. M.; Gladyshev, G. P.: Optical activity and evolution. In: Origins of life, No. 10, 1982, S. 247 ff
11 Crick, F.: Das Leben selbst. München 1983.

11 Für Signale Außerirdischer empfangsbereit. Associated Press, 14. März 1983.
12 Vogt, N. ... (s. o.) S. 205
13 Reeves, H.: Woher nährt der Himmel seine Sterne: die Entwicklung des Kosmos und die Zukunft des Menschen. Basel 1983, S. 268f
14 Taube, M. ... (s. o.) S. 9,34ff
15 Vogt, N. ... (s. o.) S. 207
16 Wertz, J. R.: The human analogy and the evolution of extraterrestrial civilizations. In: Journal of the British Interplanetary Society, Vol. 29/7–8, 1976
17 Wilder Smith, A. E.: Die Naturwissenschaften kennen keine Evolution. Basel 1982, S. 102ff
18 Reeves, H. ... (s. o.) S. 222ff
19 Davies, P.: Mehrfachwelten – Entdeckungen der Quantenphysik. Düsseldorf 1981
20 Leonard, G.: Der Rhythmus des Kosmos. Bern 1980. S. 98ff
21 Haaf, G.: Sanfter Krieg der Welten. In: Die Zeit, 20. Mai 1983, S. 56
22 Charon, J. E.: Der Geist der Materie. Wien 1979
23 Preuss, H.: Atome und Moleküle als Bausteine der Materie. Frankfurt 1982
24 Haken, H.: Synergetik: eine Einführung. Berlin 1982
25 Jantsch, E.: Die Selbstorganisation des Universums. München 1979
26 Ebeling, W.; Feistel, R.: Physik der Selbstorganisation und Evolution. Berlin, Ost 1982
27 Reinbothe, H.; Krauss, G.-J.: Entstehung und molekulare Evolution des Lebens. Jena 1982
30 Großmann, S.: Chaos – Unordnung und Ordnung in nichtlinearen Systemen. In: Physikalische Blätter. Vol. 39, No. 6, Juni 1983, S. 139ff
31 Harrison, D.: Entropie and the number of sentient beings in the universe. In: Speculations in science and technology. Vol. 5, No. 1, 1982, S. 43ff
32 Breuer, R.: Das anthropische Prinzip. Wien 1981
33 Wagoner, R. V.: Cosmic horizons. San Francisco 1982
34 Rood, R. T.; Trevil, J. S.: Are we alone? The possibility of extraterrestrial civilizations. New York 1983
35 Gardner, M.: Kabarett der Täuschungen – unter dem Deckmantel der Wissenschaft. Berlin 1981
36 Sable, M. H.: Exobiology: a research guide. Brighton, MI 1978

Chiron und Nereide –
künstliche Objekte im Sonnensystem?

von Dr. Johannes und Peter Fiebag

»Wer weiß,
was in der Zeiten Hintergrunde schlummert?«
F. v. Schiller (Don Carlos)

Am 1. November 1977 entdeckte Charles Kowal, Astrophysiker am California Institute of Technology, eines der wohl merkwürdigsten Objekte unseres Sonnensystems. Beim Vergleich zweier Fotoplatten, die er am 18. und 19. Oktober des gleichen Jahres mit einer Kamera des 122-Zentimeter-Schmidt-Teleskops am Mount Palomar belichtet hatte, stellte er eine geringfügige Veränderung eines sehr lichtschwachen Punktes fest. Später zeigte sich, daß auch Tom Gehrels (University of Arizona) das Objekt am 11. Oktober abgelichtet hatte, und Überprüfungen ergaben seine Existenz auch auf Fotoplatten weiter zurückliegender Jahre. Wegen seiner extremen Lichtschwäche (bei nur +18 bis +19) war er damals aber nicht aufgefallen.

Diese zunächst als »Kowals Objekt« bezeichnete Erscheinung wurde später »2060 Chiron« getauft (nicht zu verwechseln mit dem Pluto-Mond Charon). Kowal und B. G. Marsden vom Smithonian Astrophysical Observatory, Cambridge [1], kamen unabhängig voneinander sehr schnell zu dem Ergebnis, daß Chiron sich auf einem Orbit zwischen den Planeten Saturn und Uranus befinden muß. Seine maximale Entfernung von der Sonne (Aphel) beträgt 18,9 AE, seine minimale Distanz (Perihel) 8,5 AE. Er bewegt sich damit auf einer sehr exzentrischen Bahn, die sogar die des Saturn kreuzt.

Schwieriger als die Bestimmung des Orbits gestaltete sich die Abschätzung der Größe des Objekts. Da es sehr lichtschwach ist, können alle Angaben dazu nur vorläufiger Natur sein. Die Annahmen schwanken zwischen 100 und 400 km (in einigen Fällen sogar bis 700 km), was ihn zu einem Körper in der Größenordnung der größeren Asteroiden machen würde [2].

Über die Natur Chirons gibt es zwei verschiedene Theorien: O. Gingerich [3] und J. Ashbrook [4] vertreten die Auffassung, es könne sich um einen exotischen Kometen handeln (in diesem Fall wäre Chiron um die 100 km groß), andere, etwa R.C. Smith (University of Sussex [5]) und D.W. Hughes (University of Sheffield [6]) halten ihn für einen Asteroiden. Letzteres scheint durch Farbanalysen der Astronomen W.K. Hartmann, D. Cruikshank und J. Degewij bestätigt zu werden, wonach »dieses Objekt eine Farbe aufweist, die eher den dunkel gefärbten, kohlenstoffhaltigen Asteroiden ähnelt als einer hellen, eisigen Oberfläche wie etwa der von Europa« [7].

Nun ist die Entdeckung eines neuen Asteroiden im Grunde nichts Sensationelles. Zwischen Mars und Jupiter gibt es Millionen von ihnen, in allen denkbaren Größenklassen, vom millimeterkleinen Staubkorn bis hin zu den mehrere hundert Kilometer durchmessenden Planetoiden wie Ceres, Vesta, Pallas und Juno. Das Außergewöhnliche an Chiron ist, daß er sich eben nicht in diesem Bereich aufhält, sondern sehr viel weiter draußen, was R.C. Smith zu der Frage veranlaßte: »Sein Orbit liegt hauptsächlich zwischen Saturn und Uranus – aber was macht ein Asteroid so weit entfernt vom Hauptring zwischen Mars und Jupiter?« [5] Smith hat eine Hypothese entwickelt, welche die Existenz Chirons vielleicht erklären könnte: Demnach wäre Chiron ein »entlaufener« Asteroid aus dem Planetenring, der gewissermaßen auf einer »Katapultbahn« zunächst von Jupiter und dann von Saturn abgelenkt und in seinen heutigen Orbit gebracht wurde. Einen derartigen Vorgang hatte der Astronom R.B. Hunter schon 1967 als theoretisch möglich berechnet, so daß die Entdeckung Chirons eine Bestätigung für diese Annahme zu sein schien.

Tatsächlich wurde sehr schnell klar, daß Chirons Bahn um die Sonne extrem instabil ist, so daß man sogar von einem »chaotischen Orbit« sprechen kann [8]. Alles scheint darauf hinzudeuten, daß Chiron erst 1664 seine heutige Bahn eingenommen hat [6]. In der astronomischen Zeitskala ist dies ein überraschend junges Datum, scheinen doch alle anderen Orbits im Sonnensystem seit Millionen von Jahren zu bestehen. Trifft also Smiths Annahme eines erst kürzlich erfolgten Hinausgleitens Chirons zu?

Smith selbst schreibt in seiner 1978 veröffentlichten Arbeit [5]: »Wenn diese Darstellung (Chirons Ursprung im Asteroidengürtel, Anmerk. d. Verf.) richtig ist, sollte Chiron nur ein Mitglied einer kleinen, aber signifikanten Gruppe von vielleicht 40 Asteroiden mit Umlaufbahnen weiter als die von Saturn sein. Andere Mitglieder der Gruppe wären wahrscheinlich lichtschwächer als Chiron und entsprechend schwieriger zu entdecken. Darüber hinaus sollte es auch eine größere Ansammlung von etwa 300 lichtstärkeren Asteroiden geben, mit Helligkeiten bis etwa +15 und Orbits zwischen Jupiter und Saturn, die vielleicht in zwei Gürteln konzentriert sind. Diese Asteroiden würden höhere Geschwindigkeiten als Chiron haben und so sehr viel einfacher zu finden sein. Es wäre wert, eine systematische Suche danach aufzunehmen, obwohl die abgeschätzten Daten extrem ungenau sind.«

Wir wollen noch einmal festhalten, was wir über Chiron wissen:

1. Größe zwischen 100 und 400 km im Durchmesser.
2. Orbit zwischen Saturn und Uranus.
3. Der Orbit ist instabil und besteht wahrscheinlich erst seit 1664.
4. Die Hypothese eines »exotischen Kometen« konnte widerlegt werden.
5. Die Hypothese eines »entlaufenen Asteroiden« könnte bestätigt werden, sofern sich neben Chiron noch andere Objekte zwischen Saturn und Uranus bzw. Jupiter und Saturn finden lassen.

Dies war der Kenntnisstand vor etwa zehn Jahren, kurz nach der Entdeckung Chirons durch Charles Kowal. Was wissen wir heute?

Welche neuen Daten konnten geliefert werden? Wurde die Hypothese eines Asteroiden bestätigt?

Erstaunlicherweise wissen wir im Grunde noch immer nicht mehr über Chiron als damals (vgl. Tabelle 1 + 2). R. Lipscomb hatte 1983 geschrieben: »Die Astronomen haben damit begonnen, Fortschritte im Ansammeln einiger weniger Fakten über Chiron zu machen, aber das zentrale Rätsel – was nämlich etwas so Großes in einer Region macht, in der wir nur Kometen zu finden erwarteten – ist nicht gelöst worden.« [9] Man weiß heute zusätzlich lediglich, daß

Tabelle 1: Daten zu 2060 Chiron (Objekt Kowal)

Entdeckung	1. November 1977
Entdecker	C. Kowal, Hale Observatories, California Institute of Technology, USA
Instrument	122-Zentimeter-Schmidt-Teleskop, Mount Palomar, USA
Durchmesser	100 bis 400 Kilometer
Position	Orbit zwischen Saturn und Uranus
Umlaufzeit um die Sonne	50,7 Jahre
Perihel	8,5 AE
Aphel	18,9 AE
Albedo	0,03 bis 0,05
Derzeitige Helligkeit	+17 bis +18
Maximale Helligkeit	+15
Derzeitiger Orbit seit	1664
Form	vermutlich rund
Oberfläche	dunkel und glatt
Hypothesen zur Natur des Objektes	exotischer Komet entlaufener Asteroid extraterrestrisches Raumschiff

Tabelle 2:
Position Chirons im
Sonnensystem

Chiron »rund, glatt und dunkel« ist [9]. Kowal selbst mußte resignierend feststellen: »Nach der Entdeckung von Chiron setzte ich meine Suche nach solchen Objekten über weitere vier Jahre fort. Ich fand nichts Vergleichbares – somit bleibt Chiron einzigartig« [9].

Auch heute, 1988, hat sich nichts daran geändert. Chiron ist das einzige Objekt dieser Art geblieben. Die Hypothese Smiths hat sich somit als vermutlich falsch herausgestellt, da trotz intensiver Suche weder im Bereich zwischen Saturn und Uranus noch zwischen

Jupiter und Saturn einer der von ihm postulierten Asteroide gefunden werden konnte. So ist es nicht verwunderlich, daß sogar Kowal eingesteht, daß Chiron »weder mit Kometen noch mit Asteroiden« verglichen werden könne [9].

Wir kennen aber keine weitere Kategorie von Körpern im Sonnensystem, denen das Objekt dann zuzuordnen wäre. Es ist daher legitim, eine völlig andere Erklärung anzubieten. Die Existenz Chirons, sein seltsames Orbitalverhalten und seine offensichtliche Einzigartigkeit fänden vielleicht dann eine Erklärung, wenn wir einen künstlichen Ursprung des Objekts annähmen. Wir wollen im folgenden versuchen, diese Hypothese zu erläutern.

Interstellare Raumfahrt wurde bis in die Mitte der siebziger Jahre hinein als weitgehend unmöglich betrachtet. Seit aber M. Hart vom National Center for Atmospheric Research, Boulder [10], ausgehend von den Entwürfen G. K. O'Neills (Princeton University [11]) über die Konstruktion großer Weltraum-Habitate (vgl. hierzu auch [12]), die Möglichkeit einer galaktischen Kolonisation durch Generationsschiffe belegte, hat die Diskussion einen anderen Verlauf genommen. Eine völlige Kolonisierung der Galaxis durch zumindest eine raumfahrende intelligente Zivilisation in nur etwa fünf bis sechs Millionen Jahren wird heute als durchaus möglich angesehen [13–15]. Wenn dem so ist, sollten »sie« auch unser Sonnensystem besucht haben [16–20], eine Hypothese, welche die Prä-Astronautik seit ihrer Existenz vertritt.

Selbst wenn wir sämtliche bislang vorgelegten Indizien für einen Besuch extraterrestrischer Intelligenzen ignorieren oder als nicht beweisfähig beiseite schieben, bleibt doch die sich nun immer deutlicher herauskristallisierende *Möglichkeit* eines solchen Besuches, einfach, weil die mathematische Wahrscheinlichkeit dafür spricht. Dies führt zu der paradoxen Situation, daß »sie« einerseits hier sein *müßten*, wir andererseits offensichtlich keine Beweise dafür haben. Einige Wissenschaftler, die dieses erstmals von dem berühmten Physiker Enrico Fermi formulierte Paradoxon (ursprünglich zitiert in [21]) durch verschiedene Überlegungen konkretisiert haben, sind daraufhin sogar zu dem Ergebnis gekommen,

es könne überhaupt keine extraterrestrischen Zivilisationen geben [22, 23].
Aber R. Freitas vom Xenology Institute, Sacramento, hat gezeigt, daß das Fermi-Paradoxon sowohl aus logischen wie auch aus beobachtungstechnischen Gründen gar nicht existiert [24, 25]. Wir kennen – trotz aller bisherigen bemannten und unbemannten Vorstöße ins All – nur einen sehr geringen Teil des Sonnensystems genau genug, um eine Präsenz von außerirdischen Intelligenzen oder ihrer Hinterlassenschaften ausschließen zu können, wobei die von der Prä-Astronautik vorgebrachten Indizien hier noch gar nicht berücksichtigt sind. M. Papagiannis (Boston University [16, 17, 26, 27]) hat vorgeschlagen, extraterrestrische Kolonien könnten sich vielleicht im Asteroidengürtel verbergen, ohne bislang von uns bemerkt worden zu sein. Rohstoffe, Sonnenenergie und Wasser (von den Eismonden des Jupiter und den Polkappen des Mars) wären dort in nahezu unbegrenzten Mengen vorhanden. Diese Kolonien könnten sich hinter einigen Asteroiden oder sogar in Asteroiden verbergen, so daß wir ihre Aktivitäten bislang nicht zu entdecken vermochten. R. Freitas und F. Valdes (University of California [20]) betonen insbesondere die Möglichkeit solcher Kolonien bei Asteroiden mit Monden, wie z. B. 9 Metis [28] oder 532 Herculina [29].
D. G. Stephenson (Max-Planck-Institut für Atmosphärenforschung, Lindau, [30]) will diese Möglichkeit zwar nicht ausschließen, hält aber ein anderes Szenario für wahrscheinlicher. Er schreibt, und dies bringt uns wieder zum Ausgangspunkt unserer Betrachtungen zurück: »Wenn ein interstellares Fahrzeug dieses Sonnensystem erreicht, wäre es am wichtigsten, zunächst leichte Atome für den Hauptantrieb aufzunehmen... Die leichten Elemente sind reichlich in der Region der Gasriesen und ihrer Satelliten vorhanden. Für eine Kultur, die lange Zeiten im interstellaren Raum verbringt, sind die äußeren Regionen eines Sonnensystems diejenigen, die ihnen am vertrautesten erscheinen... Wenn wir hoffen wollen, die Spuren einer hochentwickelten Kultur in diesem Sonnensystem zu finden, scheint es logisch zu sein, jene Regionen

abzusuchen, in denen sich ein interstellares Fahrzeug am wahrscheinlichsten aufhalten würde, d. h., die Suche sollte sich auf die äußersten Körper unseres Sonnensystems konzentrieren.« Auch C. W. Anderson (University of California, Berkeley) hält die Existenz eines künstlichen extraterrestrischen Objekts in den äußeren Bereichen des Sonnensystems für überlegenswert [31].
Wie könnte man sich ein solches »Schiff« vorstellen? De San (Kraainem, Belgien) hat dazu interessante Spekulationen angestellt [32]. Er hält es für möglich, daß wir einmal dazu in der Lage sein könnten (beispielsweise um die Menschheit vor einer kosmischen Katastrophe in Sicherheit zu bringen), sogenannte »Welt-Schiffe« zu bauen. Das Rohmaterial würde uns der Asteroidengürtel zur Verfügung stellen, und de San schreibt: »Wir sollten annehmen, daß diese Welten 200 km lang und 12 km im Durchmesser betragen. Ihre Wände wären 2 Meter dick und würden an der Innenseite einen regelmäßig erneuerbaren Antikorrosionsschutz und an der Außenseite isolierendes Aluminium besitzen, um die thermale Abstrahlung zu reduzieren.« Eine solche Außenhaut sollte nach Möglichkeit dunkel sein. Ähnliche Vorschläge macht auch G. Matloff [33].
Wenn wir all diese – zugegebenermaßen spekulativen – Überlegungen in Relation zu den bislang bekannten Daten über Chiron stellen, ergeben sich signifikante Übereinstimmungen: Größe, Erscheinungsbild, Aufenthaltsort und ein veränderlicher Orbit sprechen für einen eher künstlichen als natürlichen Ursprung.
Als erster hatte unseres Wissens der Astrophysiker und Wissenschaftspublizist R. Breuer 1978 diese Möglichkeit in Betracht gezogen, aber letztlich doch verneint, weil auch seiner Meinung nach noch weitere derartige Objekte existierten und zu entdecken seien [34]. Nach allem, was wir heute wissen, ist dies aber nicht der Fall. Neueste Beobachtungen zeigen indes, daß Chiron vielleicht doch nicht so einzigartig ist, wie man geglaubt hatte – allerdings in einer ganz anderen Weise, als man es bislang für möglich hielt. Im Juni 1988 veröffentlichten die beiden Astronomen M. und B. Schaefer vom Goddard Space Flight Center (USA) ihre im Juni 1987 am Cervo Tololo Inter-American Observatory durchgeführten Beob-

achtungen des Neptun-Mondes Nereide [35]. Nereide, der kleinere der beiden bislang bekannten Neptun-Satelliten, wurde 1949 von dem amerikanischen Astronomen G. P. Kuiper entdeckt, blieb aber bislang ein »Stiefkind« der Forschung. Dies liegt nicht zuletzt daran, daß Nereide sehr klein und wegen der großen Entfernung Erde-Neptun extrem schwer zu beobachten ist. Immerhin wußte man bislang, daß Nereide Neptun in einer Entfernung zwischen dem 54- und dem 400fachen des Neptunradius (25 000 km) umkreist. Ein derart ausgeprägter elliptischer Umlauf ist sehr ungewöhnlich. Man hielt Nereide daher für einen vom Neptun eingefangenen Asteroiden.

Schaefer und Schaefer bedienten sich nun eines 0,9-mm-Teleskops und eines speziellen, für die Analyse sehr kleiner astronomischer Objekte entwickelten Computer-Programms (DAOPHOT). Sie vermaßen insbesondere die Helligkeitsschwankungen Nereides, um so Rückschlüsse auf Größe, Umdrehungszeit und Albedoverhalten zu gewinnen.

Das Ergebnis ist überraschend: Aufgrund der Daten ergeben sich Helligkeitsschwankungen zwischen 3,28 bis 4,86 *mag*, d. h., die beobachtete Amplitude ist größer als 1,5 *mag*. Schaefer und Schaefer schreiben sogar: »Die totale Amplitude der Variation mag gut größer sein, da wir keine Beobachtungen sowohl des Maxi- als auch des Minimums machen konnten.«

Eine derartig hohe Variabilität ist sehr ungewöhnlich. Im Grunde gibt es nur zwei Möglichkeiten, dieses Verhalten zu erklären:

1. Nereide ist ein kugelförmiges Objekt und besitzt zwei Hemisphären mit sehr unterschiedlichem Albedo-Verhalten (man kennt Entsprechendes bislang lediglich vom Saturn-Mond Iapetus).
2. Nereide besitzt keine kugel-, sondern eine zylinderähnliche Form. In diesem Fall müßte die Längsachse viermal so lang sein wie die beiden Querachsen. Schaefer und Schaefer berechneten 338 zu 79 km.

Dies ergibt aber Probleme hinsichtlich bisheriger Beobachtungen. Es ist nämlich nirgendwo im Sonnensystem ein Objekt bekannt, das größer als 200 km im Durchmesser und zugleich nicht-kugelförmig ist. Der Saturnmond Mimas gilt mit 195 km Durchmesser als Grenzfall. Alle größeren Himmelskörper weichen von der Kugelgestalt nicht oder nur geringfügig ab. Sollte Nereide bei einem Durchmesser von 338 km tatsächlich zylindrisch sein, wäre dieser Mond eine bislang unbekannte Ausnahme.

Aber Nereide ist auch noch in anderer Hinsicht ungewöhnlich. Schaefer und Schaefer nahmen neben der Helligkeitsuntersuchung auch eine Farbanalyse des Himmelskörpers vor. Dabei stellten sie fest, daß die Färbung der Oberfläche weder mit der anderer Monde noch der anderer Asteroide zu vergleichen ist: »Die Position von Nereide im UB/BV-Diagramm ist völlig verschieden zu der aller anderen Satelliten oder Asteroiden. Der rote Anteil von Nereides Spektrum ist qualitativ unterschiedlich von denen der anderen Körper.«

Aufgrund ihrer Untersuchungen lehnen die beiden Autoren eine Deutung Nereides als »eingefangenen Asteroiden« ab. Sie schreiben: »Eine Erklärung für den ungewöhnlichen Orbit Nereides ist, sie sei ein eingefangener Asteroid. Würde das stimmen, wäre dieser Asteroid auf mehrfache Weise ungewöhnlich: 1. Sogar bei dem kleinsten von uns angenommenen Radius wäre der Asteroid der größte, der existiert; 2. er würde eine extrem ungewöhnliche Reflexionskurve besitzen, und 3. die Amplitude der Lichtkurve ist größer als die jedes anderen Asteroiden (nur einige wenige kleine Asteroide zeigen vergleichbare Variationen).«

Schaefer und Schaefer glauben an eine Entstehung im Neptunbereich selbst, gestehen aber ein, daß dies beim gegenwärtigen exzentrischen Orbit Nereides nur schwer vorstellbar sei. Schon frühere Arbeiten, etwa von W. B. McKinnon [36], hatten auf Merkwürdigkeiten im Neptun-System aufmerksam gemacht, und Schaefer und Schaefer nehmen drastische Änderungen in der Umlaufbahn Nereides an, um ihr derzeitiges Verhalten erklären zu können: »Unsere Beobachtungen erbrachten starke Hinweise darauf, daß Nereide kein eingefangener Asteroid ist, und indizieren folglich, daß sie in der Vergangenheit radikalen Orbitveränderungen unterworfen war.«

In einem Kommentar zur Arbeit Schaefers und Schaefers lehnt der amerikanische Planetenforscher J. Veverka auch die Deutung als eingefangener Komet ab [37]. Veverka schreibt hingegen: »Nereides Durchmesser muß 200 km überschreiten, zu groß für einen Kometen, aber vergleichbar mit jenem des ungewöhnlichen Objekts 2060 Chiron, das zwischen Saturn und Uranus die Sonne umkreist... Wie immer ihre Form auch sein mag, Nereide muß ein ungewöhnliches Objekt sein.«

Diese Parallelität zwischen Chiron und Nereide wird noch augenfälliger, wenn man die ermittelten Daten in Beziehung zu den weiter oben vorgeschlagenen Dimensionen und Verhaltensmustern großer interstellarer Weltenschiffe setzt. Anders als Chiron käme Nereide der Vorstellung de Sans [32] sogar noch näher, da sie möglicherweise zylinderförmig ist. Darüber hinaus zeigen unübliches Orbitalverhalten (»chaotischer Orbit«), eine Position in den äußersten Randbereichen des Sonnensystems und die ungewöhnliche Farbe Parallelen zur angenommenen Verhaltensweise extraterrestrischer Weltenschiffe. Schaefer und Schaefer schätzen die Umdrehungsperiode Nereides um die eigene Achse auf 8–12 Stunden. Eine solche Periode reicht aus, bei einem möglicherweise ausgehöhlten Himmelskörper an der Randinnenseite spürbare Gravitationseffekte hervorzurufen.

Es geht hier nicht darum, nachweisen zu wollen, daß Chiron und Nereide künstlichen Ursprungs sind. Es sollte lediglich auf einige Eigentümlichkeiten dieser Objekte aufmerksam gemacht werden, die an die Möglichkeit eines Zusammenhanges mit ETI denken lassen. Dabei sind wir uns durchaus bewußt, daß verschiedene Himmelskörper im Sonnensystem schon früher als Produkte außerirdischer Intelligenz zitiert wurden. Die beiden Marsmonde Phobus und Deimos beispielsweise wurden als künstliche Satelliten [38] und der Saturnmond Phoebe als extraterrestrisches Mutterschiff [39] diskutiert. Sowohl die Marsmonde als auch Phoebe sind jedoch unbestreitbar natürlichen Ursprungs.

Bezüglich Nereide dürften wir schon im kommenden Jahr über qualitativ besseres Datenmaterial verfügen. Im August 1989 wird Voyager II das Neptun-System passieren. Auch wenn das Hauptaugenmerk dabei dem größeren Neptun-Mond Triton gilt, nähert sich die Sonde Nereide bis auf 4,7 Millionen km, was einer fotografischen Auflösung von 50 km entspricht. Dies wird ausreichen, um Größe, Form, Albedo, Drehachse und Umdrehungsperiode hinreichend genau festzulegen.

Chiron hingegen kamen die bisherigen Raumsonden der NASA nicht nah genug, um Foto- oder anderes brauchbares Datenmaterial zu liefern. 1995 aber wird Chiron der Sonne und damit auch der Erde am nächsten sein und seine Leuchtkraft auf +15 steigern. Vermutlich ergeben sich dann Möglichkeiten einer verbesserten Beobachtung, zumal zu diesem Zeitpunkt auch das Hubble-Space-Teleskop im Erdorbit sein sollte. Ob wir aber damit tatsächlich definitiv entscheiden können, um was für ein Objekt es sich handelt, bleibt abzuwarten.

Doch ganz gleich, ob Chiron und Nereide sich eines Tages als natürliche oder künstliche Körper in unserem Sonnensystem erweisen werden, die Geschichte ihrer Entdeckung und Erforschung zeigt deutlich, daß wir noch immer mit Überraschungen rechnen müssen und daß die bislang verborgene Existenz extraterrestrischer Artefakte in unserem Sonnensystem nicht ausgeschlossen werden kann.

Literatur:

1 Hughes, D. W.: Object Kowal, the most distant asteroid; Nature, 270, S. 385 (1977)

2 Ekrutt, J. W.: Die kleinen Planeten; Kosmos-Bibliothek, Bd. 296, Stuttgart (1977)

3 Gingerich, O.: Meeting of the Royal Astronomical Society, 9. Dez. 1977

4 Ashbrook, J.: Sky and Telescope, 55, S. 4–5 (1978)

5 Smith, R. C.: Origin of slow moving object Kowal, Nature, 272, S. 229–230 (1978)

6 Hughes, D. W.: Chiron's origin, Nature, 272, S. 207 (1978)
7 Hartmann, W. K.: Kleine Körper und ihr Ursprung, in »Die Sonne und ihre Planeten«, hrsg. von J. Beatty, B. O'Leary und A. Chaikin, Physik-Verlag, Weinheim (1983)
8 Morrison, D. und Cruikshank, D. P.: Das äußere Sonnensystem, in: »Die Sonne und ihre Planeten«, hrsg. von J. Beatty, B. O'Leary und A. Chaikin, Physik-Verlag, Weinheim (1983)
9 Lipscomb, R.: Chiron, Astronomy, 11, S. 62 (1983)
10 Hart, M.: An Explanation for the Absence of Extraterrestrials on Earth, Quarterly Journal of the Royal Astronomical Society, 16, S. 128–135 (1975)
11 O'Neill, G. K.: Space Colonies and Energy Supply to the Earth, Science, 190, S. 943–947 (1975), siehe auch: O'Neill, G. K.: Unsere Zukunft im All, Bern/Stuttgart (1978)
12 Däniken, E. v.: Habe ich mich geirrt?, Bertelsmann-Verlag, München (1985)
13 Jones, E. M.: Colonization of the Galaxy, Icarus, 28, S. 421–422 (1976)
14 Newman, W. I. and Sagan, C.: Galactic Civilizations: Population Dynamics and Interstellar Diffusion, Icarus, 46, S. 293–327 (1981)
15 Zuckerman, B.: Stellar Evolution: Motivation for Mass Interstellar Migrations, Quarterly Journal of the Royal Astronomical Society, 26, S. 56–59 (1985)
16 Papagiannis, M. D.: Are we all alone, or could they be in the Asteroid Belt?, Quarterly Journal of the Royal Astronomical Society, 19, S. 277–281 (1978)
17 Papagiannis, M. D.: The Search for Extraterrestrial Civilizations – A new Approach, Mercury, Jan.-Feb., S. 12–16 (1982)
18 Kuiper, T. and Morris, M.: Searching for Extraterrestrial Civilizations, Science, 196, S. 616–621 (1977)
19 Schwartzman, D. W.: The Absence of Extraterrestrials on Earth and the Prospects for CETI, Icarus, 32, S. 473–475 (1977)
20 Freitas, R. and Valdes, F.: The Search for Extraterrestrial Artifacts (SETA), 35th Congress of the IAF (1984)
21 Sagan, C. and Shklovskii, I. S.: Intelligent Life in the Universe, Holden-Day, Inc., San Francisco (1966)
22 Cox, L. J.: An Explanation for the Absence of Extraterrestrials on Earth, Quarterly Journal of the Royal Astronomical Society, 17, S. 201–208 (1976)
23 Tipler, F. J.: Extraterrestrial Beings do not Exist, Quarterly Journal of the Royal Astronomical Society, 21, S. 267–281 (1980)
24 Freitas, R.: There is no Fermi Paradox, Icarus, 62, S. 518–520 (1985)

25 Freitas, R.: Extraterrestrial Intelligence in the Solar System: Resolving the Fermi Paradox, Journ. of the British Interpl. Soc., 36, S. 496–500 (1985)
26 Papagiannis, M. D.: The Importance of Exploring the Asteroid Belt, Acta Astronautica, 10, 10, S. 709–712 (1983)
27 Papagiannis, M. D.: Natural Selection of Stellar Civilizations by the Limits of Growth, Quarterly Journal of the Royal Astronomical Society, 25, S. 309–318 (1984)
28 Sichao, W. and Yuezhen, W.: A Possible Satellite of 9 Metis, Icarus, 46, S. 285–287 (1981)
29 Moon Believed found for an Asteroid, Science News, 114, 3, S. 36–37 (1978)
30 Stephenson, D. G.: Extraterrestrial Cultures within the Solar System? Quarterly Journal of the Royal Astronomical Society, 20, S. 422–428 (1979)
31 Anderson, C. W.: Relic Interstellar Corner Reflector within the Solar System?, Mercury, Sept.-Oct., S. 2–3 (1981)
32 de San, M. G.: The Ultimate Destiny of an Intelligent Species – Everlasting Nomadic Life in the Galaxy, Journ. of the British Interpl. Soc., 34, S. 219–237 (1981)
33 Matloff, G.: Worldships – at the End of Time, Spaceflight, 29, S. 40–42 (1987)
34 Breuer, R.: Kontakt mit den Sternen, Umschau-Verlag, Frankfurt (1978), Tb-Ausgabe bei Ullstein (1981)
35 Schaefer, M. W. and Schaefer, B. E.: Large-amplitude photometric variations of Nereid, Nature, 333, S. 436–438 (1988)
36 McKinnon, W. B.: On the origin of Triton and Pluto, Nature, 311, S. 355–358 (1984)
37 Vaverka, J.: Taking a dim view of Nereid, Nature, 333, S. 394 (1984)
38 Sagan, C. and Shklovskii, I. S.: Intelligent life in the universe, Holden-Day, San Francisco (1966)
39 Temple, R.: Das Sirius-Rätsel, Umschau-Verlag, Frankfurt (1979)

Das Rätsel der Ediacara-Fauna

von Dr. Johannes Fiebag

In der Entwicklung des Lebens auf unserer Erde gibt es mehrere sogenannte »Faunenschnitte«, geologisch sehr kurze Zeitperioden (vielleicht nur einige 10000 bis 100000 Jahre), in denen sich die Lebewelt z. T. drastisch veränderte. Das bekannteste dieser einschneidenden Ereignisse ist sicherlich jene vor etwa 65 Millionen Jahren (Grenze Kreide/Tertiär) stattgefundene Umwälzung, die nicht nur zum Aussterben der Saurier, sondern darüber hinaus einer Unzahl anderer Tierklassen, -ordnungen und -familien führte (z. B. der Ammoniten), die aber auch den Aufstieg anderer Stämme (z. B. der Säugetiere) ermöglichte. Die Forschungsergebnisse der letzten Jahre deuten darauf hin, daß dieses Ereignis durch den Einschlag eines gewaltigen Meteoriten verursacht wurde.

Etwas Ähnliches vollzog sich erstmals bereits sehr viel früher. Gemeint ist die plötzliche Veränderung an der Grenze zwischen Präkambrium und Kambrium, die gleichzeitig die Grenze zwischen der Erdfrühzeit und der erdgeschichtlichen Zeit markiert (vgl. Abb. 1). Vor 580 Millionen Jahren ereignete sich nämlich etwas sehr Merkwürdiges in den Ozeanen unseres Planeten: Bis dahin hatte es nur ein- oder vielzellige Weichtiere gegeben, deren höchste Organisationsform allenfalls mit den heutigen Medusen (Quallen) zu vergleichen ist. Mit dem Beginn des Kambriums sind jedoch schlagartig alle wichtigen Stämme (außer den Wirbeltieren, die erst im Laufe des Ordoviziums auftauchten) vertreten. Es gibt keine Hinweise, wie es zu dieser plötzlichen »Lebensexplosion« kam, denn es existieren keine Spuren, die eine Entwicklung erkennen lassen könnten. Mit dem Beginn des Kambriums wimmelt es in den Meeren unseres Planeten aber von Schwämmen, Archäocyathiden, Hohltieren, Korallen, Weichtieren, Würmern, Gliederfüßern (z. B. Trilobiten) usw. Woher kamen all diese, meist mit einem Skelett ausgestatteten Tiere? Warum waren sie plötzlich da? Warum gibt es keine Hinweise auf eine Entwicklung?

Bisher hatte man geglaubt, zumindest Ansatzpunkte für eine solche Evolution zu haben – in Form der sogenannten »Ediacara-Fauna«. Man versteht darunter eine Tiergemeinschaft, die man als Fossilien erstmals in 680 Millionen Jahre alten quarzitischen Sandsteinen in Australien, später auch in Südafrika (580 Millionen Jahre), England (680 Millionen Jahre), Sibirien (670 Millionen Jahre) und Neufundland entdeckt hat [1]. Die Fauna war somit über eine relativ lange Zeit (100 Millionen Jahre) erstaunlich stabil.

Abb. 2 (siehe nächste Seite) gibt eine kleine Auswahl der Ediacara-Fauna wieder. Lehmann und Hillmer schreiben dazu u. a.: »Die Fossilien erreichten teilweise bereits Dezimetergröße und waren

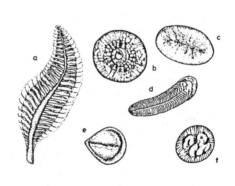

Känozoikum	Quartär		2
	Pliozän		7
	Miozän	Tertiär	26
	Oligozän		38
	Eozän		54
	Paleozän		65
Mesozoikum	Kreide		135
	Jura		200
	Trias		240
Paläozoikum	Perm		285
	Karbon		375
	Devon		415
	Silur		440
	Ordovizium		520
	Kambrium		580
	Präkambrium		

Abb. 1: Erdgeschichtliche Zeittafel; die Zahlen entsprechen Millionen Jahren. (Quelle 1)

Abb. 2: Beispiele aus der Ediacara-Fauna: a) fragliche "Oktokoralle", b) "Meduse", c) "annelider Wurm", d) "Wurm", e) "krebsartiger Organismus", f) unbekanntes festgewachsenes Tier. Aus: Quelle (2)

vielzellig aufgebaut, besaßen aber keine Stützskelette. Manche erinnern an Medusen, Oktokorallen, Echinodermen und Würmer, andere sind ganz fremdartig aufgebaut, mit fiedrigstreifiger Oberfläche; ihre Ernährung dürfte teils autotroph, teils heterotroph gewesen sein, manchen wird auch eine gemischte Ernährungsweise zugeschrieben.« [2]

Das sind bereits ziemlich konkrete Aussagen, und tatsächlich galt die Ediacara-Fauna bisher als »Ahnherr« aller späteren, im Kambrium aufgetretenen Tierstämme.

Adolf Seilacher, Professor für Paläontologie an der Universität Tübingen und seit Jahren mit Untersuchungen an diesen frühen Lebensformen beschäftigt, widerspricht einer solchen Annahme aufgrund seiner Arbeiten aber entschieden [3]. Er ließ diese Kritik erstmals auf einer im März 1984 stattgefundenen Vortragsreise durch die USA laut werden. Seilacher: »Ich kann nicht einmal mit Sicherheit sagen, ob es Vielzeller oder sogar enorm große einzellige Organismen waren.«

Man wird sich vielleicht nicht erst an dieser Stelle fragen, was all das mit »Prä-Astronautik« zu tun hat. Seit Autoren wie der Nobelpreisträger und Mikrobiologe Francis Crick und der Astrophysiker Fred Hoyle in ihren Büchern [4, 5] die These vertreten, das Leben sei aus dem All gekommen und die von Darwin entwickelte Evolutionstheorie müsse neu überdacht werden, können wir nicht umhin, auch in der viele Milliarden Jahre andauernden Lebensgeschichte auf unserem Planeten nach – indirekten – Hinweisen und Spuren dieser außerirdischen Besucher zu fragen. Ich habe 1978 in einem ausführlichen Beitrag [6] sowie auf den One-day-meetings der AAS in Fulda 1980 und 1981 die Möglichkeit vertreten, daß außerirdische Intelligenzen unseren Planeten seit langer Zeit (und nicht erst seit dem Auftreten des Menschen) als biologisches »Großlabor« betrachtet und die Entwicklungsgeschichte des Lebens gezielt und bewußt gesteuert haben. Dies muß nicht permanent geschehen sein. Wahrscheinlicher ist eine Einflußnahme »von Zeit zu Zeit«, wobei sich diese Eingriffe vermutlich auf maximal zehn in der Erdgeschichte begrenzen lassen dürften.

Was also geschah vor 580 Millionen Jahren? Was ist mit der Ediacara-Fauna? A. Seilacher nennt die immerhin 100 Millionen Jahre existenten Tiere und Pflanzen der Ediacara-Fauna ein »Experiment der Evolution, das schiefgegangen ist«. Die heute nur noch als Fossilien vorliegenden Lebewesen hatten einen gänzlich unterschiedlichen Körperbauplan als die heutigen Tiere: »Eben weil die Ediacara-Wesen völlig anders funktionierten, können sie nicht die Vorfahren der späteren Vielzeller, der Metazoa, sein.«

Ein »Experiment«, das im Sande verlaufen ist ... 100 Millionen Jahre lang hatten die Tiere der Ediacara-Fauna Zeit, ihre Struktur gemäß den Darwin'schen Prinzipien der Evolution zu verändern – sie taten es offensichtlich nicht! Mit dem Beginn des Kambriums treten plötzlich – quasi aus dem Nichts – völlig anders organisierte Lebensformen auf, die ihnen in nichts gleichen und in jeder Beziehung überlegen sind. *Was* geschah hier eigentlich? Es ist schon ein wenig kurios, aber Seilacher selbst gibt uns das Stichwort: »Das Konstruktionsprinzip dieser Ediacara-Wesen ist so wenig vergleichbar mit den Bauprinzipien aller späteren und heutigen Vielzeller, daß sie eigentlich eher *die* Lebensform darstellen könnten, *die wir immer auf irgendwelchen Planeten im All vermuten.*«

Es ergeben sich daraus zwei mögliche Konsequenzen. Entweder war

- die Ediacara-Fauna ein sehr frühes Experiment außerirdischer Intelligenzen auf der Erde, das nicht zum gewünschten Erfolg führte und daher nach 100 Millionen Jahren, also am Beginn des Kambriums, durch ein neues, später tatsächlich positiv verlaufendes ersetzt wurde; oder
- die Ediacara-Fauna stellt die *eigentliche* eingeborene irdische Lebensform des späten Präkambriums dar. Ihre Entwicklung endete jedoch in einer Sackgasse und wurde zu Beginn des Kambriums künstlich durch das gezielte Einsetzen neuer Tierstämme beendet.

Man mag sich berechtigterweise fragen, ob es nicht ein bißchen viel verlangt ist, sich vorzustellen, extraterrestrische Intelligenzen wären tatsächlich in der Lage, über derart lange Zeitspannen hinweg zu operieren. Aber wir müssen bedenken, daß bei einem Universumalter von geschätzten 19,8 Milliarden Jahren unser Sonnensystem bzw. unsere Sonne ein Stern der zweiten oder gar dritten Generation ist, daß es also schon sehr lange vor der Geburt der Erde Zivilisationen gegeben haben mag, die bereits damals Milliarden Jahre ihrer Entwicklung hinter sich hatten. Marty Fogg [7] hat aufgezeigt, daß die gesamte Galaxis bereits zu einem Zeitpunkt kolonisiert gewesen sein muß, als das Sonnensystem noch gar nicht bestand. Es ist unmöglich, sich die technologischen und sonstigen Möglichkeiten einer solchen Superzivilisation vorzustellen. Zeit mag für sie ein sehr untergeordneter Faktor geworden sein.

Der Planet Erde als biologisches »Großraumlabor«, der Mensch als »Endprodukt« eines »Langzeitexperiments«? Vielleicht... Vielleicht aber auch nur ein »Übergangslied«. Unsere Sonne wird noch einige Milliarden Jahre brennen. Viel Zeit für eine kosmische Intelligenz, für die Zeit offenbar keine Rolle spielt...

Quellen:

1 W. S. McKerrow (Hrsg.): PALOEKOLOGIE; Kosmos-Verlag, Franckh'sche Verlagshandlung, Stuttgart 1981
2 U. Lehmann und G. Hillmer: WIRBELLOSE TIERE DER VORZEIT; Enke-Verlag, Stuttgart 1980
3 T. Achtnich: FREMDE WELT DER EDIACARA-FAUNA; Süddeutsche Zeitung vom 10. Mai 1984
4 F. Crick: DAS LEBEN SELBST; Piper-Verlag, München 1983
5 F. Hoyle und C. Wickramasinghe: EVOLUTION AUS DEM ALL; Ullstein, Berlin 1983
6 J. Fiebag: DIE GESTEUERTE EVOLUTION; in: Ertelt, Fiebag P., Fiebag J., Sachmann: »Rätsel seit Jahrtausenden«, Selbstverlag 1978
7 M. Fogg: TEMPORAL ASPECTS OF THE INTERACTION AMONG THE FIRST GALACTIC CIVILIZATIONS: THE "INTERDICT HYPOTHESIS", in: Icarus, 69, 1987.

Sind wir reif für den Beweis?

VON PETER UND DR. JOHANNES FIEBAG

Schon mehrfach wurde im Rahmen der Diskussion um die Auffindung eines Beweises, der die Anwesenheit außerirdischer Zivilisationsangehöriger in früherer Zeit auf unserer Erde bestätigen könnte, über den Zeitpunkt eines solchen Fundes spekuliert. Extraterrestrische Artefakte könnten prinzipiell in drei Kategorien unterteilt werden. In Kategorie I wird sogenanntes »Abfall«-Material erfaßt (verlorengegangene Gegenstände, Müll, abgestürzte Raumschiffe etc.), das keine oder nur ungezielte Informationen beinhaltet. Kategorie II umfaßt die »außerirdischen Legate«, also absichtlich zurückgelassenes Material ohne oder mit nur wenigen Informationen (z. B. die Manna-Maschine). Kategorie III schließlich wären Datenkapseln mit gezielten Informationen. Es wurde mehrfach darauf hingewiesen, daß die der Kategorie III zuzurechnenden Objekte, die einen absichtlichen Beweis für das Hiersein der Außerirdischen enthalten, so deponiert sein müßten, daß sie nicht zu früh gefunden würden, daß, wie Erich von Däniken richtig betont, »ihre absichtliche Hinterlassenschaft nicht in die falschen Hände« geriete. Gleichzeitig wird auf verschiedene Punkte der Deponierung verwiesen, die eine solche zu frühzeitige Entdeckung auszuschließen scheinen: die logisch-mathematischen Librationspunkte (L 5), in denen sich die Schwerkraftfelder zweier oder mehrerer Himmelskörper aufheben, verschiedene Monde und Planeten unseres Sonnensystems, bestimmte Orbitalbahnen um die Sonne usw. Ihnen allen gemeinsam ist, daß sie erst von einer Zivilisation aufgesucht und gefunden werden können, die genügend weit in ihrer technologischen Entwicklung vorangeschritten ist.

Doch ist man hier möglicherweise in eine »Gedankenfalle« getappt – wir selbst schließen uns da nicht aus. Der Wunsch könnte der Vater des Gedankens gewesen sein: Der Wunsch nämlich, etwas finden zu wollen (zu müssen), und zwar nicht irgendwann, sondern jetzt! Die Argumentation lautete in etwa wie folgt: Solange uns technische Mittel fehlten, konnten wir den Beweis nicht finden. Jetzt verfügen wir über diese Mittel, jetzt sind wir dazu in der Lage, außerirdische Relikte aufzuspüren. Das ist der Zeitpunkt, den die Außerirdischen für uns vorsahen. Denn jetzt erst besitzen wir Raumfahrttechnik und können außerirdische Mitteilungen verstehen. Jetzt verfügen wir über Computer und werden Informationen über Rechensysteme begreifen. Jetzt betreiben wir Gentechnologie und können Aufzeichnungen darüber im richtigen Rahmen betrachten etc.

Vielleicht haben wir es hier mit einem dreifachen Denkfehler zu tun:

1. Woher nehmen wir die Gewißheit, daß es *diese* technischen Indikatoren sind und nicht völlig andere Größen, von denen wir ebensowenig ahnen wie Forscher vor 1000 Jahren von Gentechnologie?
2. Entsprechend der Methode des Verstehens kommt es zu einem Analogieschluß, der in etwa besagt: Weil wir diese verschiedenen Indikatoren etwa gleichzeitig erreichten, habe jede andere Entwicklung auf unserem Planeten ebenfalls gleichzeitig diese Prüfsteine überwunden. Tatsächlich besteht zwar eine gewisse Abhängigkeit zwischen Raumfahrt- und Computertechnik, aber es ist kein Grund erkennbar, daß beispielsweise auch die Gentechnologie zwangsläufig gleichzeitig entwickelt werden muß.
3. Es wurden implizit nur technische Bezugspunkte gewählt – und nicht auch geistig-moralisch-ethische Indikatoren. Und das scheint uns der schwerwiegendste Fehler zu sein.

Einerseits lautet die bisherige Argumentation, ein zu frühzeitiges Auffinden hätte dazu führen können, daß der Beweis beispielsweise

von Raubrittern zerstört, von Priestern verschleppt, von Regierungen unter Verschluß gehalten oder als Machwerk des Teufels kurz und klein geschlagen worden wäre. Das alles ist grundsätzlich richtig, doch wer garantiert uns, daß dies nicht heute ebenfalls geschehen könnte? Freilich gibt es keine plündernd durch Europa ziehenden Raubritter mehr, dafür aber immer noch von Fanatismus getriebene Organisationen. Sektierer würden sich auch heute noch vor die Wahl gestellt sehen, ob sie ein außerirdisches Relikt anbeten oder vernichten sollten; der Vatikan hätte möglicherweise noch immer Interesse daran, sein Geheimarchiv aufzufüllen. (Wie dies bei der »Botschaft von Fatima« nachweislich geschah.) Und wer Steven Spielbergs Film »Jäger des verlorenen Schatzes« gesehen hat, dem wird die Abschlußszene in Erinnerung bleiben, jene Sequenz, in der die entdeckte Bundeslade in einer Kiste versiegelt und mit der Aufschrift »top secret« versehen in einer riesigen Lagerhalle des CIA deponiert wird, in der sich bereits unzählige ähnliche Kisten mit der gleichen Aufschrift befinden. Selbst unsere heutigen Regierungen behandeln die Bevölkerung oft wie kleine Kinder, die man nicht erschrecken darf. Und Wissenschaft ist zwar in vielen Ländern in ihrer Forschung frei, aber sehr lange hält dieser Zustand auch noch nicht an, und selbst dieses »frei« ist nur als relativ zu bewerten. Damit kommen wir zu einem weiteren Gesichtspunkt. Technologische Entwicklung führt nicht zwangsläufig auch zu einer geistig-ethisch-moralischen. Bestes Beispiel der jüngsten Geschichte ist das Dritte Reich. Stellen wir uns vor, was geschehen wäre, wenn die Alliierten nicht in den Krieg eingegriffen hätten. Die besten Raketentechniker der Welt lebten damals in Deutschland, die erste größere Rakete (V 2) war ebenfalls im Auftrag des NS-Staates entwickelt worden. Nehmen wir also an, das »tausendjährige Reich« hätte tatsächlich viele Jahrzehnte bestanden. Es wäre nur eine Frage der Zeit gewesen, bis Astronauten des Reiches zur Suche nach dem »Beweis« aufgebrochen wären. Aber welche Kluft bestand zwischen der geistigen, moralischen und ethischen Größe im Verhältnis zur technischen Macht?
Hitlers Regime mag ein abschreckendes Beispiel sein, doch steht es

keineswegs allein. Was wäre, wenn beispielsweise ein »Heiliger Krieg« nach dem Vorbild eines Khomeini die Welt überziehen würde? Oder was wäre geschehen, wenn wir bereits vor vielen Jahrhunderten zwar zu einer hochstehenden Technik gefunden, dennoch aber dem Mystizismus des Mittelalters gefrönt hätten? Ausgeschlossen? Nehmen wir als Beispiel Leonardo da Vinci. Leider sind viele seiner Manuskripte (so das »Buch der Bewegung«) verlorengegangen, so daß wir nicht genau über all seine Erfindungen unterrichtet sind. Eines aber können wir durchaus mit Recht vermuten: hätte die damalige Welt wirklich erkannt, was hinter Leonardos Entwicklungen stand, wäre die technische Explosion fraglos wesentlich früher eingetreten. Wohlgemerkt: die technische, nicht die moralische. Inquisition war zu Zeiten Leonardos an der Tagesordnung.

Wer also garantiert uns, daß es technische Indikatoren sind, die eine Rolle spielen müssen? Wäre nicht mit der gleichen Berechtigung anzunehmen, daß es *nur* geistig-ethisch-moralische Gesichtspunkte sind, die einen Kontakt mit einer jener Zivilisationen zulassen, die unseren Planeten einmal in grauer Vorzeit besuchten? Wäre nicht auch eine nicht-raumfahrtbetreibende Kultur denkbar, die geistig auf einem enorm hohen Niveau steht? Verschiedene Science-fiction-Autoren haben uns in den letzten Jahrzehnten recht eindrucksvolle Modelle in dieser Richtung entworfen. Was also wäre mit einer Kultur, die sich dem »Geistigen und Schönen« verschrieben hat, die vielleicht Telepathie, Telekinese oder Teleportation beherrscht, auf Technik in unserem Sinne daher nicht angewiesen ist und kein Interesse an den L-Punkten ihres Sonnensystems zeigt? Was ist mit globalen Kulturen, die keine Kriege, keine Aggressionen kennen? Hätten solche Zivilisationen nicht das größere Recht, mit anderen Vernunftwesen in Kontakt zu treten, als wir, die wir unseren Planeten noch immer mit Gewalt überziehen, noch immer politische, soziale und religiöse Vorurteile haben?

Was also sind die wirklichen Maßstäbe, die die Sternengötter an uns anlegen? Rein technische? Oder auch geistige, moralische, ethische, religiöse? Und wie lassen sich derartige Maßstäbe überprüfen und kontrollieren? Wie würde eine automatische Datenkapsel reagieren, wenn wir sie entdeckten, obwohl festgelegte Indikatoren noch nicht erfüllt sind? Würde es zu einer Selbstvernichtung der Sonde kommen, die Jahrtausende auf den Augenblick ihrer Entdeckung gewartet hat? Oder ist ein gigantisches Schauspiel zu erwarten, ähnlich der Inszenierung in dem SF-Film »2010 – Das Jahr, in dem wir Kontakt aufnehmen«? Ein Szenarium am Himmel, beeindruckend und wegweisend, verbunden mit einer Art Friedensbotschaft?

Trotz der Überlegungen, die wir in diesem Beitrag vorstellten, sollten wir nicht in Resignation verfallen. Aber es wäre vernünftig, sich auf einen etwas längeren Weg einzustellen.

Quellen:

Ancient Skies Nr. 6/82, 2/84, 2/85.
Fiebag, J.: Die geheime Botschaft von Fatima, Tübingen, 1986.
Fiebag, J. u. P. (Hrsg.): Aus den Tiefen des Alls, Tübingen 1985.

Up, up and away –
Die nächste Dimension

von Ulrich Dopatka

Verdoppelt sich ein einzelliges Lebewesen mit dem Gewicht von einem tausendstel Gramm innerhalb einer Stunde und erfolgt die Teilung der Tochterzellen wiederum innerhalb einer Stunde, so entstünde nach 40 Stunden ein Koloß von einer Tonne lebender Zellen. In fünf Tagen hätte das Gebilde die Größe der Erdkugel erreicht, und nach einem Monat die Ausdehnung des Universums.

Die Rohstoffe und Energien, auf die sich dieses scheinbar ungehemmte Wachstum gründet, sind jedoch begrenzt und zwingen die anfangs himmelsstürmende Progression zu einem logistischen Verlauf. Die Entwicklung verflacht, stagniert oder bricht zusammen. Sollte die Vermehrung – egal in welchem System – ungehemmt weiterlaufen, würde sie ihren »Wirt« und damit sich selber zerstören.

Die SYNERGETIK ist die Lehre der Selbstorganisation von Systemen. Sie beschäftigt sich interdisziplinär mit der Frage nach den Ursachen der Verhaltensmuster von Systemprozessen an deren kritischen Stellen. Dabei entdeckte diese neue Wissenschaft fluktuierende Strukturen, die sich je nach Art des Systems in mannigfaltiger Weise äußern können:

- physikalische Systeme vermögen nach Quasi-Zusammenbrüchen regelmäßig wiederkehrende Strukturen zu bilden
- biologische Systeme aktivieren latente Mutationen
- ökonomische Systeme erschließen sich Marktlücken
- ökologische Systeme versuchen in ökologische Nischen einzudringen.

Auf die Zivilisation des Menschen (und jede andere Zivilisation im Kosmos) übertragen, lassen sich Fluktuationen dadurch beobachten, daß nach einer anfänglich stürmischen Entwicklungsphase der Gebrauch einer bestimmten Technologie von einer anderen – weiter entwickelten – abgelöst wird. Um eine Steigerung der Leistung und eine Verbesserung der Qualität zu erreichen, können bisherige Technologien nicht nur geringfügig modifiziert, sondern auch komplett von andern abgelöst werden (Beispiel: mechanische Rechenmaschine und elektronischer Computer).

Vor jeder einschneidenden Wandlung eines kulturellen oder technologischen Systems steht ein Höhepunkt des Wachstums. Wie die Kulturgeschichte lehrt, wird dieser Höhepunkt immer dann durch eine neue Entwicklung abgelöst, wenn das Umfeld reif dazu ist, wenn es beim besten Willen nicht mehr anders geht. Bevor es zum Umkippen kommt, wird die alte Technologie ausgeschöpft, antiquierte Geistesströmungen verfolgt. Dies oft mit einer sehr erstaunlichen Beharrlichkeit, weiß man doch mit Bestimmtheit, daß die neue Entwicklung früher oder später überhandnehmen wird.

Was im kleinen Maßstab gilt, trifft auch für globale Entwicklungen zu. Muß das Wachstum in allen Bereichen unserer Zivilisation durch die räumliche Begrenzung der Erdoberfläche und die Erschöpfung der Rohstoffvorkommen zum Stillstand gelangen?

Viel wurde darüber geschrieben, an welcher Position die Menschheit »auf dem Weg ins Chaos« angelegt sei. Und alle Denkschulen, auch die eines Fritjof Capra, machen dabei stets denselben entscheidenden Fehler. Sie betrachten die Erde als abgeschlossenes System. Abgeschlossene Systeme aber gibt es nur in der Theorie des Experiments!

Mit dem ersten Schritt in den Weltraum wurde eine zaghafte Entwicklung in Gang gesetzt, die sich letztlich genauso exponentiell entwickeln wird wie kleinere Systeme. Die Menschheit muß, will sie sich weiterentwickeln, den Planeten verlassen und ihren Lebensraum vergrößern. Der Schritt in die nächste Dimension, der nur durch die Weiterentwicklung der Raumfahrttechnologie möglich wird, entlastet langfristig die Erde. Industrien werden ins Weltall verlegt, radioaktive Abfälle in der Sonne verbrannt. Bevor es soweit ist, werden wir die Zeit der Unsicherheit und der stürmischen Bewegungen noch in aller Dramatik erleben. Dazu gehört leider auch die Ausrottung von Tieren und Pflanzen, die Verunreinigung unserer Umwelt. Obschon wir diese Entwicklungen mildern und abschwächen werden, sind sie letztlich systembedingt.

Läßt sich trotz des Handicaps von Raum und Zeit die Galaxis besiedeln? Fachpublikationen bestätigen diesen Gedanken und kalkulieren allein für unsere Milchstraße Zeiträume von höchstens zehn Millionen Jahren. Auf die Gesamtevolution des Universums bezogen eine bescheidene Zeitspanne. Die Ausbreitung wird exponentiell geschehen: Der Mutterplanet besiedelt Tochterplaneten, diese »infizieren« andere Tochterplaneten etc. ad infinitum.

Ist die Menschheit die einzige intelligente Lebensform, die eine derartige galaktische Expansion betreiben könnte? Sind ältere Zivilisationen nicht schon viel früher zu diesem Schritt gezwungen worden? Ist die Menschheit ein »Ableger« einer Ur-Zivilisation? Griffen Außerirdische schon vor Jahrtausenden in die irdische Evolution ein? Stehen wir heute nicht nur an der Schwelle zu einem neuen Lebensraum, sondern auf der Schwelle der Eintrittspforte zum galaktischen Club?

Der Pioniergeist trieb den Menschen auf fünf Kontinente – wie viele Welten werden es sein?